AF318772

Le
DERNIER DES TITONS

Pèlerinage progressif d'Economie politique
GUERRE DE PARIS EN 1871
COMPARAISONS DES GOUVERNEMENTS RÉPUBLIQUE ET MONARCHIE
MORALE, PHILANTROPIE, MAXIMES
CONSEILS DE SAGESSE TIRÉS DES MEILLEURS AUTEURS

DÉDIÉ

AUX OUVRIERS

FAIT

Par J.-B. SIGNORET

Inventeur du Décamètre-unicouture, du Double-mètre à cinq usages
de la Photogravure, etc.
DEUX FOIS BREVETÉ S. G. D. G.
Grande Médaille de première classe, Diplôme d'honneur, Mention honorable

1892

SEPTIÈME ÉDITION

Chaque édition étant augmentée, la dernière sera la plus complète, c'est probablement le cas de celle-ci, surtout si je me décide à la faire imprimer.

EN VENTE :

CHEZ L'AUTEUR
Quartier St-Léger, à Draguignan, et chez les Libraires
de la même ville
2 fr. 60 et **3 fr.** par la poste

LE

ERNIER DES TITONS

FAIT

Par J.-B. SIGNORET

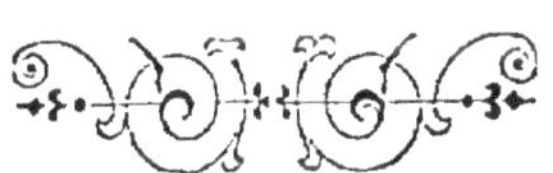

DRAGUIGNAN

—

IMPRIMERIE J. BARLES ET Cⁱᵉ

—

1892

J.-B. Signoret

Le
DERNIER DES TITONS

Pèlerinage progressif d'Economie politique
GUERRE DE PARIS EN 1871
COMPARAISONS DES GOUVERNEMENTS RÉPUBLIQUE ET MONARCHIE
MORALE, PHILANTROPIE, MAXIMES
CONSEILS DE SAGESSE TIRÉS DES MEILLEURS AUTEURS

DÉDIÉ

AUX OUVRIERS

FAIT

Par J.-B. SIGNORET

Inventeur du Décamètre uniscuture, du Double-metre a cinq usages
de la Photogravure, etc.
DEUX FOIS BREVETÉ S. G. D. G.
Grande Médaille de première classe, Diplôme d'honneur, Mention honorable

1892

SEPTIÈME ÉDITION

Chaque édition étant augmentée, la dernière sera la plus complète, c'est probablement le cas de celle-ci, surtout si je me décide à la faire imprimer.

EN VENTE :

CHEZ L'AUTEUR
Quartier St-Léger, à Draguignan, et chez les Libraires
de la même ville
2 fr. 60 et **3 fr.** par la poste

SOMMAIRE

LE DERNIER DES TITONS

Par J.-B. SIGNORET

Grande Médaille de première classe, Diplôme d'honneur, Mention honorable

DEUX BREVETS D'INVENTION

Economie Politique, Morale, Philantropie, Maximes de Sagesse et de Justice. — Comparaison des Gouvernements monarchique et républicain.

Narration de la Guerre de Paris en 1871.

Les grèves, leurs effets, leurs conséquences.

Les crimes du journalisme entremêlés d'historiettes pour faire un peu oublier les navrants effets de la politique. La mendicité. Les vins et liqueurs. La pipe aux enfants. Les femmes. Les écoles. Le remplacement militaire. Le suffrage universel. Les députés. Époque probable, prochaine, mais problématique de la fin du monde. La création de la terre et de l'homme.

Traitement pour guérir presque sans frais de la rage, du choléra, de la fièvre typhoïde, de la surdité, des rhumatismes, des enrouements et des angelures.

La conservation des œufs.

La destruction ou l'élimination des *fourmis*, des *poux*, des *pucerons* qui attaquent les arbres à fruits, les fèves, les artichauts, etc. Guérison des maladies de la vigne, telles que : *phylloxéra, oïdium, érinose, et mildiou.*

Le bienveillant accueil que mes clients et mes amis ont fait à mes précédentes brochures, lorsque j'étais fabricant à Paris, m'a décidé à faire imprimer la présente qui se vend chez moi à Draguignan, quartier St-Léger, **2** fr. **60** ainsi que chez les libraires de la même ville, et **3** fr. par la poste.

Prière d'en faire part.

Pour que ce livre puisse être bien compris, il faut avoir au moins 14 ans pour le lire. Les hommes politiques, les chefs de famille, les maîtres et surtout les ouvriers y trouveront des réflexions bonnes à méditer.

LE DERNIER DES TITONS

PRÉFACE

ÉCONOMIE POLITIQUE PROGRESSIVE, SOCIALE, guidée par la morale, la justice et la raison, suivie du moyen de guérir la Vigne sans frais, du PHYLLOXÉRA, de l'OIDIUM, du MILDIOU et de l'ÉRICNOSE.

Les hommes n'ont rien à me reprocher, je ne crois pas avoir assez fait pour Dieu, mais j'espère qu'il me pardonnera parce que j'ai fait ce livre pour lequel j'ai réfléchi pendant vingt ans ; je le dédie aux ouvriers.

Dans mes *Loisirs de voyage* que je dédiais à la jeunesse, j'ai souvent cité les princes de l'église à l'appui de ce que je disais, ces princes sont un peu suspects aux ouvriers, sans les exclure absolument ici, je vais plus souvent citer les apôtres du libéralisme qui leur sont chers.

J'ai vu un garçon gargotier, traiter tous les Orléanais d'imbéciles parce qu'ils avaient nommé leur évêque Dupanloup député ; or leur évêque venait de leur économiser 400.000 francs dans leur contribution prussienne. Il me semble que les orléannais avaient été tout simplement reconnaissants et qu'ils avaient été plus sensés que ce garçon gargotier.

L'évêque d'Orléans était un homme économe d'un grand talent. Nous n'aurons jamais trop des hommes économes de talent à la chambre ; ce que nous devons y craindre c'est les prodigues, les malhonnêtes, là comme ailleurs.

Je citerai surtout les apôtres du socialisme parce que les ouvriers sont plus enclins à suivre leurs conseils, mais des apôtres qui en général ne sont connus que par les calomnies dont ils ont été l'objet et par conséquent le côté faux, c'est-à-dire mal connus surtout des ouvriers qui ne sont pas instruits et le nombre en est grand. La question est brûlante, elle mérite qu'on s'en occupe, qu'on l'éclaire et je vais y travailler.

Je cite les erreurs gouvernementales et j'éprouve un soulagement de cœur et de conscience en les signalant et en indiquant les remèdes ; puis-je par mes conseils, mes labeurs et mes sacrifices, contribuer à adoucir les maux qui accablent la France ! Mais quoique mon désir, et mes efforts soient pour adoucir les maux de la France y réussirai-je ?

Un grand nombre de mes pensées, de mes idées ont été émises par M. Thiers dans l'histoire de la Révolution française, elles l'ont été d'une manière bien plus attrayante, éloquente, entraînante que par moi ; elles l'ont été par Henri Maret dans le *Radical*, le tout par centaine de mille exemplaires et tellement conforme à ce que j'ai dit que j'aurai cru qu'il l'avait copié si mon écrit avait eu vu le jour. Or, ont-ils guéri les travers du gouvernement et du public ? Non. Dès lors je n'aurais pas été plus heureux qu'eux et sauf de rares exceptions, mon argent et mes conseils auraient été perdus. J'ai hésité longtemps pour me décider à faire le sacrifice des frais d'impression et m'étais restreint à faire des manuscrits pour quelques amis, mais à chaque édition nouvelle il y avait une augmentation qui augmentait mon désir de donner plus de publicité, enfin à la septième, lorsque la semaine a été complète, je n'ai plus résisté au sacrifice des frais, persuadé de faire plaisir à mon Pondelestrech, pour lequel je n'ai pas marchandé mes sacrifices, et si je vends quelques exemplaires, cela me dédommagera un peu et me donnera la satisfaction de croire que j'ai réussi à faire plaisir, mais je n'en fais qu'un petit nombre et si j'ai lieu de croire que j'ai bien fait, je pourrai faire une nouvelle édition plus tard. Je prie ceux qui recevront la présente, d'en faire part à leurs amis et connaissances au plus grand nombre possible.

LE DERNIER DES TITONS

Lorsque j'ai commencé d'écrire cet ouvrage, je n'avais pas envie de le faire imprimer, parce que les frais d'impression sont une dépense qui fait réfléchir ; le désir et l'espoir de ramener quelques braves gens à la raison, à la saine morale m'y ont décidé, je serai toujours heureux d'atteindre ce résultat mais il faut savoir le prix qu'il coûte. J'y ai été encouragé par mon ami Calandre et par un vénérable socialiste, M. Vinçard et surtout par les habitants du Pondelestrech qui m'ont adressé deux lettres collectives où tous ont signé leur nom. M. Calandre me dit qu'il vaudrait mieux que les ouvriers lisent de pareils ouvrages, que les journaux actuels (mars 1871) et depuis. J'avais mis une longue suspension, je me suis remis à écrire et pourtant je n'ai pas a espérer les mêmes applaudissements qu'ont eus mes précédentes brochures. On ne peut pas toujours être complimenté sur le même sujet, avec le même enthousiasme et c'est celui qui occupe le plus mes pensées.

Déjà mon programme m'avait attiré de nombreuses félicitations. Cela ma prouvé que lorsque la conscience parle, elle rencontre encore souvent des gens qui savent l'entendre et partagent ses sentiments, ceci me prouve une fois de plus qu'il n'est pas nécessaire d'avoir de l'instruction et de faire des phrases ronflantes pour être applaudi, il suffit d'être pénétré d'une noble pensée et d'en parler comme on la ressent dans l'âme pour faire vibrer celle de ceux qui ont des ressorts semblables à la vôtre. Je n'ai rien dit avec talent quoiqu'on me qualifie de métaphysicien, de philosophe, tout a été dit avec sentiment, c'est-à-dire que tout ce que j'ai dit, je l'ai d'abord senti. Mon but est de multiplier de fortifier, la morale, la vertu, la sagesse, la générosité. J'ai recueilli tout ce que j'ai pu trouver de capable d'élever l'âme. servir au progrès, à son pays contribuer au bien public, voilà le but constant de ma pensée, celui qui m'édifie. m'encourage et me console.

Parmi les apôtres que je cite il y en a qui ont plus influencé sur moi que d'autres ; ceux là je les ai vus, les larmes aux yeux et dans la voix, la sueur au front par la chaleur dans l'action qu'ils mettaient à leur discours leur auditoire partageait généralement leur sentiment et frémissait d'horreur ou tressaillait de joie suivant le sentiment de l'orateur.

Passer sa vie à la réflexion à la recherche des meilleurs moyens pour faire triompher des idées justes et de régénération afin d'améliorer le sort de tous, sans préjudice pour personne est la plus belle mort qu'on puisse faire et c'est celle que j'ambitionne.

Depuis l'âge de quatorze ans (j'en ai soixante-treize), depuis l'âge de quatorze ans, tous mes efforts ont été dirigés pour venir en aide à mon pays natal, cette noble pensée ma fortifié dans la vie, ceci ne m'a pas fait oublier les pays dans lesquels j'ai vécu : Lyon, Paris, Barcelonnette, Draguignan, la France entière, même un peu les nations voisines. J'ai un peu recueilli partout, mais particulièrement dans les pays où j'ai vécu le plus, ma fortune est suffisante pour satisfaire tous mes goûts, excepté un seul : celui de subvenir au besoin des autres hommes.

On ma observé qu'avec de pareilles idées, au lieu de me mettre dans le commerce je ferais mieux de me mettre dans un couvent. Celui qui me disait cela, était un audacieux et indélicat intrigant qui comptait faire une grande fortune et qui est mort à l'hospice à soixante ans, tandis qu'à cet âge j'étais rentier. Être utile à tout le monde est un bonheur ; être utile à ceux qui me connaissent est un devoir, car à bien considérer il n'y a personne parmi eux qui, si petit que ce soit, ne m'ait pas rendu service, quand ce ne serait que de m'avoir indiqué mon chemin, si je le leur demandais. Eh bien, à mon tour je voudrais indiquer le chemin à ceux qui m'écoutent, à mes amis les lecteurs et j'espère n'en pas avoir de reproches. Je voudrais bien leur parler du *Télémaque* de Fénélon, mais c'est un prince de l'église et j'ai promis de citer de préférence les apôtres du socialisme, le premier qui me vient à l'idée est le général Cluseret. Voici ce qu'il disait dans une proclamation pendant la commune de Paris : « C'est au nom de la vertu contre » le vice, le devoir contre l'abus, l'austérité contre la corruption, c'est » par là que nous triompherons ne l'oublions pas. Restons vertueux et » hommes du devoir avant tout et nous fonderons la République aus- » tère, la seule qui puisse et ait droit d'exister. »

Il y a des soi-disant libéraux qui aiment passionnément ce qui leur convient et le veulent malgré tout, mais ne peuvent pas supporter ce qui convient aux autres et font tout leur possible pour l'empêcher.

Un jour je me trouvais dans un hôtel à Dieppe, il n'y était question que d'un voyageur parisien, qui se plaignait beaucoup de cette boutique de cloches d'église (ce sont ses expressions) qui l'empêchait de dormir depuis six heures du matin, c'était dans l'été et ajoutait, qu'on devrait bien démolir tout ça... Or lui qui voulait encore dormir à six heures, avait trouvé bon de rester dans les rues jusqu'à deux heures du matin d'y faire tapage à chanter, à appeler les uns, les autres, et enfin de venir frapper à coup redoublés à la porte de l'hôtel, faire lever les domestiques pour lui servir à boire et réveiller tout le monde. Voilà ce qu'il appelle la liberté.

Avant de m'étendre sur cette question, je dois me rapprocher de mon point de départ ; ceux qui m'ont lu jusqu'ici, savent que tous mes désirs sont et ont été d'être utile à mon pays en commençant par l'enfance, aujourd'hui je veux étendre le champ de mes efforts en m'adressant à un âge plus avancé du genre humain en prenant les écoliers au sortir de l'école, malgré l'insuffisance de mes connaissances, et les conduire à l'état d'hommes sociables à l'aide de mes observations à défaut d'études classiques.

Nous sommes à une époque de labeurs, on a besoin d'économiser le temps. Le temps est l'étoffe dont la vie est formée ; cette étoffe est trop précieuse pour en perdre, on ne peut pas en acheter ni en refaire, ni rattrapper celui qu'on a perdu, la meilleure manière de le ratrapper c'est de n'en pas perdre davantage et c'est la seule : et je trouve qu'on en fait perdre beaucoup aux écoliers pour leur apprendre la langue française ; je ne veux pas dire qu'on n'a pas besoin de la savoir, je veux dire qu'on devrait en supprimer les difficultés ; ces difficultés n'existent pas dans les autres langues, de sorte qu'en fait d'instruction, les Français sont en retard. Pourquoi ne pas aplanir ces difficultés ? Est-ce parce que c'est la langue de la diplomatie, qu'elle est la plus claire, la plus nette ? Je ne sais pas en quoi cela pourrait nuire à sa clarté, à sa netteté elle n'en servirait pas moins de creuset pour distiller les autres langues, les difficultés en sont telles que parmi nos savants, nos avocats, nos députés, on n'en cite que trois à la chambre qui parlent correctement le français.

Cette pensée n'est pas mienne, mais je l'approuve complètement. Elle émane d'un noble lord anglais, elle est appuyée par de nombreux instituteurs Suisses, qui s'en occupent depuis trente ans et en 1890, par le journal le *Figaro*. En effet. Pourquoi mettre *a* ou *i* qu'on prononce *e* ou *é* ou *t* qu'on prononce *s* : *nous portions des portions*, pourquoi des doubles lettres ou *h* qu'on ne prononce pas ? Il y a des mots qu'on ne sait pas lire *(péripétie)* je l'ai fait lire à plusieurs Parisiens de naissance qui ont été embarrassés.

Une règle de la grammaire nous dit que lorsqu'un masculin se termine par une consonne on double cette consonne et on ajoute un e muet pour former le féminin, mais il y a une exception plus grande que la règle. Pourquoi cette exception ou pourquoi cette règle ? Je ne peux pas examiner jusqu'au bout, il me faudrait trop de temps et d'espace, il me suffit d'en renouveler l'idée espérant que d'autres la reprendront et l'aplaniront.

Toutes ces vicissitudes retardent les études. Un provençal disait : La langue franciotte est une langue sotte : on appelle l'*aï* l'âne et Anne, c'est le nom de ma femme.

Pendant qu'on s'attarde à cela les autres avancent, c'est une des principales causes qui font que les Français sont en retard sur les autres nations et notamment sur les Allemands et les Anglais. Depuis longtemps la France dit-on s'occupe de ce projet, cependant l'Académie fait la sourde oreille, serait-ce parce que les académiciens ont intérêts à ce qu'on vende beaucoup de grammaires puisque c'est eux qui les font ? Et pour qu'on en use beaucoup il faut que la jeunesse en ait longtemps besoin. Il y en a qui prétendent que c'est pour avoir le moyen de reconnaitre ceux qui sont de bonne famille, c'est là une basse sottise et une calomnie. J'engage tous ceux qui s'intéressent à la jeunesse, à la France, à la faire cesser, à agir pour cela, et sauf les académiciens tout le monde y gagnera.

Il serait aussi nécessaire de faire travailler les enfants un peu plus. Dans mon temps on avait des maitres ignorants, on n'allait guère à l'école que cinq mois par an et à quatorze ans, on la quittait tout aussi instruit qu'aujourd'hui qu'on a des maitres savants qui coûtent dix fois plus cher et qu'on va à l'école toute l'année.

On entrait en classe à l'aube, c'était l'hiver ; on en sortait pour diner à dix heures, on rentrait à midi, on ressortait une demi heure à trois heures pour goûter, puis on rentrait jusqu'à la nuit tombante ; et cela tous les jours, il n'y avait pas de vacances autres que les dimanches et fêtes, on ne s'en portait pas plus mal et les parents étaient débarrassés. Je parle de la campagne.

Je dois prévenir les enfants contre une classe souvent calomniée, pour laquelle ils sont souvent trompés sans s'en douter ; on a souvent dit du mal de la classe ouvrière et souvent à tort. La classe ouvrière est souvent honnête, généreuse, bonne et fière, elle ne veut rien devoir qu'à elle-même, et de plus elle veut venir en aide aux hommes, ses frères, c'est de ses rangs que je suis parti et je m'en félicite, car j'ai appris à l'estimer. Il y a une autre classe bien plus dangereuse, elle est d'autant plus coupable qu'elle pèche rarement par ignorance, elle le fait par intérêt, et son intérêt est contraire à celui de la société, elle vit du désordre, elle ne craint pas de s'avilir, de se couvrir de boue ce sont les entrepreneurs de grève et de révolution, ce sont les journalistes, il y en a peut-être d honnêtes, mais je n'en connais pas deux. Ils sont plus à plaindre qu'à blâmer, car au lieu d'un outil pour gagner leur vie, les parents ne leur ont donné qu'une plume et c'est trop léger pour vivre, ils l'honorent rarement, leur intérêt est de calomnier, de critiquer inutilement et de cela ils s'en acquittent, c'est pour eux un bonheur que de remplir cette tâche ingrate et pour ce fait ils se rendent méprisables eux-mêmes et mutuellement, ils se figurent qu'ils s'élèvent de tout l'abaissement qu'ils infligent aux autres et c'est le contraire qui les élèverait. Je ne m'abaisserai pas à reproduire les injures, trop nombreuses que s'envoient les petits journaux, ils sont trop méprisables pour que je les lise souvent. Mais voici comment se traitent les principaux journaux de France et d'Angeterre (le *Siècle* et le *Times*). Le *Times* parlant du *Siècle* dit que si on l'avait lu dans une écurie on aurait fait rire les chevaux. Le *Siècle* répond que cette plaisanterie est de mauvais goût, de mauvais aloi et ne peut appartenir qu'à des palefreniers. Voilà comment se respectent les principaux journaux des plus grandes nations. Remarquez qu'entre étrangers, on doit se ménager davantage et vous aurez une idée du reste.

Si je parlais des petits journaux, c'est bien autre chose. Un jour un garçon de café essuyait une table avec un journal, un client le lui fit remarquer, il répondit : c'est le *Petit Aixois*, cela ne peut pas le salir. De combien d'autres on pourrait en dire autant ?

Les journalistes sont loin d'être tous honnêtes et sincères, ils sont instruits et cependant ils ne conaissent pas l'avantage qu'il y a d'être honnête, ils parlent par système et non par conviction ; il y a deux principaux systèmes : ils sont gouvernementaux ou opposants ; ils sont religieux ou opposants. Il y a des journalistes qui écrivent dans deux feuilles d'opinions différentes, et par là ils sont les premiers renseignés du contenu des adversaires, cela leur importe, c'est même très important puisque ça fait arriver l'argent, ils appartiennent quelques fois à la justice et sont couverts par le secret professionnel. S'ils sont gouvernementaux et que les hommes qu'ils ont combattus arrivent au pouvoir ils ne tarissent plus d'éloges pour ces hommes jusqu'à ce qu'ils tombent, alors les éloges se transforment en reproches. S'ils sont de l'opposition et que les hommes qu'ils ont patronnés arrivent au pouvoir on croit les voir contents, pas du tout, la confiance est tarie, ils le saluent de leur méfiance, ils seront deux jours, huit jours réservés, mais bientôt vont leur rendre la marche difficile sinon impossible et quand même ces hommes rempliraient tout leur programme, ce qui est rare, ils ne seraient pas moins combattus par leur anciens amis jusqu'à ce

que leur chûte arrive et alors on leur tresse une couronne d'im-
mortelles en se rappelant leurs bons services, en voyant qu'ils
ont été sincères, ce qu'ils n'avaient pas cru tant qu'ils étaient au
pouvoir, tous les jours on mettait leur sincérité en doute et par là on a
fait ce qu'on a pu pour les faire manquer à leurs promesses, on a vu
des fautes où il n'y en avait pas, ces exagérations en ont quelques fois
fait faire. On trouve mauvais tout ce que le pouvoir a fait de bien et tout
aussi mauvais ce qui l'est réellement, en somme on trouve tout mauvais,
même leurs lettres d'intimité, leurs lettres de famille. Leurs lettres
datant de dix ans, de vingt ans, sont reproduites et mises en contradiction pour un mot. Qui de nous ne s'est pas contredit une fois en vingt
ans ? J'ai vu reprocher à un ministre arrivant au pouvoir, une lettre
écrite à un autre ministre où il y avait ce mot: « ce qui m'encourage
» plus que tout, c'est que nous serons soutenus par votre admirable
» parole et par votre expérience. »

Était-ce un reproche mérité et cela ne prouve-t-il pas au contraire
que le nouveau ministre avait la modestie de ne pas se croire sûr d'être
à la hauteur de sa mission et qu'il était bien aise que sa bonne volonté
soit secondée par celle de ses collègues plus expérimentés. Je trouve
qu'en cela il ne faisait pas preuve de présomption et qu'il méritait plus
les éloges que le blâme.

L'expérience nous montre que nous avons toujours besoin d'apprendre
et de concours. Vouloir faire tout, tout seul c'est bénévollement s'expo-
ser à faire mal ou rien.

Les journaux de l'opposition éclaireraient le gouvernement s'ils
étaient consciencieux et sincères, mais il faudrait qu'ils le soient, et
ceux qui sont gouvernementaux arriveraient au même résultat à la
même condition, mais comme ils font un métier sans y mêler leur
devoir ni le sentiment, il faut au gouvernement une bien grande perspi-
cacité pour marcher au gré du plus grand nombre, à défaut de perspi-
cacité il lui faut beaucoup de police ; c'est un dégoûtant appui, ce n'est
pas moins le seul sur lequel il puisse compter, il s'en sert même pour
faire des révolutions qui ne sont que pour compromettre ses ennemis
et avoir un moyen de s'en débarrasser. Quand le pouvoir en arrive à
cette extrémité on peut dire que sa chute approche. Il faut au pouvoir
une honnête énergie qui soit ferme: dans ces conditions s'il perd du
terrain un jour il est sûr de le rattraper le lendemain, mais en bien
s'appuyant sur le droit consciencieux et fut-on assez malheureux pour
perdre un trône dans ces conditions, ce ne pourrait être que l'affaire
d'un moment, le soufle populaire repousserait bientôt le torrent produit

par l'orage passager ; le déchu ou ses successeurs retrouveraient leur trône affermi et épuré, ce serait une nouvelle force plus libre car ses ennemis se seraient engloutis d'eux-mêmes.

Il y a des journalistes qui écrivent dans deux feuilles contradictoires, des articles qu'ils ne signent pas, bien entendu, il y en a même qui écrivent quelques fois sans rétribution ; un de ceux-là étant malade et informé qu'il était à l'article de la mort répondit ; En voilà encore un qui ne me sera pas payé. Enfin il y en a qui épousent une cause quelques fois, ils y appliquent toutes leurs études et la répètent si souvent qu'ils finissent par y croire ou du moins la faire croire à leurs lecteurs, ce qui pour eux est l'essentiel, mais s'ils avaient un peu le sentiment de leur dignité et de la dignité de la nation, ils fouilleraient moins dans l'histoire pour reprocher des fautes de famille puisque les fautes sont personnelles ; je conviens qu'il faut, quelques fois faire des fouilles afin de prévenir de pareilles fautes, mais les faire tous les jours d'une manière incessante c'est radoter, ce n'est ni beau ni bon, et quand dans les autres on blâme ce qu'on fait soi-même tous les jours je trouve qu'on est descendu au plus bas échelon de la morale, de la dignité, de l'honnêteté ; j'écris ce qui vient de se passer (janvier 1870). J'ai parlé tout-à-l'heure d'un ministre. Je parle d'un député, s'il y en avait seulement dix comme lui on mettrait à chaque instant le pays en révolution, certains journaux ne demandent pas mieux, car pendant les révolutions ils se vendent bien, ils se préoccupent fort peu du bien être des masses, des ouvriers, du commerce, le leur va, c'est tout ce qu'ils veulent. Ils obtiennent un nouveau ministère, lui ordonnent de dissoudre les Chambres pour faire tout à neuf et leur donner des places. Les affaires ont été mal l'année dernière, un peu à cause des élections, elles iront mal cette année pour la même cause ; peu leur importe que les autres ne fassent rien pourvu qu'eux y gagnent, non pas seulement de l'argent, mais surtout des places. On a renvoyé tous les hommes au courant, on les a remplacés par des novices et on en mettra dix pour un car il faut que l'ouvrage se fasse et les renvoyés, se feront révolutionnaires. Le monarque ou le président, en acceptant les hommes que ces feuilles ont recommandés a cru suivre l'opinion publique, il a fait des concessions, on les demande mais on voudrait qu'il les refuse pour avoir toujours un motif de pousser à la révolte. Je me rappelle avoir vu un seul homme le dire franchement. Gambetta a dit : « Si vous comptez faire la liberté » avec nous, ne comptez pas que nous vous aidions, nous voulons la » République. »

Je conviens que si les hommes étaient assez sages la République pourrait bien être la meilleure forme de gouvernement, mais puisque malheureusement cette sagesse nous manque et que l'expérience nous a démontré que la monarchie était un mal nécessaire pour éviter des maux plus grands, sachons au moins lui aider à nous faire le bien qu'elle peut ou qu'elle veut, mais si nous paralisons son bon vouloir et qu'elle ne fasse rien à qui la faute ?

Que voulez-vous obtenir de raisonnable, de stable, d'un peuple qui porte Marat au Panthéon et qui quatre mois après le jette dans un égoût ?

Gambetta a contredit sa profession de foi, car ceci est du despotisme par l'autre bout de la société et il avait dit que le despotisme ne valait pas mieux d'un bout que de l'autre. « Les démagogues sont de deux » sortes, ils s'appellent César ou Marat. Je renvoie de pareilles accusa- » tions à ceux qui me les adressent. Gambetta. »

On veut renvoyer tous les employés qui se sont compromis par trop de zèle sous le ministère précédent, on a bien un peu raison, mais si le ministère le faisait on lui reprocherait de détruire la position de ces hommes, de désorganiser le service et on aurait encore plus raison. Il vaut mieux des hommes probes, laborieux et capables, que des novices désorganisateurs. Il faut supprimer les inutiles, exiger la probité, l'honnêteté, l'intégrité, le travail, l'ordre. L'employé doit servir l'Etat et non pas le ministère. On ne doit destituer que celui qui a compromis la dignité du pouvoir. Le pouvoir doit, avant tout, conserver sa dignité et aller au devant de l'opinion publique afin d'éviter les révolutions. Napoléon III a compris cette position : On a dit qu'il conduisait sa nation, son chapeau d'une main et un fouet de l'autre. Cependant quand il a vu la position menaçante il a fait des concessions, il a nommé un ministère centre droit ; ce ministère a inspiré une telle confiance, qu'en moins de huit jours, les fonds publics ont haussé de 5 0,0. Nous savons que l'argent est un poltron de premier ordre et pour qu'il se montre si bien il lui faut une grande confiance, depuis quarante ans, on n'avait pas vu atteindre un pareil résultat. Vous allez croire que ce résultat à fait changer les journaux de langage, et bien vous vous trompez : ce qui était gouvernemental est resté gouvernemental, c'était logique ; mais ce qui était de l'opposition avant est resté de l'opposition après, et cela ne se comprend pas. Les hommes font pitié. Ce qu'ils veulent c'est le ren- versement du gouvernement, c'est la république, mauvaise si l'on veut, ou autre chose pourvu que ça change. Ils ont amené la guerre.

Le peuple souverain, c'est magnifique, on peut l'écrire en tête de tous les papiers et même sur tous les murs, mais c'est une illusion de croire que c'est dans les esprits ; les hommes ne sont pas égaux les uns aux autres et ne croient pas de l'être ; en effet la taille diffère comme l'intelligence, celle-ci en donne la mesure, cette mesure ne peut pas être contrôlée, chacun se croit aussi intelligent qu'un autre et même plus qu'un autre, il faut donc un pouvoir régulateur pour maintenir l'ordre ; il faut un chef, ce chef appelez-le président, roi ou empereur, c'est toujours le chef qui est souverain, le peuple le sait et ne prétend pas en prendre la place, il a vu que lorsque cette place était occupée par des ignorants, par de petites gens il avait trop à en souffrir ; ce à quoi le peuple peut prétendre c'est son égalité en droit: Un décrotteur doit avoir le droit de faire appeler un prince au juge de paix si celui-ci ne lui paye pas son décrotage.

Le nombre de députés ne doit pas prendre des proportions énormes, plus leur nombre sera grand. plus il fournira de déceptions, car il fournira l'espérance à un plus grand nombre, ainsi on a vu à Paris, trente-trois mille candidats pour quarante-deux députés à élire. Lorsqu'il n'y avait qu'une dizaine d'élections à faire, le nombre de candidats ne dépassait pas soixante, c'était moins tumultueux, la dragée étant plus haute il n'y avait que les sommités du mérite ou de la science, quelques fois de l'intrigue qui y aspirait. L'intrigue n'est que plus largement ouverte lorsque le nombre en est plus grand, et pour cette même raison le mérite n'a que plus de peine à se faire jour. Il faudrait arriver à n'avoir pas plus de six députés pour un département quelle que soit sa population ou son étendue, il faut qu'un député puisse visiter et qu'il visite sa circonscription, ce n'est pas pour rien qu'on les paie, ou arriverait ainsi à n'avoir pas plus de deux cents à deux cent cinquante députés, ce serait un choix plus épuré, des hommes honnêtes et de valeur, on se débarrasserait de toutes ces nullités qui ne sont là que pour faire du bruit, mettre obstacle et empêcher les affaires de se faire. Dans les grandes assemblées on se dispute, mais on ne délibère pas, puis on économiserait une somme assez ronde dont les contribuables profiteraient. On rebutera le scrutin de liste car il n'est que la liste des journaux ou le suffrage à deux degrés et n'émanant pas des électeurs. Il faudrait que le candidat habite ou ait habité la circonscription de laquelle il sollicite la confiance, il faudrait qu'il y soit bien connu.

Je considère comme une honte et un affront pour une population qui ne trouve pas dans sa circonscription un homme qui ait sa confiance et qui la mérite ; cet homme connaîtra toujours mieux ses besoins qu'un politique nomade qui vient solliciter une confiance qu'il sait qu'il n'aurait pas dans son pays où il est connu ; il n'arriverait pas ce qui est arrivé, qu'un candidat ayant sa profession de foi toute imprimée, prête à être affichée, va voir une personne notable à laquelle il était recommandé, lui fait voir cet écrit et la personne lui dit : Avec une profession de foi pareille vous ne passerez pas ici, il vous faut dire tout le contraire si vous voulez réussir ; le postulant suivit le conseil, il donna une conférence, fit un beau discours, tout le contraire de sa profession de foi imprimée et fut nommé. Ne voilà-t-il pas un homme bien sincère ?

De pareils hommes il faut les jeter aux ordures ; et on s'exposera à en avoir de pareils toutes les fois qu'on ne prendra pas des hommes connus dans le pays et qui y ont des attaches.

La candidature officielle est un non sens indélicat puisque la mission du député est de contrôler les actes du gouvernement, elle est impolitique parceque quand elle échoue c'est un affront pour le gouvernement, lorsque les députés seront nommés sans son intervention, il saura au moins qu'ils sont les élus du peuple ils sauront lui dire ce que le peuple veut et en prenant ses ministres dans cette majorité, en accédent à ses vues, il évitera des révolutions, il y gagnera et le public aussi.

Que faut-il faire pour bien gouverner quand tout le monde est d'accord ? Rien ou presque rien.

Que faut-il faire pour bien gouverner quand tout le monde est contre vous ?

La chose n'est plus possible ; il faut faire ses malles. Il faut savoir où les extrêmes commencent et les éviter Si on formait un ministère d'extrême-gauche, on ne s'entendrait pas mieux qu'avec un d'extrême-droite, et dans tous les cas ce dernier serait encore préférable parcequ'il n'effrayerait pas. Il ne ferait aucun bien c'est possible, mais il est aussi probable qu'il ne ferait aucun mal ou pas grand mal. L'extrême-gauche ne trouverait pas le moyen de s'entendre entr'eux pendant huit jours et à plus forte raison avec les autres groupes, surtout avec la droite. Pour former un ministère il faut d'abord se soumettre aux lois existantes jusqu'à ce qu'elles aient été remplacées. Il n'y a pas d'autre base possible. L'extrême-gauche ne voulant pas s'y soumettre, comment veut-on qu'elle fasse des lois acceptables par tous et que tous se soumettent à des lois faites par des hommes qui ne respectent rien, qui blâment tout le monde amis et ennemis, sans excepter leurs propres employés, ou on a confiance à ses employés et alors on ne doit pas les traiter d'espion comme Vermorel, ou on n'a pas confiance et alors on doit les renvoyer ; si on ne les renvoie pas il ne faut pas être étonnés que l'on vous renvoie l'épithète, il n'y a pas d'homme plus méprisable que celui qui reproche des bassesses, des crimes qu'il commet lui-même tous les jours ; je l'ai déjà dit mais je le répète pour mieux en faire remarquer l'horreur. Que dire d'un homme qui a passé les plus belles années de sa vie à insulter à calomnier les autres et arriver à la représentation nationale et nommé par la première circonscription de Paris qu'il ne faut pas confondre avec le premier arrondissement. Un homme qui n'a pas craint les personnalités brutales, la haine implacable? Ne doit-on pas approuver cette parole d'un malheureux prince qui dit que cet homme est le représentant de la canaille? qui ne devrait pas voter? Il est fils d'un homme qui a payé de sa vie les mêmes procédés en 1793. Les chiens ne font pas des chats.

En effet les gens sensés, les gens raisonnables, les gens d'ordre, les gens qui ont quelque chose à perdre, les seuls qui devraient être électeurs puisque seuls ils supportent le fardeau, ces gens-là ont-ils pu voter pour lui? Vous ne le croyez pas, ni moi non plus.

Et à côté du désordre politique ceux qui sont pour le désordre moral devraient-ils avoir vos suffrages? Non. La politique et la morale sont sœurs et se donnent la main. Et le vol donc seriez-vous bien aise qu'on vous vole? N'avez-vous pas peur des voleurs et des assassins? Mais laissons ces derniers à leur triste sort. Le vol n'est-il pas défendu par la loi de Dieu même? « Tu ne désireras point la femme de ton prochain, ni « son bœuf, ni son âne, ni rien de ce qui lui appartient.

Vous me direz que les lois civiles le défendent également, c'est une raison de plus, mais les lois civiles n'émanent-elles pas des lois de l'église? Et comptant sur l'impunité des lois humaines parceque les preuves manquent quelques fois n'est-on pas plus sûr d'être garanti par les lois divines parce qu'on sait que là les témoignages ne manqueront pas? Savez-vous qu'à Paris on fait 91 arrestations par jour tant pour vol que vagabondage et ivrognerie? Trouvera-t-on un meilleur remède que l'observation des lois de Dieu? Dieu veut que le malheur soit un châtiment pour les lâches et une leçon pour les vaillants. Tous les grands savants sont d'accord sur la nécessité de la religion mais chacun la suit à sa manière. Victor Hugo en mourant dit : je crois en Dieu, mais je ne veux pas de prêtres à mon enterrement. C'est une inconséquence sur laquelle je reviendrai. Sur 100 savants il n'y en a pas 2 qui nient cette utilité et pour ma part je n'en ai entendu parler que d'un seul qui n'a jamais voulu se soumettre aux lois, pas plus divines que civiles et encore j'ai vu un passage où il reconnait Dieu. Mais habituellement il se croit lui *seul* plus que tout et dit : C'est moi qui, à la tête du peuple ai proclamé la République, c'était Raspail (voir page 175). Eh bien je dis que son insubordination a fait plus de mal au public que sa science de chimiste ne lui a fait du bien et cependant elle en a fait beaucoup.

Il y en a qui veulent dire que la nature s'est créée toute seule qu'elle a toujours existé, mais pour peu qu'on se donne la peine d'examiner, il est facile de voir qu'elle n'est que l'ouvrage du Grand Être et que cet ouvrage est susceptible de finir dans un temps que nous ne pouvons pas encore déterminer, mais qui, dans nos contrées est moins loin qu'on ne pense, car la terre va toujours en se refroidissant, et plus elle approche des régions froides plus son refroidissement s'accentue.

Un berger de Monestier me montrait des arbres secs, déjà loin dans la neige autour desquels il faisait paître son troupeau sur l'herbe 15 ans auparavant. Or si le dire du berger est vrai, si 15 ans suffisent pour couvrir de neige un espace très-appréciable, cela peut faire supposer qu'avant 600 ans, toute la contrée en sera couverte et par conséquent sera inhabitable.

Si l'on était bien persuadé de ce sentiment si on envisageait bien la fin prochaine aurait-on les mêmes attraits pour les biens terrestres ? Quand on voit des administrateurs manger si bien au ratelier des actionnaires, que les actions de 500 fr. descendent à 200 à 100 et même à 30 francs, ce qui est une ruine pour un grand nombre d'actionnaires et que ces mêmes administrateurs s'allouent des sommes fabuleuses et qui les portent, un qui n'avait rien à la tête d'une fortune qu'on évalue à 40 millions n'est-ce pas un fait inique, immoral, déshonorant, scandaleux, monstrueux ?

On comprend que le bagne est trop doux et la perpétuité trop courte. C'est la mort qu'il a méritée, car il a occasionné la mort des dupes ; cependant il ose se porter candidat et chose plus surprenante, il est nommé, il arrive à la représentation nationale. Ah !!! Il nous donne une bien piètre idée de la dignité des hommes, ne nous étonnons donc plus de la décadence de la France. En voilà une suffisante cause.

Ce qui révolte le plus les âmes honnêtes c'est d'entendre dire et soutenir le faux et l'improbité, et vouloir redresser les plus probes. Il est grand temps qu'on porte un remède radical à cet état de choses facheux ; nous avons évincé beaucoup de brigands, chassons le reste. Mais où est-il ? sous quel habit se cache-t-il ? dans quel rang est-il ?

Aidons-nous tous aux hommes qui sont à notre tête, *si leur passé est bon*, s'ils se montrent disposés à bien faire. N'augmentons pas les difficultés qui se montrent sur leur route. L'important n'est pas de se précipiter, il vaut mieux faire bien que vite, mais quand on peut faire vite et bien on mérite doublement les honneurs, il y a mérite à faire vite car on peut mourir avant d'avoir fait le bien qu'on aurait voulu faire, et si nous voulons être bien servis nous ne devons donner notre confiance qu'à des hommes que nous connaissons pour la mériter.

La probité n'a pas d'opinion politique, on peut faire le bien sous tous les régimes, les lois républicaines peuvent s'appliquer sous la monarchie, comme les lois monarchiques sous la république. On a toujours la liberté quand on n'a rien à craindre. On est toujours en servitude quand on craint à chaque instant.

Les journaux ne l'entendent pas ainsi et comme ils produisent un certain nombre de millions et qu'on a toujours besoin d'argent, on les laisse faire tapage.

Toutes les sociétés enchainent des êtres reconnus dangereux et ont le droit de leur enlever les moyens de nuire. L'esprit gouverne et la matière est gouvernée.

Les scélérats ne sont pas toujours où on les cherche : J'ai lu dans un journal du temps : « Le nouveau Directeur du fort Boyart vient de faire « son entrée en service. Au moment où on allait transporter à St-Martin- « de Ré, un certain nombre de détenus dont la présence au fort était « devenue dangereuse ; M. Olivier a saisi sur Régère faisant partie de « ce convoi 24.000 fr. en or et 180.000 fr. en bons du Trésor

« Cette somme était soigneusement cachée dans la doublure d'un des « vétements du célèbre incendiaire du quartier du Panthéon.

On se perd en suppositions. Comment possédant une pareille somme cet individu pouvait-il être incendiaire ? Quel était son but ? Vous n'en savez rien, ni moi non plus. Si ce n'était que l'or, on pourrait supposer qu'il l'avait reçu pour payer d'autres incendiaires car ils étaient payés, mais les bons du Trésor font qu'on s'y perd.

L'esprit de l'homme ne peut pas rester stationnaire, il monte ou il descend, il avance ou il recule suivant l'impression ou l'impulsion que lui suggèrent ou lui démontrent ceux qui sont à sa tête et le dirigent. Je disais un jour à M de Maestrich que lorsque j'ai vu Napoléon III abolir la contrainte par corps, j'ai dit, il prend une mauvaise voie, il se perdra. M. de Maestrich m'interrompit vivement et me dit : je l'ai dit aussi. J'ai dit, il s'encanaille. M de Maestrich est un fabricant qui a occupé jusqu'à mille ouvriers, mais ce nombre s'est fait réduire par ses exigences, il n'en occupe plus que 700 donc 300 pour lesquels les exigences ont été nuisibles, ruineuses, et parmi ceux qui restent il y en a qui ne figurent que comme machines, ou outils. En effet, il y en a qui le rencontrant ne le saluent pas, parceque tel est leur bon plaisir ; lui ne les renvoie pas pour cela, mais il en prend note et s'il a quelque faveur à faire ce n'est pas celui là qui en profite. La raison en est simple : L'ouvrier, doit aimer celui qui le fait vivre, le respecter, et s'interesser à lui. L'irrévérence prouvera que cet ouvrier n'est pas dans ces conditions, on ne peut pas le considérer comme un ami, ni comme devoué, on pourrait le considérer comme ennemi mais par indulgence ou par commisération on le considère comme instrument, comme outil.

Le maitre a besoin d'être aimé de ses ouvriers de ses employés, celui qui n'est servi que pour l'argent qu'il leur donne est à plaindre ; ils croient toujours avoir trop fait pour la somme reçue et bientôt, par la quantité d'ouvrages qu'ils feront ils seront loin de gagner la somme qu'ils recevront. Si le maitre veut être bien servi de ses ouvriers il faut d'abord qu'il les aime et qu'il soit confiant en eux. Le méfiant est plus souvent trompé que le confiant, on a plaisir à tromper le méfiant, on a scrupule à tromper le confiant. Puis changeant de sujet il me parla de la peine de mort et me dit : je ne demande pas mieux que de la supprimer, mais il faut que les assassins commencent de l'abolir eux mêmes : qu'ils ne tuent plus et on ne les tuera pas non plus, mais tant qu'ils tueront il faut avoir le droit de les tuer ; ce sont des bêtes dangereuses, et les laisser vivre c'est se rendre responsable et complice de leurs crimes futurs.

La société est un corps dont tous les hommes sont membres, lorsqu'un membre est mauvais, pourri, gâté sans espoir de guérison, la chirurgie l'en débarrasse, le dentiste extrait la dent carriée et l'opéré paye pour qu'on l'en débarasse puisque le membre ou la dent le font souffrir sans espoir d'utilité. Hè bien, la société doit se défaire de ce membre malfaisant, le faire, c'est s'épurer, s'améliorer et par la suite des temps, forcer les mauvais penchants à rester dans la limite des règlements.

Si depuis quelque temps le mal a beaucoup augmenté c'est parcequ'on l'a trop toléré, on lui a donné trop de facilité, on l'a trop encouragé on peut le dire, on ne l'a pas assez puni, on peut dire qu'on l'a laissé faire ; l'exemple est venu d'en haut ; il a été suivi dans tous les rangs de la société. L'instruction n'a rien enpéchè et a fait pire.

On ne croit pas combien les débuts d'un jeune homme impriment sur le restant de sa vie.

L'augmentation de l'ivrognerie est due au cabaret et aux journaux qu'on y lit, car quels journaux ???

Envoyez-les à l'église, au prône et ils ne se souleront pas plus qu'autres fois. Si autres fois on s'enivrait moins ce n'est pas parceque le vin était plus cher ou parcequ'on était plus instruits, c'est parcequ'on allait davantage prier et entendre prêcher, car il faut que l'esprit de l'homme soit occupé comme le corps.

L'ivrognerie conduit à la misère, elle en est la source, et celle-ci conduit à l'ivrognerie de sorte que quand on en a contracté l'habitude il est très difficile d'en sortir ; c'est toujours l'inconduite. Il en résulte que si on veut éteindre réellement le paupérisme il faut absolument fermer les cabarets, ils sont l'école de la démoralisation, la source de l'intempérance, du désordre, de l'arrogance, de l'insolence, de l'impertinence, de la désobéissance et de tous les vices.

Les vices ont aussi d'autres sources, le désordre est une désorganisation de la saine raison qui est quelquefois innée chez les esprits légers, il peut exister chez des personnes qui ne vont jamais au cabaret, mais il ne reste pas moins prouvé que le cabaret est l'école de tous les vices.

On veut améliorer le sort des ouvriers et je m'associe de bon cœur à cette entreprise, mais comment faut-il faire ? Ce n'est pas en les faisant gagner davantage qu'on y parviendra ; nous savons par expérience qu'en général les bons ouvriers sont plus malheureux que les médiocres. J'ai souvent remarqué parmi les miens, que ceux qui gagnaient 4 fr. par jour avaient au moins un habillement complet de rechange et 5 francs dans leur poche tandis que ceux qui gagnaient 8 francs n'avaient souvent que de mauvaises savattes aux pieds, pas le sou et louaient une chemise à tant par semaine. C'est-à-dire qu'ils ne possédaient pas même une chemise. Un de ceux-ci, voulant aller à la fête de son pays, voulait y aller habillé tout de neuf, il travailla une quinzaine sans sortir, au bout de la quinzaine, son argent en poche partit pour aller acheter l'habillement mais chemin faisant il rencontra un camarade, ils entrèrent au cabaret, il dépensa son argent et ne put pas aller à la fête.

Les bons ouvriers se vantent de gagner en trois jours ce que d'autres gagnent en six et le prouvent en gagnant 24 fr. en trois jours, mais comptant sur leur force perpétuelle, ils n'ont aucune envie d'accumuler l'argent, ils ne travaillent que trois jours et les jours qu'ils ne font rien ils dépensent davantage de sorte que tout en gagnant le double ils empruntent souvent aux mauvais ouvriers 1 ou 2 fr. qu'ils ne rendent jamais et ne leur prêtent jamais rien. J'ai vu un ouvrier qui avait gagné 20 fr. à midi, il n'a pas voulu finir sa journée disant qu'il avait assez gagné pour ce jour là. Vous voyez que c'est inutile de les faire gagner davantage, cela ne servirait qu'à les faire souler plus souvent et plus longtemps. J'en ai occupé un qui étant fourrier avait gagné 100 fr. par jour et qui n'avait jamais possédé 100 fr. Quand il parlât de cela devant moi il était vieux et misérable, et il en parlait en riant donc il n'était pas corrigé. Un autre qui était caduc à 55 ans se vantait d'avoir bu 12 bouteilles de bière en quelques heures ; c'était un homme solide et à cause de sa force on l'avait surnommé le bœuf, il est mort à 57 ans. Sous ce rapport les bêtes ont plus de raison que les hommes car quand elles n'ont plus soif elles ne boivent plus Ceci me rappelle une historiette qu'il faut que je vous raconte :

Il y avait à Valenciennes deux jeunes filles qui voulaient se marier ; cela n'a rien d'étonnant, elles le font annoncer par les journaux et disent ; nous sommes sœurs, nous ne sommes pas trop mal, nous avons 1500 francs chacune nous voulons employer cette somme pour faire un remplaçant à l'époux qui voudra de nous, mais nous ne voulons pas qu'il mette sa vanité à boire 10, 15 ou 20 chopes. Nous voulons qu'il soit aussi raisonnable que notre petit chien qui, lorsqu'il n'a plus soif il ne boit plus.

Ce qu'il faut pour améliorer le sort de l'ouvrier c'est de moraliser, de donner de bonne heure des habitudes d'ordre, et le travail aidant on y arrivera.

On veut toujours croire que les autres se trompent ou aient tort, il y a des raisons qu'on aurait soutenues si on les avait émises soi-même le premier mais elles ont été émises par d'autres et on les combat.

La ruse employée ne sert qu'à répandre la défiance, le mensonge ne fait pas jouir et nuit à la réputation, il fait plus de mal qu'il ne profite.

En supposant le dire du berger des Alpes très exagéré, et je peux le supposer puisque des renseignements le disent, malgré que les arbres ont parlé, cependant s'il s'est trompé ce ne peut être que sur les dates, mais il y a une autre raison de croire que la fin du monde est encore bien plus rapprochée que ces chiffres : cette raison c'est le combustible. De la quantité qu'on en connait il y en a pour 375 ans avec la population actuelle, mais la population double à chaque siècle et usant en propor- tion il en résulte que, si on ne découvre pas d'autres moyens de chauffage il n'y en a pas pour deux siècles.

Nous savons que le fer et le feu ont civilisé le monde, si le feu manque plus de fer. Si le fer manque plus d'instruments, par conséquent on ne pourra plus travailler la terre, ni se chausser, ni s'habiller, ni aucune industrie ; plus de table, ni de cuisine, ni de lits ; on sera obligé de retourner à l'état sauvage et dans cette condition la France pourrait tout au plus nourrir 30,000 habitants, c'est moins qu'une bonne sous- préfecture de nos jours. Et j'ai dit que la population doublait en un siècle, ce n'est pas de la statistique car elle nous dit qu'il y a des nations qui doublent en 16 ans, la France en met 40 et il y a des temps d'arrêt occasionnés par les épidémies, les guerres etc. Allongeons le chiffre, mettons 50 ans. Et j'ai tort d'allonger car on remarque qu'à chaque ère de paix la multiplicité augmente plus rapidement, ce que je pourrai attribuer à la vie de soldat qui énerve moins que les plaisirs et les privations des villes qui font que les enfants naissent presque morts et qu'un souffle suffit pour les éteindre, ce qui est très souvent la faute des parents qui n'ayant qu'une mauvaise semence ne produisent rien de bon, mais prenons 50 ans et admettons même qu'après cette date la vie devenant plus difficile la population cesse d'augmenter comme en ce moment 1892 mais je veux admettre les plus longs calculs possibles eh bien il en résulte que la France n'a pas 200 ans à vivre avant de retourner à l'état sauvage.

Remarquez que ces natures appauvries au physique le sont aussi au moral, leur jugement est moins juste : par exemple ils prétendent qu'ils ont le droit de vivre aussi bien qu'un autre et que s'ils n'ont pas la force ou l'intelligence de faire ce qu'un autre fait ils ne doivent pas moins gagner autant que lui, ils ne veulent pas voir que cet autre qui a plus de capacité il ne les a que parcequ'il a une vie plus régulière, qu'il n'a pas appauvri son tempérament par des plaisirs grossiers, par la volupté, la débauche, les excès, les bons diners, qui amènent infailliblement les privations. D'ailleurs on ne paye pas un ouvrier seulement pour sa présence mais pour l'ouvrage qu'il fait. Les vrais plaisirs sont au foyer en famille, dans les sociétés respectables, à l'église et non au cabaret ; il n'est pas rare, c'est-à-dire qu'on voit tous les jours des ouvriers salement vêtus, avec des effets déchirés, faire leur partie de billard ils gagnent 4 fr. 50 par jour dépensent 2 fr. 50 dans la journée pour vivre et 2 fr. pour faire leur partie de billard de sorte qu'il ne leur reste rien et n'ont pas le moyen de rester un jour sans ouvrage, ce sont ceux-là qui sont les soldats de la révolution, et les chefs sont journalistes de la même trempe, la seule différence c'est qu'ils sont bien vêtus mais l'habillement appartient au tailleur. Il ne me reste pas la force de blâmer les riches qui ne font pas l'aumône lorsque je vois que les trois quarts des pauvres ne sont pauvres que pour avoir vécu mieux que les riches et en disant : l'hôpital n'est pas pour les chiens.

C'est donc l'aumône qui fait les pauvres, ils ne sont pauvres que parce qu'ils ont l'âme basse, qu'ils ont compté sur l'aumône et ne rougissent pas de la recevoir sans la mériter.

Cependant le cœur ne doit pas se fermer au malheur, il y a des malheureux dignes d'estime. Si les autres viennent détourner l'aumône de son vrai but, c'est à Dieu qu'ils doivent en rendre compte, malgré cela les hommes libéraux ont le devoir de donner avec discernement afin de ne pas encourager le vice, la paresse, la ruse, l'intrigue.

Le premier janvier 1873 un ouvrier mal vêtu était sur un pont regardant sa hauteur et paraissant avoir envie de se jeter dans la Seine. Un passant lui dit : Voyons, mon ami, du courage sapristi, à votre âge on doit en avoir, l'année qui commence vous sera peut être plus favorable, voici 1 fr. et renoncez à votre idée ; l'ouvrier accepte, remercie et ajoute : si je rencontrais encore quelque bon zigue comme vous, cela me donnerait bien l'envie. L'envie de quoi ? L'envie de n. ,,us travailler.

En voilà un qui ne tient pas à ce que l'expérience soit faussse et que la fin du monde dépasse 200 ans ....

L'expérience a démontré cela, mais elle a démontré aussi que depuis moins d'un siècle l'homme a plus que décuplé ses ressources ; les limites de sa puissance ne sont pas encore déterminées, et Dieu qui veut avoir toujours un nouveau sujet d'admiration permettra de découvrir de nouveaux moyens de faire du feu ou même de s'en passer. Déjà on a trouvé le moyen de faire marcher les machines et de faire la soupe sans feu, ces moyens jusqu'ici, n'ont pas été pratiques. Par le travail combiné on fait du chauffage mais on a calculé qu'il faudrait le travail de tout un régiment pour faire la soupe seulement des officiers, donc c'est encore à l'état d'impossibilité. Mais tout ce qui vient de la terre y retourne et que Dieu ouvre encore une fois son livre aux inventeurs, qu'il leur permette de voir encore un mot, une ligne, une page et le moyen sera trouvé. Si on peut faire cuire la soupe on pourra faire rougir le fer et par conséquent le travailler et par là la fin du monde civilisé peut-être encore bien loin, et serait bien osé celui qui voudrait la préciser. D'ici là Dieu peut encore appesantir plusieurs fois sa main puissante sur les hommes vaniteux et ingrats, et si quelques justes sentent de la même force le poids de sa main, ils ne devront pas s'en plaindre, puisqu'ils ne doivent attendre leur récompense que dans la longue vie. D'ailleurs n'ont-ils rien à se reprocher pour n'avoir pas éclairé les autres ou n'avoir pas fait ce qu'ils pouvaient pour les éclairer et les mettre en bon chemin ?

Pères ou maîtres ont-ils bien instruit leurs fils ou leurs élèves ? Lorsqu'un fléau tombe sur la terre il embrasse tout, bon et mauvais, Dieu ne fait son triage qu'après, et quand les railleurs disent : vous voyez bien que les processions n'ont pas fait cesser la pluie. Je leur demande si Dieu, pour les confondre, devrait dès à présent désigner les damnés en faisant pleuvoir sur leur champ tandis qu'il ferait soleil sur celui des élus et sur leur tête au risque qu'ils se damnent le lendemain.

Voyez-vous, dans les rues deux individus se donnant le bras, qu'il fasse soleil sur l'un et qu'il pleuve sur l'autre ? Ces choses ne sont pas même de mise au théâtre et Dieu ne se fait pas comédien, il n'a pas besoin de se presser il sait que personne ne lui échappera. Il connait d'avance la fin du monde, et sait s'il finira par tel ou tel obstacle, la gelée, le feu, l'eau ou un autre fléau.

Du feu ne pourrait-on pas en faire avec le vent ou l'eau ? Déjà le vent fait marcher les machines et l'eau encore bien mieux, or puisqu'en produisant du travail on peut en faire il est facile de produire du travail avec de l'eau. Dans la vallée de Barcelonnette il y a une rivière dont la pente est de 2 centimètres par mètre, donc tous les 200 mètres on peut obtenir une chute de 3 m 60 en laissant une pente suffisante. La quantité d'eau est suffisante pour faire marcher 30 moulins répétés tous les 200 mètres. Je n'en ai pas fait le calcul mais on aura assurément le travail de 50 mille et de 100 mille chevaux, ce qui serait suffisant pour chauffer toute la vallée Je laisse à d'autres et à d'autres temps le soin d'en faire l'expérience ; mais pour vivre le travail de l'homme ne suffit pas, il faut aussi que la terre travaille, il ne faut pas qu'elle se refroidisse trop, car si elle se refroidit trop elle ne produira plus de blés plus d'herbes de là plus de pain, plus de viande, plus de chasse, il ne restera que les poissons, il n'y en aura à peine de quoi nourrir 15 personnes dans l'arrondissement pendant trois mois ; donc on peut affirmer sans trop de témérité que du moment que l'homme ne pourra plus vivre des produits de la terre il ne lui restera plus qu'à mourrir de faim, mais le terme en est encore éloigné et si nous admettons 300 ans pour les Hautes-Alpes il faut en admettre davantage pour le midi de la France et allonger encore pour les régions équatoriales, de sorte que si la fin du monde est proche pour notre pays pour cette raison elle n'est pas si rapprochée pour tout le monde.

La tache de l'homme n'est pas finie ; tant qu'il lui reste quelque chose à faire il ne doit pas rester oisif malgré qu'il en ait les moyens ; ne vivre que pour soit est être demi mort, c'est être indigne de vivre, on doit toujours et toujours chercher à se rendre utile et par l'habitude qu'on en prend, on y trouve un plaisir qui en vaut bien un autre. L'utile est préférable à l'agréable, mais l'utile se rend agréable et l'agréable se rend utile, cette heureuse concordance sert à prolonger la vie qui sans agrément ne serait qu'une pénitence. Cependant l'agréable peut être utile, il peut même être nuisible et peut avoir ces deux qualités à la fois, au préjudice de soi-même ou des autres, celui qui fait du mal à un autre prend un plaisir inutile et nuisible à celui à qui il le fait, celui qui boit des liqueurs prend un plaisir nuisible à lui même mais utile à celui qui fabrique la liqueur.

Les gens sans foi sont constamment et toujours inquiets, coléreux, non confiants à personne ni à eux-mêmes, et comme ils sont toujours disposés à tromper, ils sont toujours dans la crainte de l'être. Comme ils ne sont capables d'aucun bien ils voient toujours tout en mal, ils ne croient pas au bien, ils ignorent qu'il vaut mieux être trompé quelques fois que de se méfier toujours, ils ignorent que la vraie dévotion élève et échauffe l'esprit et le cœur et les dispose à la tendresse et même au délire, à la joie à la reconnaissance, c'est là, la source de la perfection et de ce sublime enthousiasme qui seul peut porter aux grandes choses.

Nous avons vu un homme roi sans trône mais y ayant droit suivant lui (le comte de Chambord) dire : J'aime mieux être trompé par mes cousins que de leur laisser croire que je manque de confiance en eux. Il risquait pourtant gros jeu car on sait que ses cousins prétendaient au même trône mais avec un droit moindre. Je ne suis pas partisan du comte de Chambord parcequ'il veut, dit-on, remettre le pape sur son trône temporel, je dis que le pape ne doit régner que sur les âmes. A part cela, l'honnêteté du comte de Chambord me le fait aimer et je n'aurais pas hésité à lui donner mon appui si je n'avais pas craint la guerre que je considère comme le plus grand des fléaux et surtout pour une chose injuste.

Les hommes qui ont fait le plus de mal à leur espèce sont ceux qui ont exercé le pouvoir et ceux qui ont tenté de l'exercer. Je ne parle pas seulement du trône du pouvoir suprême : je comprends tous les pouvoirs sans en excepter celui de maire de village.

Les hommes mauvais rendent le gouvernement indispensable aux bons qui ont besoin de lois fortes pour garder les mauvais ; de là, des impôts considérables occasionnés pour faire observer les lois, pour l'administration, pour la perception, pour les hôpitaux, toutes choses dont on pourrait se passer si tous les hommes étaient bons et raisonnables ; on n'aurait volontiers besoin d'impôts que pour les travaux publics et la marine, car autrement, s'il n'y avait pas de mauvais hommes il n'y aurait pas besoin de police, ni de gendarmes, pas de guerre, presque pas de soldats ni d'administration, c'était ce qu'il y avait de beau autresfois, mais autres fois déjà il y avait des méchants, ils ont nécessité toutes ces mesures qui nous coûtent si cher et que nous augmentons en proportion que les méchants augmentent, mais il y a des méchants insouciants, qui se croient bons, ils critiquent tout, sans savoir pourquoi une chose existe, ils la trouvent mauvaise et de suite ils proposent de la remplacer souvent par quelque chose qu'ils prennent pour une nouveauté de leur invention, tandis que c'est un rococo archi usé qui a fait son temps et qui a été abandonné, enfin ils se croient plus capables que les autres qu'ils traitent d'ineptes, ils ne voient pas que les plus ineptes c'est eux-mêmes.

Un jour un pêcheur pêchait à la ligne et le poisson peu pressé d'aller à la poêle, ne mordait guère ; un curieux qui regardait le pêcheur dit : faut-il être bête pour pêcher ? Voilà 3/4 d'heure que je vous regarde et vous ne prenez rien. Le pêcheur répondit : vous êtes encore bien plus bête que moi, car je regarde mes lignes espérant de prendre quelque chose, tandis que vous me regardez sachant bien que vous ne prendrez rien.

Courbet ex-ministre des beaux-arts sous la commune traitait d'inepte un ouvrier qui suivant lui avait mal coupé les branches sur la promenade de Besançon. L'ouvrier fit modestement observer que les branches repoussent toujours, tandis que les colonnes repoussent rarement. On sait que Courbet avait fait démolir la colonne Vendôme pendant la commune. Lequel de l'ouvrier ou de l'ex-ministre était le plus inepte ?

L'homme ne meurt pas, il se tue. Paris est assez peuplé pour qu'on en puisse voir des exemples rapprochés plus que dans toute autre puissance : en effet il y a des arrondissements où la vie moyenne est de 45 ans, il y a un boucher pour 4 marchands de vin ; il y a d'autres arrondissements où il y a 14 marchands de vin pour un boucher et la vie moyenne n'y est que de 25 ans, d'où l'on doit conclure que si un peu de vin donne de la force il altère beaucoup quand on en prend de trop. Un ivrogne disait un jour : on dit qu'un verre de vin donne de la force, j'en ai bu plus de 30 et je ne peux pas me tenir droit. Un autre ne pouvant pas marcher dit : terre ingrate, tu ne veux pas me porter, eh bien, baise mon cul. Et il s'assit par terre. Il y a un pays où les hommes sont forts comme des Turcs, dit-on, pour que ce dit-on ait une racine il lui faut un fondement, or la religion défend le vin aux turcs et ils observent leur religion mieux que nous.

La principale fortune c'est le travail joint à l'ordre ; le travail sans l'ordre c'est le moulin sans le grain, c'est la terre mal cultivée, sans semence.

Une femme de peu d'ordre ayant une magnifique fille de 12 à 14 ans à qui elle ne pouvait donner aucune position, rencontra un jour un richard qui vit cette fille et proposa à la mère, si elle voulait la lui céder, de la faire instruire, de l'élever qu'il ne lui manquerait de rien, de payer les dettes de la mère et lui donnerait 2000 fr. mais à condition qu'elle ne la reverrait jamais. La mère se dit : ne pas revoir ma fille ce sera bien dur mais la voir dans la misère ce n'est pas agréable non plus, pourvu qu'elle en puisse prendre des nouvelles, elle accepta le marché, elle put savoir que sa fille avait embellie, qu'elle était supérieurement mise, qu'elle ne promenait qu'en voiture, ne marchait que sur des tapis et couchait sur la plume, que la table était à souhaits, on ne sut pas de quelle manière elle était élevée et si le richard se conduisit d'une manière vénérable ; mais on sut que la demoiselle ne manquait de rien, qu'elle avait tout à profusion, tandis que la mère, au bout de peu d'années, avait épuisé se ressources, et soit par l'orgueil de voir sa fille si bien briller dans sa splendeur, soit dans l'espoir d'en obtenir quelque chose, elle se décide à aller pour la voir et en la demandant aux domestiques, elle dit, si on lui demandait son nom, de dire qu'elle était sa mère, mais la demoiselle refusa de la recevoir, et répondit qu'elle n'avait pas de mère, qu'elle ne pouvait pas donner ce nom à la femme qui avait été assez dénaturée pour la vendre comme une bête, et que s'il lui restait quelque pitié pour elle, elle la priait pour le cas ou elle la rencontrerait de vouloir bien ne lever jamais les yeux sur elle, si elle ne voulait pas la faire rougir. Il est facile de voir par cette réponse que la fille aurait préféré être libre et piocher la terre ou balayer les rues que d'être comme un perroquet en cage ou un porc à l'engrais ; donc si la fortune aide beaucoup au bonheur, seule elle ne suffit pas, il lui faut d'autres conditions : il lui faut la santé, la dignité, la considération, la liberté qui sont la félicité de l'âme, l'estime et la confiance qui en sont le condiment ; le talent, le labeur, le dicernement, la justice, la modestie, en un mot toutes les perfections qui contribuent à élever l'homme sont nécessaires à son bonheur. Il n'y a que les porcs qui se plaisent dans la boue et encore quelques fois ils s'en plaignent. Deux porcs dans leur conversation intime, fumant leur pipe, bien couchés, se disaient : nous n'avons pas grand chose à faire ; nous sommes bien nourris, nous avons à manger à bouche que veux-tu ; mais pour ce qui est des procédés envers nous !!!

Que veux-tu ? Répond l'autre. Nous sommes de ceux qu'on n'apprécie qu'après leur mort. « Mais vous, qui que vous soyez, quelque infime que « soit votre position, vous êtes connu de vos voisins, de tout votre « village, et si vous avez un peu de cœur vous voulez qu'on dise du bien « de vous. (Veuillot)

Le courage malheureux n'est pas moins admirable que le courage heureux, il est plus touchant.

Quels sont les droits d'un père sur son fils ? Voici une question bien épineuse qui a occupé mon esprit pendant plus de 20 ans. J'ai consulté divers auteurs de diverses nations et n'ai jamais rien trouvé de satisfaisant, j'ai consulté des hommes positifs, des savants, des journaux ; j'ai fouillé partout où j'ai supposé pouvoir trouver quelque chose, quelque idée, j'ai comparé les systèmes allemands et français, mais rien ne m'a contenté, et j'en arrive à dire qu'un père a plus de droits sur son fils que la loi n'en accorde ; je parle d'un bon père car un mauvais n'est père que de nom comme les animaux ; l'autorité a le droit et le devoir de veiller sur lui et de lui enlever ses enfants s'il est indigne d'en avoir. Mais je veux parler des droits d'un bon père sur ses enfants.

Un enfant vient au monde, il est né membre de la grande famille humaine ; la société gagne à se grossir, elle a le devoir de veiller à tout ce qui l'intéresse ; le père plus particulièrement intéressé à plus de devoirs à remplir, il est le maître de sa fortune qu'il peut dépenser cependant, surtout, s'il l'a gagnée lui-même par son travail, son fils ne peut pas être considéré comme faisant partie de sa fortune, il ne peut ni le vendre, ni le tuer, mais il peut lui donner l'état qu'il veut, que cet état soit ou non dans les goûts de son fils, cependant s'il donne un état qui ne plaise pas au fils il est évident qu'il court grand risque d'être mal fait, mais il est dans l'ordre des choses que lorsqu'un père a travaillé avec honneur, probité et succès, il s'attache passionnément à ce qu'il a fait, il tient ardemment à ce que la chose se perpétue sous son nom qui avec le temps, prend un certain caractère de renommée de majesté qui comble de joie celui qui en a été le principal auteur, et pour faire triompher cette entreprise, il ne reculera devant aucun sacrifice possible et ne fera entrer ses intérêts qu'en seconde considération. Des fils prétendent que leur père aurait dû faire d'eux toute autre chose, mais le père dit : je place des fonds sur la tête de mon fils pour qu'il m'aide à suivre mes projets, je ne les placerai pas pour une chose que je ne connais pas à laquelle je ne pourrai pas lui aider, le surveiller, je préfère garder mes fonds. J'ai rempli mon devoir envers lui en lui faisant apprendre à lire, écrire et calculer suffisamment pour qu'il puisse faire une lettre et ses comptes, je lui dois encore un état, eh bien, je veux choisir cet état et lui donner celui que j'ai fait, ennobli, illustré, enrichi d'une belle réputation. De quoi pourra-t-il me blâmer ?

Je trouve que le père en agissant ainsi est parfaitement dans son droit naturel, je sais que souvent il aura contrarié son fils, je veux bien convenir que par intérêts, souvent on ferait bien de consulter le fils qui par exemple ayant du goût pour la médecine ou la mécanique pourrait s'illustrer dans ces carrières, tandis qu'il fera un mauvais notaire ou charpentier ; mais il ne reste pas moins vrai que si le père a illustré la charpente il l'aimera passionnément, voudra que son fils en fasse sa carrière et aura le droit de le vouloir. J'ai vu qu'un père ne doit pas disposer de son fils, soit : mais alors que le fils se passe des secours du père, qu'il lui rembourse même les sacrifices qu'il a faits depuis l'âge de 15 ans, et alors qu'il fasse ce qu'il voudra d'honnête car autrement le père a non seulement le droit, mais le devoir d'intervenir et j'ai parlé de l'âge de 15 ans parceque les devoirs du père ne commencent à s'arrêter que là, donc il ne pourrait pas réclamer davantage. Mais le père pourra faire de sa fortune tel usage qui lui plaira, la dépenser, en disposer par testament comme il voudra sans égard pour le fils. Préférer son état et donner sa maison à celui de ses employés ou autres qu'il croira capable de la faire prospérer. Et pourquoi serait-il obligé d'avoir des égards pour un fils qui ne lui aurait fait que des sottises et des ennuis ? Il devra pouvoir favoriser ses autres enfants s'il en est plus content et ne dépendre que de sa conscience et du jugement de Dieu ; mais bien examiner sa conscience avant de prendre une décision qu'il est de toute justice de bien éclairer. S'il y a des enfants qui aident et secondent les vues des pères on doit pouvoir faire pour eux plus que pour ceux qui lui nuisent, les humilient, les découragent. ou les abaissent.

On se plaint que la progression de l'espèce humaine en France est inférieure à celle des autres nations, mais doit on s'en étonner lorsqu'on décourage le père de famille en lui donnant beaucoup de charges sans fruits, ce n'est qu'à force de privations qu'il élève ses enfants et quand i s sont élevés qu'en retire- t-il ? Des privations nouvelles. Il n'est maitre de rien vis-à-vis de ses enfants pas même de donner davantage à ceux qui lui aident et lui sont soumis qu'à ceux qui ne lui donnent que des ennuis, qui ne lui donneront jamais ni satisfaction ni espérance, ni un sou pour subvenir à ses besoins ; alors il préfère élever un agneau qu'il pourra vendre ou manger pour se nourrir de ce produit, tandis que de ses enfants, il n'en peut rien retirer rien obtenir pas même l'obéissance ni une journée de travail.

Un homme seul, isolé au milieu de la terre, avec une pioche pourrait y vivre. Un homme seul, dans les mêmes conditions avec une plume serait bientôt mort, donc la pioche vaut mieux que la plume. Avec une pioche on travaille partout, la pioche développe les forces musculaires, et la plume développe l'intelligence, mais un homme de plume est trop léger s'il ne connait en même temps la pioche, c'est-à-dire le travail. Un homme de pioche c'est-à-dire de travail manuel est un homme complet, un homme de plume c'est-à-dire d'intelligence n'est pas complet, il le devient en s'associant au travail, il fait même plus que de se compléter, il se double, il se décuple il se centuple même quelques fois, à condition qu'il ne s'envole pas, qu'il n'oublie pas qu'il ne peut rien sans le travail ; l'homme qui joint l'intelligence au travail est plus que complet il est double c'est-à-dire qu'il en vaut deux.

La force maitrisée et pliée à nos usages.

L'homme sera le maitre de la nature dont on aura découvert les plus secrets ressorts ; vous ne tarderez pas à vous convaincre qu'il constitue le plus puissant, le plus merveilleux des appareils qu'ait enfanté la science de l'homme. Rien n'est comparable à la puissance, à la variété, à l'universalité de ses efforts.

Deux frères avaient un grand jardin que leur père leur avait laissé et qu'en partagea, l'ainé était un savant qui causait à merveille, le second ne savait rien, il ne pensait guère plus, il travaillait journellement son jardin, en vendait quelques produits, il vivait à son aise et avait encore du temps de reste et l'employait parfois utilement dans le jardin de l'ainé, l'ainé faisait de beaux discours, mais c'était tout, et son jardin dépérissait à vue d'œil, et serait mort sans le secours du frère, il s'en étonnait, et s'en plaignit à son frère, celui-ci répondit : c'est que les plantes ni la terre n'entendent rien à tes discours, mais elles entendent ma pioche, elles la connaissent, elles lui sourient parce qu'elle ne les laisse pas souffrir, elle arrache les mauvaises herbes qui la gênent, elle fait des rigoles pour les faire boire quand elles ont soif, donc cesse de faire des sermons qu'elles n'entendent pas, laisse là tes livres et la plume, prends une pelle et une pioche et travaille comme moi et la science aidant ton jardin produira plus que le mien sans que j'aie besoin de t'aider, mais si nous travaillons ensemble tous les deux y gagneront car le travail et la science multiplient les forces d'une manière incalculable.

Notre âme est faite pour connaitre et aimer le vrai et le bon ; il n'y a que la vertu et la justice qui puissent rendre le genre humain heureux. Le mensonge et la calomnie sont des vices si grands que le mal qu'ils font est incalculable. Dans le Var, pays d'ignorance, on ne lit pas assez les bons ouvrages. Il ne serait pas possible aux yeux les moins disposés à la vertu et aux grâces qu'à force de lire des ouvrages pensés noblement et exprimés délicatement ne prennent pas une certaine habitude de l'ordre, de la noblesse et de la délicatesse des mœurs et des sentiments, mais il faudrait lire autre chose que les journaux : l'histoire fait éclore la vertu, elle indique et fait connaitre les modèles et prédispose à les suivre, il faut satisfaire la curiosité des enfants, la curiosité sert à s'instruire, il faut tout leur expliquer, cela leur facilitera le succès pour aller plus loin et leur en donne le goût et l'envie d'avancer toujours vers le talent qui s'annonce de bonne heure, il faut les amuser en les instruisant, les contraindre, ne serait qu'un moyen répulsif. Il ne faut pas compter sur les autres, mais n'oublier jamais que les autres comptent sur vous.

L'argent est un bon serviteur mais c'est un mauvais maître. La fortune est femme, elle n'aime pas les vieux et ne se laisse pas acquérir par eux. Il faut que la jeunesse le sache.

Songez à ce que vous faites quand vous vous endettez car l'échéance arrivera vite.

L'honneur est préférable à la vie, c'est pour cela que le duel a sa raison d'être ; le noble autrefois ne connaissait pas d'autre lois, surtout s'il portait les armes, il fallait ou mourir ou être indigne de vivre quand on était offensé ou dupé et maintenant la justice défend le duel, alors on assassine..... Si deux manants se battent à coups de poings on les arrête, on les emprisonne, mais que deux ministres, députés de l'extrême gauche se battent à coups d'épées, l'un est tué à moitié et on les laisse libres.

On a condamné à Hyères un comte à 20 jours de prison parcequ'il a empoisonné 500 personnes avec des vins falsifiés.

Il n'y aura donc jamais de sévérité dans la justice que pour les petites gens? Le pouvoir est pourtant entre les mains des radicaux à tous crins, aux hommes de l'extrême-gauche et s'ils ne sont pas d'accord entre eux avec qui seront-ils d'accord ?

Qu'on ne vienne donc plus leur distribuer des brevets de perfectionnement, ils ne valent pas mieux que les autres, ils valent même moins, car ce sont de petites gens haut placées qui donnent le mauvais exemple.

« Le juste grandit au lit de la mort car sa réputation s'étend, on
« parlera de lui avec respect ; c'est alors qu'il parait le maître du monde ;
« c'est le moment de sa gloire et de ses triomphes, c'est le point auquel
« se réunit tout l'éclat de sa vie et de ses vertus, il marche d'un pas
« tranquille et majestueux vers l'éternité. (Massillon).

Le prophète fait un vœu : « Que mon âme meure de la mort du juste
« et que ma fin leur soit semblable » : Le juste meurt dans la joie et la consolation, il voit la mort d'un œil paisible, avec une douce espérance, il s'écrie quelques fois : Mais quand donc les hommes auront-ils du bon sens et seront-ils justes ?

LES MYSTÈRES

Il y a des choses que nous ne disons pas tout de suite à nos amis et que nous nous réservons de leur dire plus tard.

Pourquoi voulons-nous exiger que Dieu nous dise tout, tout de suite et qu'il ne réserve pas de nous dire des choses plus tard, peu à peu afin que nous ayons toujours un nouveau motif de l'adorer, de l'admirer? Si nous voulons calmer sa colère, sa vengeance rendons-lui justice, il n'y a pas d'autre moyen, ce doit être le secret de ia loi et la principale préoccupation d'un bon gouvernement.

Napoléon à Sainte-Hélène disait : « Dieu est partout visible dans l'uni-
« vers et bien aveugles ou bien faibles sont ceux qui ne l'aperçoivent
« pas. Pour moi, je le vois dans la nature entière, je me sens sous sa
« main toute-puissante, je ne cherche pas à douter de sa toute puissance
« car j'en ai peur. Je crois qu'il est aussi indulgent qu'il est grand.

A ce grand esprit nous ne pouvons pas faire d'opposition. Ceux qui s'y opposent c'est par orgueil ou intérêt, mais il ne faut pas céder à ces sentiments. Partout où nous trouvons Dieu nous trouvons les notions du bien et du mal fortement professées, c'est l'essentiel. Toute religion qui n'est pas barbare a droit à nos respects et s'il faut les respecter toutes, nous chrétiens avons bien plus le droit de respecter la nôtre.

Dans l'ancienne République les hommes étaient grands parcequ'ils avaient une âme, dans la nouvelle ils se sont rapetissés parcequ'ils sont devenus argent, ordure, place. En travaillant pour Dieu on augmente son mérite envers les hommes, car en travaillant pour Dieu on travaille pour l'homme.

La religion est une satisfaction due aux plus nobles besoins de l'âme humaine.

Vous qui prônez la négation de la déité savez-vous pourquoi vous la prônez? Voulez-vous que je vous le dise ? C'est parce qu'avec cela vous amusez les gens, vous faites le polichinelle et pour cela les gens vous payent vous gagnez de l'argent en vous moquant de Dieu, de vos auditeurs et de vous-mêmes en vous mettant au niveau des bêtes et vos auditeurs aussi.

L'incrédulité est plutôt le désespoir que la consolation des malfaiteurs.

Voulez-vous être heureux et tranquilles ?

La chose n'est pas bien difficile : ne lisez pas les journaux menteurs des révolutionnaires ni des mauvais livres, les romans, mieux vaudrait ne pas savoir lire. Cherchez plutôt à connaître vos devoirs que vos droits, sans pour cela, négliger ces derniers; pratiquez vos devoirs, soyez sans autre ambition que la vraie gloire qui s'appuie sur la vertu, la probité, la morale, le travail, les talents, le devoir, toutes ces qualités conduisent à l'honnêteté, à la pureté de conscience, à l'aisance et après cela, si vous n'êtes pas heureux vous devez être bien près de l'être car vous n'aurez pas d'ennemis, pas de jaloux et vous aurez de quoi manger, que faut-il de plus? Heureux on ne peut l'être qu'au sein de sa famille en lui donnant du pain, mais parfaitement heureux sur terre n'y comptez pas car il n'y a personne, mais comptez sur le Ciel. Ne cherchez pas de grades, les grades, les distinctions magistrales, ce n'est que tourments pour y arriver et qu'amertume quand on ne sait pas en descendre.

Les mauvais discours, les discours par vers ont quelques fois des fleurs dont les auteurs ornent leur rhétorique, ils rendent un mauvais service : ainsi les discours de Victor Hugo sont magnifiques et atroces, ils sont admirables, entraînants, superbes, mais c'est du superbe poison, ils sont pire que la peste, ils ont fait plus de cicatrices, causé plus de douleurs, même des révolutions qu'ils n'ont calmé de larmes, séché des pleurs, donné du pain. Ils sont amusants, ils embellissent l'esprit, mais ils enveniment le cœur et le remplissent de colère. Il aurait mieux valu pour la société qu'il eut le poigné coupé, il a fait haïr le monde en faisant faire des révolutions, il a su vanter tous les gouvernements, tous les égarements sans en excepter un seul, pas même la commune qui a duré 73 jours. Il put être anarchiste parmi les incorrigibles ou les malhonnêtes, comme celui qui, étant pauvre, disait qu'il donnerait les riches en pâture au lion populaire, mais qui devenu riche il donna les pauvres en pâture au tigre révolutionnaire; il ferait volontier tuer la moitié du monde et mangerait l'autre moitié. Cet indigne nom ne mérite pas d'être relevé.

L'avalleur n'attend pas le nombre des années.

Françoise ! m'sieu? Le thermomètre est-il baissé ? Oh oui m'sieu. De combien de degrés? De toute la hauteur de l'escalier : je l'ai laissé tomber dans la cour.

Qu'est-ce qu'un Littré ? Un lettré. Et Dumas ?

Un damas. Et Michelet? Un Michel laid, peu français qui rabaisse les noms les plus glorieux de France : Bossuet, Fénélon, Condé, Turenne ne sont pas épargnés, ne sont, d'après lui que des ambitieux qu'il flétrit, tandis que le b   de les admire, On ne trouve pas dans ses nombreux écrits, un mot bon à conserver. Il traite de grand imbécile un homme (le cardinal de Belzunce) qui pendant la peste à Marseille, a sauvé la vie à des milliers de personnes. Des imbéciles pareils on n'en aura jamais de trop ni même assez .

Pendant que la peste sévissait avec le plus de rigueur l'archevêque de Belzunce ordonna une procession pour implorer la miséricorde divine ; il s'offrit en holocauste la corde au cou, les pieds nus, marchait en tête de la procession couvert de ses habits pontificaux, les yeux en larmes tournés vers le Ciel. A sa vue la population conçut une telle confiance qu'elle cessa de craindre et tout à coup la peste cessa.

Manger est le premier des besoins. la première nécessité, c'est un besoin indispensable mais réglé par la nature, elle en a tracé les limites comme en tout ce qu'elle a fait, les plus gourmands ni les plus riches ne peuvent pas manger plus que les pauvres, ils peuvent choisir leurs mets, mais ne s'en portent pas mieux, je dirai même qu'ils s'en portent moins bien, et comme la santé est la plus belle fortune, je dirai que le plus heureux est celui qui est le plus sage, celui qui est assez sage pour savoir vivre avec ce qu'il a ; il faut naturellement avoir quelque chose, n'avoir rien c'est preuve de malheur, ou d'inconduite, ou de paresse, et comme sur ces trois choses il y en a deux d'incriminées, et que les malheurs, avec le temps on les répare, il en résulte que personne ne doit toujours rester pauvre s'il n'a pas de défauts, ce défaut vis-à-vis de soi-même ne doit pas être absout par la société car inévitablement il lui viendra à charge Les malheurs peuvent être occasionnés par la mortalité, la maladie, l'incendie, l'innondation, les torts, quand d'autres vous les font. On doit s'assurer les fruits de son travail, mais pourquoi vouloir que d'autres ne s'assurent pas du leur également ? Il faut s'inspirer de ses droits, mais aussi de ses devoirs, et pourquoi ne les remplirait-on pas du moment qu'on a de quoi manger, sachant bien qu'on ne dîne pas deux fois par jour, sachant bien que les autres pourraient être privés de diner si on lui refuse ce qu'on leur doit ? Que si on les empêche de dîner on les conduit à la maladie, au tombeau, C'est donc un assassinat occasionné par le tort qu'on leur fait.

Un assassinat en détail, un assassinat caché mais ce n'en est pas moins un, puisque ce tort est un acheminement à la maladie et par suite au tombeau. Il y a cependant beaucoup de gens qui ont fait tort à beaucoup de monde et qui se récrieraient fort si on les qualifiait d'assassin cependant que sont-ils ? Ils savent pourtant qu'ils n'empêcheront rien et que ce qu'ils peuvent laisser de plus précieux est un nom respecté, honoré, estimé de tous ceux qui les connaissent, ce nom se répand au loin et la renommée est sa plus belle récompense, elle est la preuve de la gratitude de tous, car même dans le monde deshonnête on préfère encore l'honnêteté, les honnêtes gens en font leur modèle, leur idole et leur premier devoir.

En France, le premier des aliments, c'est le pain ; il n'y a aucun riche, qu'elle que soit sa fortune, qui soit capable de s'en passer ni d'en manger 20 kilogr. à son déjeuner et, puisqu'on ne peut rien emporter et qu'il faut tout laisser, pourquoi ne commencerait-on pas par faire quelque bien de son vivant si on a un peu de souci de sa réputation et si on veut être assuré que ses fonds auront bien l'emploi auquel on les destine ? Nous avons beaucoup d'exemples de gens qui l'ont fait pendant leur vie et cela à mes yeux en augmentent le prix ; c'est de donner pour le bien, et le bien donner. Tandis que donner quand la mort vous tient déjà par les oreilles, c'est donner par force, parce qu'on ne peut plus l'éviter. C'est donner comme on donne au bandit qui vous arrête sur la route avec cette différence pourtant qu'on dicte encore une loi à la mort, on lui dit : je veux qu'il soit fait tel et tel emploi de mon argent.

L'argent est le plus grand monarque de la terre, il commande qu'on le gagne et dépense à propos, avec raison, il aime qu'on fasse cas de lui, il fuit les fous, les fainéants et les libertins; mais quelles limites prescrire à la folie, à la sagesse ? C'est là un point difficile, car ce qui est sagesse pour l'un peut être folie pour l'autre. L'ouvrier surtout, le père de famille qui va au café tous les jours ou même seulement tous les dimanches, c'est folie ; c'est le malheur à attendre incontestablement ; celui, au contraire, qui a des rentes et ne travaille pas, doit jouer aux boules, aux quilles, au billiard pour exercer ses membres, cela lui tient lieu de travail, d'exercice. Le bureaucrate a besoin de faire ce même exercice, mais avoir soin de ne pas dépasser ses ressources et choisir entre les jeux. Les quilles, les boules coûtent moins cher que le billard et exercent davantage, donc il doit les préférer; le trapèze, les armes, la danse ne lui seront pas défendus, lui seront même ordonnés. L'ouvrier viendra peut-être me dire que je le condamne à l'esclavage en l'empêchant d'en faire autant. Je dis non. C'est la liberté, l'esclavage n'est pas chez soi, dans sa famille, surtout quand on est père, la rendre heureuse, voilà le bonheur. Ramener l'ordre, la paix, l'abondance, c'est la prospérité. L'esclavage c'est l'ignominie, c'est la misère et c'est s'y complaire que de ne pas faire des efforts pour en sortir ou n'en faire que d'insuffisants.

L'ignominie est une tache pour le monde et le monde doit faire son possible pour ne pas y tomber. Le travail, l'ordre, la sagesse, voilà la liberté.

Si l'on veut que le peuple s'améliore, soit juste, il faut que l'exemple vienne d'en haut et qu'on punisse les coupables, et plus ils sont hauts, plus la punition doit être éclatante. mais il est évident que les juges sont impuissants s'ils ne sont pas sûrs de leur place ou s'ils sont coupables ou complices et qu'ils craignent que la vérité se fasse jour et les entraîne parce qu'ils sont coupables comme l'accusé, en serait-il de même s'ils étaient inamovibles et purs?

La clémence, il faut l'exercer quand il faut. De tous les attributs de la divinité, celui qu'on admire le plus, c'est la miséricorde. Partout la clémence et la miséricorde plaisent aux mortels et consolent l'humanité. Mais Dieu lui même rejette les damnés sans pitié et nous ne saurions prendre un exemple plus haut.

On réclame l'amnistie complète, il faut bien se garder de la donner, ce serait une nouvelle commune à bref délai et la société a le devoir de se mettre en garde contre les hommes dangereux comme contre les bêtes féroces. On demande la suppression des prêtres, mais il vaudrait bien mieux demander la suppression des communards. Si la République a tant de peine à s'affermir c'est que, pour beaucoup, ce mot signifie suppression de la religion, or, les honnêtes gens ne veulent pas supprimer la religion. Voilà pourquoi on a peur de la République.

Le suffrage universel, surnommé le mensonge universel est trop large : celui qui n'a rien à sauvegarder n'a pas d'intérêt immédiat à la conservation de l'ordre, à ce que les autres conservent ce qu'ils ont, il lui semble au contraire qu'il a intérêt à partager; il est bien entendu que quand il gagne 5 francs il ne veut pas partager avec celui qui n'en gagne que 2, mais en attendant que cette idée lui vienne, il lui semble qu'il gagnerait à partager.

Une femme légère, quoiqu'elle ne fut pas de Tulle, me disait un jour : je suis toute disposée à partager avec le premier venu, moi qui n'ai que des dettes. Mais vous avez des robes, des bijoux, voulez-vous les partager avec celles qui n'en ont pas ? Oh non ! je veux partager les maisons, les terres, l'argent, ce que les autres ont, mais pas ce que j'ai, excepté mes dettes.

Le suffrage universel est une beauté qui a trop de défauts. Autrefois pour être maître, il fallait posséder en outre de son état et de l'argent, il fallait posséder cinq habillements en bon état ; celui qui avait gagné tout cela était évidemment un homme d'ordre et pouvait bien avoir le droit de maîtrise ; mais de nos jours, celui qui ne peut pas changer de chemise parce qu'il ne sait pas en avoir deux à son service, est-il bien à même de faire acte de souveraineté ? Dernièrement, des enfants voyant passer une vieille femme en guenilles, lui dirent : eh ! la vieille, votre chemise dépasse; elle répondit: eh ! mon gueu, je le voudrais bien, mais je n'en ai pas.

Un jour, un vieillard me disait : c'est étonnant qu'ayant été trompé si souvent on s'y laisse encore prendre Je répondis : mais ce ne sont pas les mêmes, ce ne sont pas ceux qui ont acquis l'expérience, les trentenaires et au-dessus qui se laissent prendre en général. C'est la couche nouvelle, les vingtenaires qui se plaisent au désordre, qui sont bien aise de faire une niche au pouvoir quel qu'il soit, qui a ses journaux comme de vrais collégiens ; là, il y a les généreux, les vaniteux et les perturbateurs, les uns se trompent et les autres s'amusent. Rien n'amuse plus que le désordre. On ne les trouve pas majeurs pour constituer mariage, diriger un ménage, élever une famille, mais on les trouve majeurs pour donner leur avis politique et conduire la nation ; c'est insensé, mais c'est la loi: et on vote pour des proscrits, des incendiaires, des voleurs, des assassins, sans souci du lendemain. Cela se passe surtout là où il y a de grandes agglomérations d'ouvriers auxquels on a promis plus de beurre que de pain sans s'inquiéter s'ils auront du pain, nous l'avons vu à Marseille en 1888 et à Paris à peu près toujours, et ce sera toujours tant qu'on n'aura pas restreint le suffrage universel. Mais l'osera-t-on ? Nous sommes dans le pétrin, il n'y a qu'un plébiscite qui puisse nous en sortir, il faut toute l'abnégation et le dévouement de l'ouvrier pour cela, ce sera un titre de plus à l'admiration du monde.

L'ouvrier rangé a l'espoir de parvenir, et c'est avec raison.

Dans l'urne, le bulletin de l'ouvrier a la même valeur que celui de son maître, mais ce serait une erreur de croire qu'il doit avoir la même valeur dans la société : celui-ci peut, par une petite vengeance ou pour faire une farce, voter contre le plus méritant et faire même le sacrifice de ses intérêts qu'il compromet ; pour arriver à cette fin, il n'y regarde pas trop, c'est une générosité absurde, mais ça le fait rire. La terre et les mers passeront, mais les rieurs ne passeront pas. Mais le patron, s'il remplit son devoir, il est le père de ses ouvriers et, pour ce motif, a un intérêt plus important à la conservation de l'ordre, il a le devoir de sauvegarder l'intérêt de ses ouvriers comme le sien propre, cela lui commande moins de légèreté, plus de réflexion, donne son vote plus posément. On ne devrait pas voter avant 25 ans, c'était l'âge fixé par l'ancienne république. Nous avons vu en 1872, lorsque les gens à moyens ont fait les plus louables efforts pour la libération du territoire, faire 80 millions de souscriptions volontaires. Nous avons vu les charpentiers chargés de faire les baraquements des troupes prussiennes

pour délivrer de leur présence un certain nombre de départements ;
nous les avons vus se mettre en grève et profiter de cette occasion pour
se faire augmenter au point que le gouvernement s'est vu obligé d'envoyer 250 charpentiers de marine. Est-ce là du patriotisme de la part de
ces ouvriers ? Personne n'oserait le soutenir. Le soutenir, ce serait faire
injure au bon sens, aux honnêtes gens. Est-ce que si ces ouvriers français avaient possédé quelques centimètres de terrain n'auraient pas eu
hâte de se débarasser de ces hôtes si ces hôtes avaient pesé sur leur position ? Mais ils n'avaient rien et se moquaient de ceux qui souffraient
de la présence de l'étranger. Est-ce que de pareils hommes sont dignes
d'être électeurs ? Non. Ils ne sont dignes que d'être esclaves et conduits à coups de fouets. Ajoutez encore que celui qui s'estime et qui en
est digne, n'aime pas à se mêler avec celui qu'il méprise et qui est me-
prisable, mais que le suffrage universel fait électeur comme lui. En
effet, l'ouvrier qui a six mois de résidence dans un garni, est électeur
quoiqu'il ait changé de maître deux fois par mois et quelquefois quatre.
Il doit 1 franc à chaque maître et souvent plus, il s'est fait avancer 1 fr.
pour aller déjeuner, il n'est pas revenu, l'ouvrage qu'il avait en main
reste en suspend, il a fait à la fois deux mauvais tours à son maître, et
ceux-là sont nombreux dans les grandes villes, surtout à Paris ; ils sont
certainement méprisables ; voulez-vous que leur patron, s'il se respecte,
puisse gaiement aller mettre son bulletin dans la même urne sachant
que son bulletin n'aura pas plus de valeur que l'autre ? Alors il fait
comme les honnêtes gens à Lyon et comme ils on fait en mars 1871 à Paris, sous la commune : ils ont protesté par leur abstention, et qu'elles que
soient les lois qu'on pourra faire pour obliger les classes responsables
à partager les honneurs et non les charges avec les irresponsables, ces
lois seront impuissantes.

On peut abuser des meilleures choses ; la loi du 2 mars 1791 a donné
droit de disposer de sa personne et de ses bras sous sa propre responsabilité. La liberté du travail c'est l'inviolabilité la plus respectable des
propriétés. L'article 414 du Code pénal est juste, il faut l'appliquer ; il
punit les violences qu'on fait aux ouvriers pour les empêcher de travailler comme ils l'entendent. Les articles 414 et 416 punissent d'un em-
prisonnement de 6 jours à 3 ans et d'une amende de 16 à 2,000 francs
quiconque à l'aide de violences, voies de fait, menaces ou manœuvres
frauduleuses aura amené ou tenté d'amener une cessation de travail ou
porter atteinte au libre exercice de l'industrie et du travail.

Voter est un devoir subordonné à la confiance, c'est aussi un honneur,
mais cet honneur ne doit appartenir qu'à celui qui le mérite, je veux le

mettre à la portée de tout honnête homme et le limiter à une mesure d'ordre, à un impôt fort minime, toujours comme sous la première République proportionné au numéraire de nos jours, 20 francs ou même 10 francs, il n'y a pas un ouvrier d'ordre qui, arrivé à l'âge de 25 à 30 ans, ne paye pas au moins cet impôt, il aura un peu attendu, il n'en sera devenu que plus raisonnable, mais je veux étendre ce droit à celui qui est depuis 5 ans chez le même maître ainsi qu'au jeune homme qui est dans sa famille, et ces restrictions ne seront jamais une cause de désordre, au contraire.

Les mécontents ont l'habitude de souhaiter les tempêtes. Celles qui renversent les hommes au pouvoir ne peuvent être utiles que si on les remplace par des meilleurs, et la chose n'est possible que par la diminution de leur nombre et la restriction du suffrage universel, à défaut de cela nous serons toujours le deuil dans le cœur, car nous ne serons pas assurés de mieux choisir que par le passé, Un vieux paysan disait : nous avons engraissé un porc, il faudra en engraisser d'autres.

Les fonctionnaires de l'Etat ne devraient pas être admis à voter, quelle que soit leur position, je dis admis, parce que pour eux ils n'exercent pas un droit, ils suivent un ordre. Le prétexte de dire: le vote est secret, n'est qu'une illusion : si dans un pays il y a dix fonctionnaires et que tout le monde ait voté contre le candidat du Gouvernement excepté dix, il est évident que ce sera les dix fonctionnaires, et l'élection sera faussée avec leur conscience.

Les gens qui n'ont intérêt qu'au désordre, malgré qu'ils ne soient pas voleurs, ne peuvent pas avoir le droit de voter, le pouvoir y gagnera en morale et en solidité.

Les députés sont-ils bien nécessaires ? Oui, certainement, pour surveiller l'emploi que le Gouvernement fait des fonds qu'il perçoit, pour empêcher qu'un milliard ne soit pas gaspillé entre quelques-uns, mais si pour surveiller ce milliard il faut en dépenser trois, c'est une mauvaise surveillance, une mauvaise économie, il ne faut mettre que le nombre nécessaire, 200 par exemple ; pour avoir un gouvernement à bon marché, il faut qu'il se compose de peu de monde. que ce monde soit occupé et qu'il soit sage. Voilà le difficile, mais plus le nombre sera grand, plus leurs recommandés seront nombreux, et plus il en faudra ; et plus mal on pourra choisir.

Si Napoléon faisait tant de choses avec si peu d'impôts, c'est qu'il exigeait que ses employés travaillent et leur en donnait l'exemple. Toute puissance s'établit par ses services et tombe par ses abus.

Mirabeau a dit : le droit est le souverain du monde. L'ancien régime ne veut rien céder, il perd tout. Le travail, la justice juste est la maxime vraie que chacun doit appliquer. L'ennemi commun c'est le faux. Voilà les maximes que je signale à la mobilité de notre espèce qui adore aujourd'hui ce qu'elle a brûlé hier et qu'elle brûlera demain.

Quand une nation écroule, le gouvernement a tort, sept ivrognes et huit journalistes ont le pouvoir de le faire tomber, aussitôt l'avocat paraît. Ils ne font plus de grands hommes, ils font de l'iniquité. Ils ne changent pas les dépenses, ils les augmentent et en font de nouvelles. La révolution sert de carrière à l'avocat ; les ouvriers sont leurs instruments. L'avocat est ouvrier de la langue, il l'a déliée. La première opposition peut faire une fortune ; du provisoire on en fait un monarque ; s'il n'a pas la première place, il prend la seconde position, il y restera s'il peut être dictateur ou n'importe quoi.

Le mandat impératif fait de l'élu, non pas un honorable, mais un esclave. Voulez-vous donner ce mandat à vos députés? Alors il est inutile de dépenser des millions pour les envoyer à la Chambre ; vous n'avez qu'à y mettre leur cahier et pour chaque cause un officier verra le vote sur le cahier et le publiera, on verra où est la majorité, mais si vous voulez que la question s'éclaircisse par la discussion, il est nécessaire que votre député y soit, et s'il lui est permis de s'éclairer, c'est pour voter ensuite suivant sa conscience, il ne doit obéir à aucun groupe, à aucun mot d'ordre, il ne doit avoir d'autre guide que sa conscience pour juger.

Le scrutin de liste est vicieux en ce que c'est le vote à deux degrés ; la liste est composée par des journalistes qui nous envoyent des hommes étrangers à notre pays, ce qui est un affront à nous faire, c'est supposer que nous ne possédons que des hommes incapables, indignes de notre confiance. Ils se partagent la France entre eux, ils nous envoient des hommes dont nous ne connaissons pas le mérite et qui n'en ont souvent aucun, il faut que le votant puisse apprécier la valeur de ces candidats, on en connaît un de la liste, s'il convient, on vote pour la liste entière, s'il ne convient pas, on la repousse toute entière. On vote à lorgnons. Aussi j'ai vu tomber des hommes de grand mérite, parce qu'ils n'ont pas pu remorquer toute leur liste. Ils ont été remplacés par qui ? Par des hommes tarés qui étaient sur la liste opposée.

Le trop grand nombre d'élus n'accélère pas les affaires mais les retarde, les ralenti. Tous les arrondissements doivent être représentés parce qu'ils ont des intérêts différents à faire valoir, mais il ne faut pas baser le nombre sur la population, car en fait d'intérêt local, toute une ville a le même qu'elle que soit sa population. il ne faut pas payer des salaires inutiles. Je parle comme quelqu'un qui aurait pu être député, car j'ai refusé la candidature dans trois départements : celui de l'Oise où j'occupais des ouvriers ; celui de la Seine où j'avais mon commerce, et celui des Basses-Alpes où je suis né.

Aujourd'hui j'aurais un autre motif de refuser : c'est que je me trouverais humilié de me trouver au milieu d'un tas d'honorables déshonorés, flétris, expulsés, condamnés, libérés, emprisonnés, graciés sans raison, qu'on n'a pas le droit d'insulter ; mais on a celui de leur refuser son estime et de les mépriser tout bas.

Vous savez que les loups ne se mangent pas entre eux. Comment voulez-vous que le gouvernement soit honnête si vous votez pour des brouillons, des voleurs, des incendiaires, des assassins ? La faute de ces vols retombe sur les électeurs. Vous n'avancerez à rien en renversant la République, si vous ne modifiez pas le suffrage universel, car le Gouvernement dé... d des hommes qui le composent.

Le mandat im...érauf me rappelle une drôlerie qu'il faut que je vous raconte : c'était, je crois, du temps de Louis XIV. Le roi fit venir à Paris tous les seigneurs pour conférer des affaires de l'État. Parmi ces seigneurs, il y en eut un qui partit un peu en retard tant il était peu pressé de quitter sa chère moitié et, parmi les recommandations qu'il lui fit en la quittant, il lui fit promettre de répondre toujours que non si quelqu'un venait lui adresser quelque question. Elle promit tout ce que le mari voulut. Il y avait à peine quelques heures que le mari était parti qu'arrive à cheval un autre seigneur encore plus en retard et qui, la voyant dans son jardin, lui demande s'il devait passer à droite pour aller à Paris. La dame répondit non. Faut-il passer à gauche ? Non. Faut-il aller droit devant moi ? Non. Faut-il me retourner ? Non. Le seigneur alors donna un autre tour à ses demandes et les fit de manière que la dame dut toujours répondre non ; il commença par dire : vous ne voudriez pas que je reste là sur place toute la journée ? Non. Vous ne me refuserez pas la permission d'entrer votre jardin ? Non. Ni d'y cueillir une fleur ? Ni de faire desseller mon cheval ? Ni de lui faire donner à manger ? Non. Ni la permission de souper au château ? Non. Vous ne permettriez pas que j'aille coucher autre part qu'au château ? Non. Ni hors de votre chambre ? Non. Et d'autres questions que je n'ose pas vous dire, mais auxquelles elle dut toujours répondre non. Voilà le résultat du mandat impératif.

Pour finir l'histoire, il faut que je vous dise que cet heureux seigneur, en quittant cette dame, lui donna une bague et lui dit : vous ne refuserez pas d'accepter ceci en mémoire de moi ? Non. En arrivant à Paris, il n'eut rien de plus pressé que de conter son aventure à tous les seigneurs qui voulaient bien l'entendre et le mari, qui était présent, ne douta pas que c'était de sa femme qu'il était question, il fit mine de rien et tâcha de se rendre ami de ce dernier et, puisque c'était sur sa route, il l'invita à venir souper et coucher chez lui à leur retour qui était prochain, l'offre fut accepté. Le propriétaire avertit sa femme qu'il arriverait tel jour avec un ami, lui recommanda de préparer un grand souper et d'y inviter tous les parents; son but était de répudier sa femme en présence de toute la famille. Le soir, il arrive avec son compagnon qui ne reconnait pas le château parce que c'était nuit : on se mit à table et, au milieu du souper, le propriétaire dit à son invité : Contez un peu à la société l'histoire qui nous a tant amusés à Paris ! Très volontiers. Au premier mot, la dame le reconnut. Elle était sur des épines et, quand il fut à la permission de coucher dans sa chambre, elle lui dit: vous avez trop bien parlé pour n'avoir pas besoin de boire un coup, permettez-moi de vous offrir à boire et de trinquer avec vous. En lui versant à boire, elle laissa tomber la bague du seigneur, celui-ci s'en aperçut, il regarda la dame et l'appartement qu'il reconnut et se tut ; mais le mari dit: continuez-donc votre histoire ! Le seigneur dit : Tout à coup une poutre de ma chambre craqua et je me réveilla en sursaut. Comment ? c'était donc un rêve ? Et comment l'entendiez-vous donc ?

Le plus vexé fut encore le mari, et parce qu'on avait observé son mandat impératif.

Travaillons ensemble et de bon cœur au bonheur du pays.

J'aurais réussi au-delà de mes espérances, si de la lecture de cet ouvrage le jeune homme rapportait un jugement meilleur, un plus vif amour du bien, de la famille, de l'état par plus de morale dans l'individu, plus de santé dans son jugement des hommes et des choses; vouloir, c'est pouvoir ou du moins, pour pouvoir, il faut d'abord vouloir, a dit Risoul.

La passion de commander l'emporte sur l'amour des richesses, on veut être mais surtout paraître.

L'avarice perd tout en voulant tout gagner; témoin, la poule aux œufs d'or que le propriétaire tua parce qu'elle ne pondait qu'un louis par jour, tandis qu'il voulait avoir tout à la fois; mais en la tuant, il n'eut rien, car les louis n'étaient pas faits.

La fortune rend malheureux ceux qui ne savent pas s'en servir pour en faire un bon usage, pour faire le bien. La fosse que tu prépares pour que ton frère y tombe, te fera tomber toi-même.

Un charbonnier, beau garçon, fut assez heureux pour charmer une belle fille qui lui apportait 15,000 francs et qui ne manquait ni d'ordre, ni de courage, ni d'énergie; avec une semblable ressource, il osa beaucoup entreprendre et tout lui réussit. La progéniture ne vint qu'après dix ans de ménage, lorsque déjà il était riche. Pendant la grossesse de son épouse, l'ambition augmentant, on résolut, d'un commun accord, que la femme travaillerait moins pour être plus sûre de porter à terme son précieux fardeau; on disait: si c'est un garçon, il sera général, si c'est une fille, elle sera comtesse. Ce fut une fille ; on l'éleva à la maison pour être plus sûrs que rien de fâcheux ne lui arrive; au fur et à mesure qu'elle grandissait, ses grâces se développaient et la fortune des parents augmentant toujours, on donnait à la fille une brillante éducation, le prix des leçons n'était pas trop marchandé ; elle avait acquis du talent, mais elle ne connaissait personne autre que ses parents et ses professeurs, on ne lui permettait aucune compagnie ; ses inférieures en fortune n'auraient pas été agréées par les parents, ses supérieures auraient pu la dédaigner comme fille de charbonnier et ses parents en auraient été blessés, de sorte qu'elle n'eut aucune compagnie, et vingt ans arrivaient, il fallait songer à la marier, elle n'y avait guère pensé, elle avait toujours obéi, elle ne savait penser au monde que parce qu'on lui en avait dit, elle ne le connaissait pas autrement. Un comte débauché, ayant perdu tout droit d'estime et ayant entendu parler de la brillante fortune, crut trouver là un remède pour éviter la prison : il y avait un million à prétendre et plus de la moitié comptant, c'était l'unique moyen qu'il lui restait pour continuer de vivre en libertin, joint à cela que la fille n'était pas désagréable, il chercha d'abord de parler au père. Le père apprenant le motif de cette démarche, fut au comble de la joie, c'était le comble de ses projets ; cependant, avant de promettre, il voulut en faire part à sa femme, quant à la fille, on savait qu'elle obéirait, on ne s'en préoccupa pas, il ne voulut pas perdre du temps, de suite il accompagna le comte chez lui, il trouva la femme et la fille seules, et à leur entrée la fille sortit, soit qu'elle eut un pressentiment des idées du nouveau venu, soit pour un autre motif, la fille s'éloigna; enfin, cette vue de quelques secondes suffit au comte pour dire qu'il la trouvait charmante et qu'il n'avait pas de plus vif désir que de la rendre heureuse. La femme informée du désir du comte en aurait donné cent filles, non pas une, elle ne se sentait pas de joie ; donc, aucun obstacle, et de suite on débattit les conditions qui furent immédiatement acceptées. Le mariage fut promptement fait. Le comte, grand viveur, ne changea pas de vie, reçut souvent du monde, il était quelquefois reçu avec sa femme qui se trouvait gêné dans cette société où il fallait avoir le sourire aux lèvres quand on ne ressentait que dégoût dans le cœur ; bientôt elle voulut s'en affranchir, mais comment faire ? Elle se servit de la science ; la force lui aurait manqué ; elle ne voulut pas d'éclat ; elle sentait qu'elle n'aimait pas le comte ni la société dans laquelle il l'obligeait à vivre, elle voulut néanmoins conserver son titre de comtesse, elle chercha ce moyen, il fallait se débarrasser du comte de façon à faire croire à une mort subite, mais naturelle ; en effet, le comte mourut vite sans qu'on sache comment. Le médecin appelé à constater le décès, examina le corps de tout côté, le retourna en tous sens et ne trouva rien ; il était prêt à se retirer lorsqu'il vit une goutte de sang sur l'oreiller, alors il examina soigneusement la tête et, dans les cheveux, il trouva une toute petite épingle à tête plate qui était complètement enfoncée dans la tête, cette épingle était empoisonnée, elle a suffi pour donner la mort et, en restant dans le trou, le sang n'avait pas pu sortir, il n'en était sorti qu'une toute petite goutte. A cette découverte, le médecin fut consterné et allait faire son rapport La comtesse voyant le secret découvert, appela le docteur dans sa chambre, chercha à le dominer par tous les moyens en son pouvoir, elle offrit de l'argent, elle fit des prières et des menaces, rien n'y fit ; le médecin ne connaissait que son devoir et sortit. Alors la comtesse restée seule avec son or, le repoussa du pied en lui disant: Va-t-en, fortune maudite qui n'a fait de moi qu'une vile marchandise qu'on livre pour un titre. Que n'ai-je été une pauvre fille vivant de mon travail et mariée avec mon pareil ? C'est là qu'était l'honneur et non dans le titre qui va me conduire à l'échafaud. Que va devenir l'orgueil de mes parents ? Ils seront punis par où ils ont péché, et moi, objet de leur vanité et vaniteuse moi-même, mais voulant comme les pauvres gens un bien précieux qui s'appelle la liberté, j'ai sacrifié le reste de mes jours, je les ai précipités, je les ai raccourcis, j'en ai tranché le fil et n'ai pas obtenu la liberté, car je suis encore dans ma chambre n'osant plus me montrer en public et n'attendant plus, pour en sortir, que les gendarmes qui vont venir me chercher.

Voyons, au contraire, après ce navrant tableau, comment un chiffonnier éleva sa charmante fille !

Après avoir ramassé des chiffons, il conçut l'idée de n'en plus ramasser, mais d'acheter ceux de ses camarades et de revendre en gros. Bientôt ce commerce prospéra ; sa fille, qu'il avait tenue en pension, devenue grande, tenait ses livres et s'en acquittait fort bien. Parmi ces chiffons, il y avait des fois des vieux bouquins qu'il nettoyait et que sa fille vendait, c'était pour sa bourse. Du consentement du père, elle s'était fait faire un petit bureau pour être moins en vue des passants et être plus abritée contre l'intempérie des saisons. Un jour, un jeune homme qui vint pour acheter un bouquin, remarqua la grâce charmante qu'avait cette jeune fille : il revint le surlendemain voir s'il y avait d'autres livres à acheter ; il revint au bout de quelques jours et la demoiselle paraissait toujours de plus en plus charmante, il voulait le dire au père, malheureusement il était fils d'un marchand de draps et sa position, trop supérieure à celle de la jeune fille pour pouvoir obtenir l'agrément de ses parents, il finit enfin par s'en ouvrir au père et à la fille, il continua de venir et n'achetait plus de livres, le père l'ayant autorisé pourvu que ses parents y consentent. Ceux-ci se firent tirer l'oreille et beaucoup. Enfin ils cédèrent, mais dans l'espoir de couvrir cette union de ridicule et d'en éloigner le fils, ils consentirent à inviter à dîner le chiffonnier et sa fille. On envoya des crocs-en-jambes au père qu'il parat le mieux qu'il put ; on convint pourtant que la demoiselle était une perfection. Enfin, après le dessert, la mère voulant en finir, dit au père :

Enfin, Monsieur, combien pensez-vous donner à votre fille ?

Que Madame dise ce qu'elle veut donner à son fils et je tâcherai d'en faire autant.

Le fils. — Je vous en prie, ma mère, ne parlez pas de cela.

Le chiffonnier. — Au contraire, Monsieur, il faut en parler, cela ne gâte rien, il en faut dans le ménage.

La mère pour l'éclabousser, dit : nous donnerons 50,000 francs.

Le chiffonnier. — Heu ! heu ! J'avais espéré mieux que cela pour ma petite Juliette ; mais enfin les jeunes gens se conviennent et je ne regarderai pas de si près.

La mère. — Combien comptez-vous donc donner ?

Le chiffonnier répond 400,000 francs.

Ce fut un coup de foudre ; chacun cru avoir mal entendu.

Le chiffonnier répéte quatre cent mille francs, et chacun admire le crésus en habit de velours.

On ne demanda pas mieux que de conclure le mariage ; toutefois, la mère s'était trop vantée et, pour donner 30,000 francs, il lui aurait fallu faire des sacrifices et beaucoup se gêner. Depuis six mois les choses en étaient là et n'avançaient pas. Le chiffonnier, lassé d'attendre, envoya une lettre avec 50,000 francs dedans et ajouta : Une autre fois soyez moins fière, surtout avec le petit monde.

Quand on donne 50,000 francs, on a bien le droit d'ajouter un conseil par-dessus le marché ; on en donne même pour rien.

Le lucre souvent aveugle et ruine celui qui veut s'enrichir tout d'un coup.

En juin 1873, on cite un fait en Belgique de la promptitude dont Dieu a puni un crime odieux : Une pauvre fille, Marie Duquesnay s'était placée domestique à Louvain et, toutes les années, plaçait soigneusement ses économies chez un financier du pays. Au bout de onze ans, elle apprend que sa mère est tombée en paralysie. Alors elle prévient ses maitres qu'elle allait les quitter pour aller soigner sa mère. C'était avec le plus grand regret que ses maitres la laissèrent partir ; mais en pareille circonstance, ils ne purent pas la retenir, elle réclama son argent, elle ne savait pas en avoir tant : 1,800 francs étaient le fruit de ses épargnes qui lui ont été comptées. Elle part, elle prend le chemin de fer emportant son trésor, mais, arrivée à une lieue de chez eux, il était nuit, il y avait une forêt à traverser, et pour la première fois elle a peur. Il y a au commencement de cette forêt, une maison qui appartient à son oncle, il y a une cousine de son âge, elle est sûre qu'elle sera bien reçue ; c'était une amie d'enfance, elle y va, la cousine n'y était pas, elle avait été travailler dehors en journée et des fois elle y couchait ; mais l'oncle et la tante la reçurent bien, elle leur dit le motif de sa visite, ils lui offrirent le lit de leur fille, elle se coucha, toutefois elle ne dormait pas bien ; la joie de revoir bientôt sa mère, la fatigue du voyage, le changement de lit, même encore un peu la peur, elle ne dormait guère ; tout à coup, elle entend un léger bruit de paroles dans sa chambre, et la voix de sa tante qui, pour finir de décider le mari, dit : personne ne l'a vue, nous l'enterrerons dans le jardin et personne ne saura jamais qu'elle est venue, il faut commencer par faire un trou et l'on sortit aussitôt

Aussitôt, la fille sans prendre le temps de s'habiller, saute par la fenêtre qui était au rez-de-chaussée et court à travers champs où, les jambes lui ayant manqué, elle s'affaissa ; les gendarmes l'ont aperçue, ils s'approchent, elle se cache derrière un buisson et leur demande leur manteau pour se couvrir et leur parler, ce qui fut aussitôt fait que demandé. Alors elle s'approcha, leur raconta ce que nous venons de dire et offrit aux gendarmes de les accompagner dans le jardin où déjà on comblait la fosse.

Les gendarmes ont dit : nous vous arrêtons. Les époux ne comprenaient rien à la chose, on découvrit la tête de la jeune fille enterrée et aussitôt l'oncle se frappa d'un coup de poignard dans le cœur et tomba mort aux pieds des gendarmes, et la femme est devenue folle, ils avaient tuée leur fille qui, rentrant tard, n'avait voulut éveiller personne, était rentrée sans bruit sur la pointe des pieds et s'était couchée dans son lit où ils l'ont tuée croyant tuer leur nièce.

Diderot écrit : « J'ai vu un damné. Ah ! je ne puis m'en remettre.... » Montrez-moi la figure d'un homme de bien pour que je me calme. Je » rentre dans le néant. Je n'eus qu'un moment, il est passé.

» Lecteur, si vous recevez cet ouvrage avec indulgence, vous accueil-» lerez mon ombre, car je ne suis plus.

Souvent la bêtise fait des incrédules qui se croient clairvoyants. On ne s'instruit bien que par son propre effort et quand l'intérêt vous conduit par l'examen et la discussion.

L'homme vain est un aveugle qui se méconnait lui-même. Les hommes ne louent que malgré eux et sont bien aise d'ajouter le plus de blâme qu'ils peuvent pour atténuer les éloges qu'ils font. Un rang élevé est un mendiant orgueilleux qui fait le fier en demandant l'aumône.

Pour que la joie soit durable, il faut que le principe soit élevé, sage, raisonné, réfléchi, solide. L'homme dont la tête porte trois couronnes est encore pauvre si le diamant de la vertu n'y mêle pas son éclat (Yung).

Froid censeur, laisse-moi donc ces idées qui m'agrandissent et qui m'enflamment, l'homme n'est pas né pour tout connaitre, tout savoir, il est né pour tout admirer.

La sagesse est le fruit des leçons et de l'expérience, elle s'acquiert à force de réflexions, celui qui ne réfléchit pas n'en recueil'e pas la moisson, il perd la vie sans s'en apercevoir autrement que par ces infirmités, par le mépris du genre humain, et quel bien reste-t-il au vieillard qui a perdu l'estime ? Aucun. Quand le père est vicieux, la ruine du fils est presque certaine. L'exemple du vice est plus fort que celui de la vertu. Un père impie ne peut pas inoculer la piété à son fils. Les hommes sont fous, dans leur vaine sagesse, de traiter de puéril le culte qu'on rend à l'éternel (Thiers). On peut leur dire : Etes-vous heureux, vous qui vantez l'impiété ? Non. Vous ne pouvez pas l'être et parce que vous ne l'êtes pas, vous êtes fâché que les autres le soient.

Il faut faire le bien sans s'étonner, sans s'inquiéter des injustices qui en sont souvent le prix. La protection d'un enfant peut quelquefois beaucoup pour la postérité. Le télégraphe Morse en offre un exemple sérieux. Morse avait besoin de ressources, il en demandait au Sénat depuis longtemps, le Sénat arrivait à la fin de la session et aucune décision n'était prise. Morse, désolé, dit à son maître d'hôtel : il faut faire ma note et que je vous quitte aujourd'hui, car autrement, je ne pourrai pas vous payer, et disait cela devant une petite fille de neuf ans.

Celle-ci qui l'entend dit : ne vous en allez pas, Monsieur je vous protégerai. Vous, mon enfant ? Oui, moi, je suis la fille du président du Sénat, ce soir, plusieurs de ces Messieurs viendront à la maison, je leur parlerai de vous, demain j'irai à la chambre, j'en parlerai aux autres et elle ne quitterai pas la séance avant la fin. La séance se prolongea jusqu'à deux heures du matin, elle allait de l'un à l'autre les empêcher de dormir sur leur chaise ; enfin on aborda la question, la subvention fut bientôt accordée et aussitôt on termina la session, ce fut sa dernière cause. Le lendemain matin, le journal à la main, la petite entra dans la chambre de M. Morse qui n'était pas encore levé et fut heureuse d'être la première à lui annoncer la bonne nouvelle.

Il est des connaissances comme des bienfaits : donner, c'est acquérir ; en enseignant, nous apprenons. La parole achève et complète la pensée, c'est pour cela que nous l'avons reçue, malheur à celui qui en fait un mauvais usage. Le tableau touchant de l'homme vertueux dans les bras de la mort mériterait, exigerait une plume divine pour le peindre. Les anges le voient, ils se rangent joyeux, avec respect autour de son lit comme à un poste d'honneur. L'instant fatal arrive grand dans sa ruine, il donne son âme sublime et termine paisiblement sa destinée ; mortels, croyez à la vertu ; croyez en Dieu qui la récompense et l'honore !

L'homme vain est une erreur, une affliction de l'humanité, s'il secourt son semblable, son argent distribue les affronts avec les bienfaits, sa piété outrage l'infortune en lui tendant la main, sa vengeance est terrible. Il est temps d'exercer ses facultés en des plaisirs plus nobles, sur des objets immortels, ce n'est pas dans le présent, c'est au-delà du tombeau qu'il faut chercher le bonheur. Sur la terre nous ne devons prétendre qu'à l'estime et à la paix, nous les obtiendrons par la sagesse, ce sera la consolation de notre vieillesse, nous irons à la mort sans crainte, car elle n'est terrible que pour les coupables.

Quelle échelle de miracle ! son dernier degré touche aux cieux et son sommet se perd par la pensée au-dessus des hommes et des anges. Crois ! et arrête sur la tombe un œil tranquile et triomphant. Juge avec quelle horreur nous devons juger ces orgueilleux qui se vantent d'être la raison personnifiée de l'homme et qui ne visent qu'à nous ôter notre consolation, notre espoir, notre bonheur pour nous précipiter dans le tombeau tout entiers comme les bêtes ; ils avilisent, ils tuent la raison ; voilà les lauriers détestables dont ils couronnent leur front.

Avec de pareils hommes, un coquin en justice, fait un faux serment sans se gêner ; le juge lui dit : Souvenez-vous que vous parlez devant

Dieu. Il persiste dans son dire. L'avocat ajoute : Souvenez-vous aussi que vous parlez devant les gendarmes. Et le témoins se rétracte aussitôt.

Autrefois on se battait pour Dieu, c'était grand ; aujourd'hui on se bat pour la terre, pour la rapine ; lequel est le plus honorable ?

Le lot du pauvre est de porter, de traîner, de pousser le fardeau ; il se console en espérant, en pensant à Dieu et au ciel ; il faut le détester beaucoup pour lui ôter cette consolation. Jésus-Christ en savait plus que les voltairiens là-dessus. Chacun regarde, admire et grandit par cela seul qu'il a regardé et admiré.

La mort n'est pénible que quand on a de la haine, de l'attachement aux créatures, aux biens ou des restitutions à faire, mais elle ne peut pas l'être pour celui qui s'attache davantage au créateur.

Ceux qui nient les bienfaits de la religion, c'est parce qu'ils ne la connaissent pas ; c'est parce qu'ils ne connaissent pas l'histoire ancienne où l'homme, esclave découragé, couchait par terre et ne demandait qu'à mourir. C'est elle qui a donné la liberté, l'égalité, l'espérance, le courage, affranchi de l'esclavage et fait sentir à l'homme qu'il avait la parole et était plus qu'une bête. On peut dire que la venue du Christ a ressuscité l'homme ; ceux qui le nient sont les ennemis du genre humain et de la femme plus particulièrement.

Oh ! homme ! Tu n'es point un vil insecte : connais la grandeur et apprends à t'admirer, c'est le secret de la sagesse. Nul objet n'a plus le droit d'arrêter tes désirs ; le soleil brille, la terre tourne, le tonnerre gronde sans le troubler ; tu sais que tu es dans la main du maître des tempêtes, tu écoutes en silence, le bruit et la lumière se perdent dans ton âme et ton sein s'enfle d'un nouvel orgueil. Ne le réprime point, il est grand et légitime. Tu as le droit d'en être fier. L'homme ne peut trop s'élever quand il possède la vertu et une âme élevée qui regarde le ciel. Ce n'est pas cet homme vendu au sens qui borne son existence, à cette vie misérable, à chaque plaisir qu'il éprouve le remords le suit, il voudrait mourir et la mort l'épouvante, son supplice continuel lui vient de son plaisir même.

L'homme digne de ce nom est fier, son orgueil est flatté de son chef-d'œuvre. Veut-il connaître quelque chose de plus grand encore ? Qu'il écoute ?... C'est un soupir pour les malheureux. Si l'immortalité n'est qu'une erreur, cette erreur m'est chère, elle me console, si c'est un mensonge, ce mensonge consolant serait encore préférable à la triste vérité, donc, si on ne l'enseignait pas pour Dieu, il faudrait l'enseigner pour le repos des hommes ; l'espérance qu'elle nous donne nous sert à jouir de ce monde paisiblement; l'incrédule perd le bonheur de cette existence.

L'incrédulité est la source d'un grand nombre de crimes qui déshonorent notre siècle.

Le libertinage rend la noblesse plus ignoble que l'obscurité. La corruption donnée par l'exemple des grands subjugues, autant par soumission que par penchant. Les grands sont en cela la perte ou le salut de la société. Le lit du mourant est une leçon de sagesse. Le mourant ne conversent plus avec le monde que pour mieux se rapprocher de Dieu et, le plus pénible pour lui, c'est d'avoir oublié ou peut-être d'avoir renié Dieu.

On doit son estime à l'écrivain qui a travaillé pour la religion, la vertu, la justice, la science, les arts. La nature nous présente l'échelle qui conduit à la perfection, il nous faut la hardiesse d'y monter; nous avons des modèles à suivre et d'autres à éviter, les chemins sont tracés, nous pouvons choisir et éviter les écueils.

La vertu aide le génie; les arts et les sciences ont des racines. La mort d'Adisson fut un exemple frappant parmi tant d'autres : voyez dans qu'elle joie il mourut. Bientôt son âme s'envola. Sa vie nous apprit à vivre et sa mort nous apprit à mourir, cette dernière leçon nous coûte des pleurs... Que mon dernier soupir serve encore à ma patrie.

Les fautes des grands ont toujours des imitateurs qui s'en font gloire, ils ne peuvent ni se perdre, ni se sauver tout seuls. S'ils ont été hommes publics autorité, que de mal n'ont-ils pas fait ou ont-ils laissé faire en leur nom par leur manque de soins, leur négligence ou même leur consentement. Que de bien ont-ils empêché de faire ou ont-ils manqué de faire ? Leur faute sera plus amère par le dérèglement de leurs enfants que ces troubles ne l'ont été par leurs ennemis mêmes,

Quand Dieu eut créé l'homme il prit ce qu'il lui restait de boue pour faire des princes et des laquais. (Comtesse de Safigne).

Il est facile de soutenir ce langage quand on voit l'impératrice d'Autriche Marie-Thérèse s'aplatir assez pour dire ma bonne amie à la Pompadour, maîtresse de Louis XV.

Les hommes doivent être des chiffres et non pas des zéros. Tout doit se faire en vue des travailleurs, des producteurs.

Un ouvrier à vingt sous par jour, est plus précieux à l'Etat qu'une terre de 25,000 francs (Michelet). J'ajoute et qu'un empereur mort.

Notre but dans la vie doit être l'action, mais le mobile doit être élevé car elle reste après nous, elle relient le présent et donne notre souvenir, le reproduit et le rappelle. Agir n'est autre chose que de produire, on est ému de voir ce qu'on a fait ; faire des ouvriers est bien, faire des hommes est mieux, mais il faut que ces hommes soient justes, laborieux, bons et nobles de cœurs , il faut que ce qui est argile devienne flamme qui deviendra propre à chacun. Rousseau appelle Voltaire: grand esprit, âme basse ; grand par les talents, vil par leur usage. Et ce mot a couru partout. On peut en dire autant de Victor Hugo.

> Il s'affranchit des lois, il dédaigna l'usage
> Il ne vit que lui, sa force et ses ouvrages.

C'est le crime qui fait la honte et non l'échafaud. Salut peuple je vais mourir. (Louis XVI).

Qui n'est bon que pour soit, n'est bon à rien. La dignité de l'homme n'est pas le moindre de ses droits. Les enfants presque toujours, portent la peine méritée par les parents J'ai connu plusieurs familles dans ce cas et Louis XVI est de ce nombre.

Eponine ayant vécu neuf ans sous terre avec son mari, forcé de se cacher et dont elle sollicita la grâce lorsqu'il fut découvert, à César, qui la lui refusa lui dit : J'ai été plus heureuse dans les ténèbres avec lui que toi dans la puissance suprême.

La morale veut que le devoir soit fait pour le devoir seul, comme le bien pour le bien. Tous sont heureux du bonheur commun. La religion grandit la grandeur même. A Dieu seul appartient : honneur, empire, gloire et sagesse.

La franchise seule peut nous sauver (Vergniaud)

> Celui qui met un frein à la fureur des flots,
> Peut se moquer des méchants et de tous leurs complots.

Je n'ai eu qu'un instant, il est passé, je ne désire pas de me survivre.

La jeunesse est la saison de l'action, la vieillesse n'a plus que la ré-flexion, elle passe ses soirées à conter l'histoire de sa vie ; si elle peut donner quelques réflexions morales, cette histoire aura toujours quelque valeur en la matière, et ne peut jamais manquer d'être féconde. L'argent ne devient richesse que lorsqu'il sort de nos mains pour aller servir à un bon usage et il ne devient vraiment un bien qu'en se séparant de son maître.

De tous les liens qui nous attachent à la vie, les plus doux et les plus forts sont ceux de l'amitié. Nous ne pouvons pas prétendre à l'amitié, mais nous pouvons forcer à nous estimer et de l'estime à l'amitié il n'y a qu'un pas.

La religion est la chaine d'or qui unit la terre aux cieux. Les hommes ne sont heureux qu'à proportion de leur penchant à faire le bien. Le riche doit faire travailler afin de transformer les matériaux en pain ;

c'est une noble aumône qui n'avilit pas celui qui la reçoit, mais elle l'élève puisqu'il travaille et la gagne pour l'obtenir.

Un homme sans vertu est un homme mort (Yung).

Après un succès, une chute devient un affront. La jeunesse fait des fautes qu'elle expie dans la vieillesse ; si on ne travaille pas sans cesse à entretenir sa réputation, sa renommée, on les perd tout à fait.

L'ambition aspire à dominer les hommes et c'est précisément ce qui les soumet aux autres. Nos peines viennent moins de nos besoins que de nos désirs ; personne ne dépense moins que le riche avare.

L'incrédulité est une amie presque inséparable du libertinage, ils se suivent toujours ou du moins très souvent, ils s'engendrent réciproquement, celui qui ne croit pas à la vie future, se passionne pour la vie présente et la dévore, il la raccourcit, il dévore les plaisirs tant qu'il peut. L'incrédulité ôte tout frein au libertinage et l'abandonne à la licence. Il est aisé de se perdre, mais il n'est pas humiliant de se sauver.

Les grands se croient tout permis, mais la rigoureuse censure ne leur pardonne rien ils sont le spectacle du reste de la terre qui les blâme en les imitant. Les enfants des maisons illustres goûtent les fruits d'une gloire dont ils n'ont point goûté l'amertune ; l'élévation dont la naissance les a mis en possession les empêche de s'en rendre dignes. Le parvenu veut aussi donner la mode et a bientôt des imitateurs dans le mal plus que dans le bien. J'ai vu un parvenu de village, faire perdre les vêpres à tous les hommes de son pays car lui se contentait de la messe, les autres n'osaient pas faire autrement que lui, ce fut une mode nouvelle créée par lui, il suffit d'un seul adulateur pour transformer, abaisser un pays et faire son malheur en lui prêtant les qualités louables qui lui manquent on lui fait perdre celles qu'il a. Peut-il par là se vanter d'avoir rendu service ? Hélas ! c'est un mauvais service ; l'honnêteté y a beaucoup baissé ; les gens vont sur la place, jaser les uns des autres, ou au cabaret, manger les ressources de la famille qui en souffre souvent. Je me rends désagréable en disant cela, mais je me rends utile car je dis la vérité, et c'est la vérité seule qui honore l'homme. On est toujours petit quand on n'est grand que par la vanité.

La fin de l'homme vain ou injuste est presque toujours sans honneur et s'il a eu quelque gloire elle descend avec lui au tombeau (Massillon).

La nature a soufflé sur les races orgueilleuses et en a fait sécher les racines. Le devoir de tous est de protéger la vérité, mais ce devoir incombe surtout aux puissants, s'ils le remplissent mal ils seront un objet d'horreur que nous rendrons plus rare en les méprisant comme ils le méritent. Les gens ont un besoin naturel de s'élever et plus ils s'élèvent plus il leur reste encore la possibilité et le besoin d'aller plus haut, c'est que, en effet, il y a toujours encore un lieu supérieur à atteindre, et ce lieu ce n'est pas un trône, c'est le ciel. Le diadème qui orne la tête des rois ne leur fait sentir que les épines et les grands en sont les premiers témoins. Les plus heureux de la terre ne sont pas les plus hauts ni les plus riches, mais les plus sages.

Si quelqu'un doit rougir de sa position ce n'est pas le pauvre qui en souffre, mais le grand qui en est la cause et qui en abuse.

La joie de faire le bien est plus douce et plus pure que celle de recevoir, et plus on en goûte plus on sent un plaisir touchant à la renouveler parce qu'on s'en sent plus digne ; chaque bienfait porte en lui ce plaisir doux et secret dans votre âme.

J'éprouverai la satisfaction la plus douce à mon cœur : répandre dans les masses désireuses de s'instruire, les salutaires leçons de la science, de l'industrie et de la vérité. La science est un soleil, il faut que tout le monde s'en approche pour se réchauffer et s'éclairer. Il faut, quand on parle d'une nation, lui faire connaître ses revers comme ses succès afin qu'elle puisse y puiser des leçons utiles.

Je vous prie d'accepter cette œuvre d'une jeune artiste qui ne fait que d'entrer dans sa soixante-quatorzième année.

Il n'existe guère d'autres récompenses pour les artistes et les savants que de voir leurs travaux signalés à d'autres. L'attention est la rémunération du public.

La science est étrangement ambitieuse : pour elle le résultat obtenu n'est jamais le but définitif, le progrès accompli ne lui sert qu'à préparer la voie à un progrès nouveau. Repousser l'idée des autres, c'est demeurer incomplet et faible. Ma devise n'a pas été comme celle du soldat, vaincre ou mourir Elle a été de se dévouer, aider à vivre ou mourir à la tâche. Elle n'a pas consisté à tuer pour vivre, elle a consisté à faire tout vivre et à mieux vivre ; servir ou périr, mais servir sans déchirement, sans effusion de sang ni de blessures pour autrui. (Général Boulanger).

Il faut avoir le courage d'être honnête homme quoique riche, ce n'est pas la gloire du combat qui s'obtient dans un jour, c'est une autre plus longue à acquérir, mais il n'y a que la mauvaise conscience qui se laisse tomber au désespoir ; elle est la joie des jaloux, des faibles et des orgueilleux. Il n'existe rien qui ne soit quelques fois un objet de gène, même les choses les meilleures ; l'argent on y court pourtant bien après, eh bien s'il fallait avoir toujours mille francs dans sa poche on ne tarderait pas à dire : au diable l'argent.

On peut beaucoup quand le cœur dit quelque chose ; lorsqu'on a un projet capital on ne doit l'abandonner que quand on ne peut plus le poursuivre avec honneur.

Les mauvais propos ne viennent que des mauvaises gens ; j'ai fait tout ce que j'ai pu pour éviter de faire de la peine aux bons et même aux mauvais. Ma gloire, un moment, m'a un peu embarrassé, mais aussitôt qu'on cesse de s'en occuper elle baisse, elle vous abandonne et bientôt j'en aurai moins ; si je ne fais plus rien pour elle, j'ai besoin de mourir vite pour en avoir pour jusqu'à la fin de mes jours, car mon enthousiasme à poursuivre de belles choses est mort, ou du moins il vivra autant que moi, mais je n'ai plus la force de rien faire et je sens que je commence à mourir. Lorsque j'entreprends un ouvrage, je n'entreprends que la quantité que je crois pouvoir faire dans une saison. Aussi je ne reçois plus de ces lettres flatteuses comme je recevais en 1870 d'un inconnu :

« Cher Monsieur. Je viens de lire avec le plus grand intérêt, votre
» dernier écrit intitulé : *Emploie de mes loisirs de voyage*. C'est un de
» mes amis qui m'a fait le plaisir de me prêter ce livre dont la lecture
» ma comblé de satisfaction en pensant qu'il existe toujours quelques
» âmes d'élite qui malgré les déboires et les déceptions de toutes
» sortes, poursuivent avec persévérance et foi, leur tâche religieuse
» d'amélioration morale et matérielle de la classe la plus pauvre et la
» plus nombreuse.

» En ce temps de si grande amertume, votre enseignement est la coupe
» du miel présentée aux lèvres desséchées du moribond, avec le style
» naïf et plein d'intelligence vous avez su peindre des citations dignes
» de vos préceptes.

» En témoignage de ma gratitude pour vos travaux et comme un
» exemple de notre commune et tenace persévérance dans la voie mo-
» ralisatrice de la paix, du travail et de l'association, permettez-moi
» de vous offrir les œuvres d'un homme longtemps méconnu, dont les
» enseignements, quoique déjà bien en arrière de notre époque, peuvent
» encore aujourd'hui servir de règle ou du moins aider considérable-
» ment les efforts pacifiques des réformateurs bien intentionnés.

» Comptant sur l'intérêt que vous présentera la lecture studieuse de
» ses œuvres, je m'empresse de vous les offrir avec mes salutations
» fraternelles.

(VINCARD aîné).

L'estime des hommes éclairés qui joignent le patriotisme aux lumières est le plus puissant encouragement pour moi, il me fait oublier les soucis, les fatigues, le poids des années et me donne la force dont j'ai besoin pour continuer la tâche laborieuse dans l'esprit qu'ils approuvent et dans lequel je veux persister, persévérer tant que je pourrai.

Si je rends encore quelques services, je pourrai, non pas recevoir, mais mériter des lettres comme celle que j'écrivais à mon maître d'apprentissage à Lyon : M. Perret, c'est vous qui avez fait de moi un homme ce service ne peut jamais être trop payé, vous pouvez donc accepter la somme de 50 frares que je vous envoie puisque j'en ai le moyen et que vous en avez besoin.

Voilà ma manière de partager le capital dont on parle souvent ; mais le capital est insaisissable. Le capital c'est l'honnêteté basée sur le travail, ou plutôt le travail basé sur l'honnêteté secondé par l'intelligence, ces trois choses donnent le crédit, la confiance. Le capital c'est le crédit et non pas le numéraire, le numéraire n'est que la monnaie du capital. Le numéraire est au capital ce que les centimes sont aux francs, cette réflexion fait sentir de plus en plus la nécessité de s'appuyer sur celui qui a une responsabilité.

Voltaire qui vécut vieux, à quatre-vingts ans disait : j'ai toujours espéré que quand une grande calamité arrive, les français seraient raisonnables pendant six semaines, mais jusqu'ici cela n'a pas été exact. Camille Desmoulins, en dit autant des Romains et des Athéniens. Il y a deux choses qu'on aime mieux donner que de recevoir. C'est des conseils et des coups de pieds.

Mais un soufflet, un coup de pied donné à un autre, amuse toujours la foule, bien ou mal donné on rit. Un individu condamné à 1 franc d'amende pour avoir donné un soufflet dit: Si j'avais su que cela ne coûte que vingt sous, j'en aurai donné deux.

L'homme est de glace pour la vérité et de feu pour le mensonge.

Une tâche difficile c'est de contenir la démocratie et pour y parvenir il ne faut pas se séparer d'elle, il faut la diriger. Les grandes lumières se réunissent à Paris, mais l'écume, la boue, la vile multitude que la province vomit s'y rend également et si elle regarde la lumière ce n'est qu'à ses moments perdus, mais à Paris où les instants sont si précieux on n'a pas le temps de se récréer ; on ne peut donc pas se dispenser de la réglementer sérieusement, ce devoir pèse de tout son poids sur le gouvernement, Il ne doit pas se laisser gouverner par elle, mais doit la gouverner. Des Parisiens purs, vrais, il n'y en a pas quatre sur cent; ils sont rieurs, espiègles, badins et inofensifs, on les appelle les badaux, ils causent de tout à tort et à travers, ils réfléchissent peu ou pas, tel est leur caractère général. On pourrait leur dire : Mais si vous êtes déjà professeur à votre âge, quand comptez vous donc être élève ?

On a le devoir de diriger la démocratie, mais de la diriger vers le bien, elle ne craint pas la bonne route, mais il faut qu'on la lui montre. Quand on la trompe en lui disant que la mauvaise est bonne, la responsabilité ne retombe pas sur elle seule, mais sur ceux qui la trompent.

Le gouvernement qui a mérité d'être pris pour modèle c'est le consulat et le premier empire jusqu'à la guerre d'Espagne. Mais l'Espagne se souleva toute entière sous le coup de l'indignation excitée par les événements de Bayonne, on mêla la plus atroce barbarie au plus noble dévouement, et c'est le plus grand des hommes qui ne recula pas devant ces crimes.

Oh ! orgueilleuse faiblesse humaine !

N'accusons pas la providence ; après ces fourberies nous ne méritions pas d'être heureux. A partir de là ce grand homme tomba de cent coudées, il a déchu profondément. Tant qu'il ne s'est occupé que des intérêts de la France, il a été grand, sublime, admirable et admiré. Mais du moment qu'il a dépensé le sang et l'argent de la nation pour donner des trônes à ses frères, il est devenu méprisable, c'est une chute immense, c'est une faute incommensurable. Le second empire a eu douze ans de bons, puis il a déchu parce qu'il s'est encanaillé. La famille d'Orléans, a eu du bon aussi, mais elle a le défaut de la rapacité, malgré cela c'est peut-être encore la meilleure, car elle aime la paix, cependant il ne faut pas l'aimer à tout prix, il faut qu'elle soit digne. Les hommes intelligents veulent vivre libres ou bien ils se feront tuer.

Je n'ai pas lu le manifeste du comte de Paris, en 1888, parce qu'il a été saisi, mais il doit être excellent puisqu'il a été attaqué par toute la presse opposante et qu'il a fait peur au gouvernement ; il aurait passé inaperçu s'il avait été mauvais. Des lois républicaines concentrées dans un seul chef à bon marché. Voilà mon idéal, j'opte pour le comte de Paris. J'avais envie d'opter pour Boulanger qui aurait signifié fin du drame; mais le programme du comité de la rue de Seize, qui est son conseil ma effrayé. J'ai craint un drame nouveau causé par son athéisme. C'est un trop grand rapprochement avec les ordonnances de Ferry; expulsant les congrégations et amenant les démissions d'un si grand nombre de juges de paix violentés dans leur conscience.

Tous les gouvernements ont eu au moins quelques années de bonnes, mais la république au bout de vingt ans ne nous en a pas encore donné, et elle nous surcharge d'impôts nouveaux tout en augmentant les anciens. C'est un gouvernement beaucoup trop cher. On se fait républicain par rancune, par jalousie, par ambition ou par erreur, je suis de ces derniers.

Il n'y a rien de si long a établir que les affaires du gouvernement du département ou des communes, plus le pouvoir est divisé plus les affaires sont longues à établir : si un particulier aisé a un mur à réparer soyez certain que ce sera bientôt fait ; si c'est le gouvernement, le département ou la commune il faut dépenser en formalités, en paperasse, la valeur du mur et dans l'intervalle le reste du mur a fini de tomber, de là, nouvelles formalités à remplir, on aura perdu un temps précieux qui aura nui à la propriété et par suite dépensé cent fois plus. On m'a dit que pour le fort de Tournoux qui est à côté d'une forêt, on a eu besoin d'un madrier, on aurait pu le prendre à la forêt pour quatre-vingt centimes, mais il fallait passer par la filière des formalités, le faire venir de Toulon, il a coûté 70 francs.

Dans l'homme il y a tant de choses, qu'il y a de tout. Il y a de quoi admirer, de quoi s'enorgueillir, de quoi s'apitoyer, de quoi s'indigner, se révolter, s'attrister, et sur chacune de ces réflexions de quoi faire de longs articles.

> Les hommes, la pluspart, sont étrangements faits
> Dans la juste nature on ne les voit jamais
> Et la plus noble chose ils la gâtent souvent.

M⁽ᵉ Deshouillieres place les hommes au-dessous des animaux et dit ·

> L'ambition, l'honneur, l'imposture,
> Qui font tant de mal parmi nous,
> Ne se rencontrent point chez vous,
> Cependant nous avons la raison pour partage
> Et vous en ignorez l'usage.
> Innocents animaux n'en soyez point jaloux,
> Ce n'est pas un grand avantage.

Trait d'une babillarde :
« Tu considères mon portrait disait à son mari une certaine folle. Eh
» bien n'as tu pas lieu d'en être satisfait ? Que lui manque-t-il ? Que la
» parole. Ah ! je ne le trouve point mal.

> Et pour le repos de ma vie
> Je voudrais que l'original ressemble à la copie.

Le sage est ménager du temps et des paroles, il ne ménage pas ses peines, mais il ménage son argent, il ne veut pas de dépenses inutiles.

L'injustice des hommes à l'égard du juste le fait souvenir qu'il sert un maitre plus équitable qui punit les méchants. Tous ou presque tous ceux qui l'ont été pour moi sont déjà morts.

Si vous saviez la somme de dettes qu'on a en haut lieu, vous en tomberiez des nues : un honnête homme en rougirait et si ceux qui y sont n'en rougissent plus c'est qu'ils ont perdu toute pudeur, ils ont l'air de jouir, ils sont écrasés, écrasés.

Je pourrai citer des noms, mais à quoi bon ? Vingt ans c'est presque une génération, les uns sont morts, il faut jeter un voile lugubre sur leur tombe. D'autres ont voluptueusement continué leur horrible métier, ils ont eu des imitateurs et même des admirateurs qui ont fait jaillir leur nom de la boue, il y a eu des accidents, des membres cassés, des oreillons, des arrestations, des condamnations ; la police a été impuissante pour maintenir l'ordre et le rétablir. A qui la faute si ce n'est aux journalistes fiers de cela ? Il ne faut pas croire que les trente mille manifestants de la gare de Lyon soient tous de la canaille, non, mais la plupart a été trompée et on a suivie la foule (1887, à Paris). Un inspecteur d'Hasbrouck disait : Entre journaliste et canaille il n'y a pas grande différence.

La première condition qui rend l'homme heureux c'est l'estime joint à la liberté, voilà pourquoi on ne peut pas rendre les hommes heureux malgré eux. Partant de ce principe on ne peut pas forcer les gens à voter, ils faut qu'ils votent par plaisir, par honneur, par dignité et non par soumission, par obéissance, par crainte, pas même ou à peine par devoir.

M. Thiers a dit : « Les Girondins furent impolitiques, cependant » j'aurais voulu être impolitique comme eux et mourir comme eux, » parce qu'il n'est pas possible de laisser couler le sang, sans résistance » et sans indignation. »

Ceux qui ont quelque estime les uns pour les autres, ne peuvent pas se rencontrer sans s'entretenir de la chose publique. On ne peut pas travailler trente ans de sa vie pour se faire une lanterne, pour se servir de la lanterne des autres. Un grand nombre croient user d'un droit légitime, lorsqu'ils usurpent l'autorité ; ils croient résister à l'oppression, lorsqu'ils se font les oppresseurs; lorsqu'ils s'opposent à la loi ; ils se croient faire acte de civisme lorsqu'ils manquent au devoir de citoyen ; ils appellent rebelle, celui qui obéit à la loi. Quel est est donc le rebelle de celui qui obéit à la loi ou de celui qui enfrein ? Raspail, Victor Hugo, sont dans cette condition : ils sont admirés mais condamnés.

De la grande révolution il ne nous reste que des cris douloureux. Dans ces moments où l'âme s'abandonne avec confiance, créer quarante milliards d'assignats et dînant à trente sous par jour, se rendant à pied et en veste aux Tuileries. Joignant la cruauté politique à la honte personnelle, voilà les hommes de l'époque. Ceux qui nous conduisent aujourd'hui sont-ils de même ? Ils disent, qu'il n'y a pas d'autre inviolabilité que celle du peuple. Pourquoi ne pas dire aussi infaillibilité ! Mais on le vote tous les jours.

Du haut de la tribune prussienne on a dit : La France est dans le gâchis parlementaire. et nous ne pouvons pas le contester. De nombreux et sales écrivains dont l'âme est aussi noire que leur encre, pervertissent les crédules ouvriers et entretiennent les grèves depuis six mois (1886). On est obligé de s'approvisionner à l'étranger, qui en profite. Pourquoi cela ? Parce que nous ne produisions plus à bon marché. Parce que nous n'avons plus la liberté du travail et que nous achetons où nous trouvons notre avantage, on veut bien gagner davantage mais on ne veut pas payer plus cher, cependant l'un ne peut pas aller sans l'autre. Si je paye le blé plus cher, il faut que j'augmente le prix du pain, ainsi de suite : on ne cherche plus à travailler ; on ne cherche que des places, surtout dans le gouvernement. Depuis dix ans il y a plus de cent millions d'augmentation rien que pour les employés des ministères où les employés ne travaillent pas utilement une heure par jour et surtout au ministère des finances où chaque ligne d'écritures revient à plus de 100 francs, me disait un employé de ce ministère. Les millions y fondent et disparaissent, comme le beurre au soleil. Malgré que le programme de chaque nouveau ministère soit : plus de nouveaux impôts, plus d'emprunts, des économies, mais on tient les promesses pendant quelques jours ; puis on demande les emprunts et les impôts nouveaux, et on oublie les économies (1886), et nous marchons à pas rapides à la catastrophe ; je suis vieux et je voudrais finir ma vie avant qu'elle n'arrive, mais je n'ose guère l'espérer. Si ma tête pouvait la prévenir, je suis prêt à la donner. Le gaspillage va croissant ; il y avait dernièrement quatre inspecteurs et deux architectes en tournée à Carcassonne pour faire ce qu'un seul aurait pu faire plus vite, c'est donc dépenser six fois le nécessaire et même plus de six fois.

Si vous voulez l'ordre, exigez le cautionnement des journaux, imposez-les, bâillonnez-les. Par là vous mettrez fin aux grèves et nous n'aurons pas besoin de faire nos achats à l'étranger, la liberté du travail revenant nous achèterons chez nous et nous donnerons de l'ouvrage à nos ouvriers. La première, la plus indispensable, la plus inviolable des libertés c'est le travail. Cette liberté revenant, nous ne demanderons plus nos machines en Amérique, ni en Angleterre, ni rien à la Prusse. Les grévistes de Calais ont dit : Tous les partis nous ont promis des merveilles et n'ont donné que la misère et la mitraille. Si nous pouvions et nous le pouvons, nous débarrasser de nos sales écrivains, nous pourrons encore crier : Vive la France.

S'il était possible de plaisanter sur un pareil sujet je pourrai dire comme le journal amusant : Diogène avec sa lanterne, va à la Chambre des députés, le concierge lui dit : Que cherchez vous ? Je cherche un homme. Nous n'avons pas çà ici.

A cette époque il y avait un président du conseil nommé Goblet et on dit : C'est bien peu d'un gobelet pour tant de cruches. Laissez vos yeux verser des larmes de la pitié, c'est la vertu qui les répand. Les soupirs qu'on donne aux infortunes d'autrui ne partent jamais que d'une belle âme.

Oh vous ! Vertueux et paisibles habitants de la campagne qui avez quelques moyens d'existence ne vous laissez pas éblouir par quelques beaux habits et quelques bijoux des citadins, gardez vos enfants dans la simplicité qui vous honore et vous permet de reposer en paix. Si vous saviez qu'elles sont les misères des villes malgré cette apparence ou plutôt à cause de cette apparence de bien être qui scandalise les honnêtes gens et souille les consciences... Oui... Vos filles aujourd'hui si pures, si sages, si bonnes. deviendront un sujet de honte et de dégoût, si elles vont dans les villes ; vous, mères, pour qui un soupçon serait une insulte, rappelez-vous qu'elles sont le fruit de vos entrailles, que vous avez chéri, béni, choyé, embrassé, que pour elles souvent vous vous êtes privées de sommeil, de repos et quelquefois même du nécessaire, faut-il pour une folle ambition, perdre le fruit de tant de sollicitude ? Oh si vous connaissiez bien les villes, non vous n'y enverriez pas vos enfants, vous n'y enverriez pas vos filles, là le pain qu'on y mange quoique blanc, est trop souvent amer, il est impur comme l'air qu'on y respire, comme l'eau qu'on y boit, comme tout ce qui y touche.

Mirabeau disait qu'on buvait le soir à Paris, l'eau qu'on y avait jetée le matin. C'est la ville du bon goût dit-on ; mais c'est aussi le repaire des vauriens, de tous les gens avilis qui ont mal vécu et étant mal vus dans leur pays, vont se cacher à Paris où l'on ne connaît pas même son plus proche voisin et on ne veut pas le connaître car il n'y a personne qui puisse vous dire ce qu'il est, d'où il vient, quels sont ses précédents, comment il vit, enfin si c'est un honnête homme ou un voleur.

Un homme qui fait fortune fait mille malheureux qui veulent suivre ses traces. La vérité est la lumière qui éclaire tout le monde ou qui doit l'éclairer, nous la devons à nos amis comme à nos ennemis, à nos domestiques comme à nos maîtres, à nos ouvriers et à nos juges et lorsque nous la dissimulons nous sommes injustes ou ingrats envers le prochain à qui nous la devons comme il nous la doit.

Nous n'aimons jamais assez la vérité elle est la source de la paix et

de la justice, elle rend généreux et intrépides ceux qui l'ont de le
côté, elle doit être le premier lien de la société. Si c'est un crime
résister à la vérité lorsqu'elle nous éclaire, c'est le comble de l'injust
et de l'iniquité et le caractère le plus marqué de la réprobation de
persécuter et de la combattre. (Massillon).

Il y a des nécessités où le juge souffre d'être obligé d'appliquer la
et dans cette situation un juge offrit à un accusé plusieurs portes
salut ; celui-ci s'en aperçut et lui dit : Je vois bien que vous voudr
m'éviter la mort par un mensonge mais ma femme et moi nous avo
toujours vécu honnêtement et nous préférons mourir que de mentir
souiller notre mémoire.

On doit être esclave de sa conscience et du devoir. Lorsque, par l
progrès des temps, les sciences ont amassé un certain nombre de fa
historiques susceptibles de s'appliquer utilement aux besoin d
hommes il est rare que quelque grand esprit n'apparaisse pas au m
ment nécessaire pour tirer de ces notions générales les conséquenc
qu'elles renferment et pour hâter l'instant où l'humanité doit être mi
en possession de ces biens nouveaux. Ce grand esprit honorerait
jamais son nom, son siècle, et sa patrie, heureux le pays qui posséd
rait un tel homme tout entier.

Robespierre, le 7 mai 1794, dit : « Tout ce qui est utile à l'homme
» bon dans la pratique c'est la vérité. L'idée de l'être suprême et
» l'immortalité de l'âme est un appel continuel à la justice, elle est do
» sociable et républicaine... Qui donc t'a donné la mission d'annonc
» au peuple que la divinité n'existait pas ? Toi qui te passionne po
» cette aride doctrine et qui ne te passionne jamais pour la patrie
» Quel avantage trouves-tu à persuader à l'homme qu'une force aveug
» préside à sa destinée et frappe au hazard le crime et la vertu ? Q
» son âme n'est qu'un souffle léger qui s'éteint aux portes du tombea
» L'idée de son néant lui inspirera-t-elle des sentiments plus élevé
» plus purs que ceux de son immortalité ? Lui inspirera-t-elle plus
» respect pour ses semblables et pour lui-même, plus de dévoueme
» pour la patrie, plus d'audace pour braver la tyrannie, plus de mépr
» pour la mort ou pour la volupté ? Vous qui regrettez un ami vertueu
» vous aimez à penser que la plus belle partie de lui-même a échap
» au trépas ! Vous qui pleurez sur le cercueil d'un fils ou d'une épous
» êtes vous consolés par celui qui vous dit qu'il ne reste plus d'e
» qu'une vile poussière ? Malheureux qui expirez sous les coups d'
» assassin votre dernier soupir est un appel à la justice éternelle. L'i
» nocence sur l'échafaud fait pâlir le tyran sur son char de triomph

» Aurait-elle cet ascendant si le tombeau égalait l'oppresseur et l'op-
» primé? Niez Dieu et l'immortalité de l'âme et vous ne pourrez re-
» garder la société que comme une guerre de rues, la probité comme
» une affaire de goût et de bienséance, le monde comme le patrimoine
» des fripons et des adroits. Si vous voulez attaquer la tyrannie avec
» franchise il faut parler avec enthousiasme de la divinité. »

Ce discours achevé au milieu des plus vifs applaudissements la Con-
vention l'approuva. Les félicitations arrivèrent de toute part à la Con-
vention, la félicitant de ses décrets sublimes, la remerciant d'avoir
établi la vertu, proclamé l'être suprême et rendu l'espérance au
peuple ; écrasé l'athéisme et rendre à l'homme la consolation de vivre
libre sous les yeux de l'être suprême et dans l'attente de l'immortalité
de l'âme A cette époque tout ce qui était patriotisme, dévouement,
générosité était honoré, Aujourd'hui un fol attrait des grandeurs et du
bruit empoisonne tous les plaisirs de l'homme ; il fait songer à la
misère de celui qui l'affecte, qui le rend puéril et ridicule.

J'ai entendu parler d'un certain roi de Bavière couvert de dettes,
poursuivi par ses créanciers et ne trouvant plus à emprunter dans son
royaume et cela, de nos jours. Un prince débauché, dépensier, mauvais
payeur fut un jour trouver un évêque et lui dit : je vais vous étonner :
je ne vous connais pas, et je viens vous demander de l'argent à emprunter. L'évêque répondit : je vais vous étonner bien davantage car je vous
connais et je vais vous en prêter. Il y a dans les pensées honnêtes et
réglées une sorte de bien être que les méchants n'ont jamais connu,
c'est d'être content de soi.

La sagesse est une science qui ne s'apprend pas toute seule, si vous
voulez bien la pratiquer il faut avoir recours aux maitres, aux ouvrages
qui l'enseignent : il y en a qui enseignent le bien comme il y en a qui
enseignent le mal et ses derniers sont plus souvent lus et écoutés
parce qu'ils amusent davantage, notre âme n'est pas assez élevée pour
savoir faire le dicernement du bien et du mal, ce dernier amuse plus
facilement les âmes légères ; ce plaisir ne dure pas, mais on a voulu le
passer, c'est la mode, Suffit-il de croire pour être sages ? Non et oui car
la qualité essentielle c'est d'abord de vouloir, et la réflexion et les
efforts de tous les jours peuvent y conduire. Il ne faut pas confondre la
piété avec la sagesse, elle n'en est que le couronnement et c'est pour
cela qu'on les confond souvent, on peut être pieux sans être sage, mais
quand on possède ces deux qualités on l'est doublement.

Les abstinences nuisibles sont de la piété, ne sont pas de la sagesse,

L'inquisition était de la piété et non-seulement elle n'était pas (
sagesse mais elle était criminelle.

Un confesseur lassé de la confession d'une pénitente qui s'acc
toujours d'avoir dit des paroles inutiles lui dit : vous feriez mieux
vous couper la langue. Elle le fit, elle ne parlait plus que d'une f
inintelligible, ce qui ne l'empêchait pas de dire encore des paroles i
les; c'était de la piété, ce n'était pas de la sagesse.

J'aime mieux un autre confesseur : Après la guerre de 1870, un
tent, pour son premier péché, s'accusa d'être allemand. Mon
dit le confesseur, être allemand n'est pas un péché, c'est un mal
voilà tout.

La confession a quelques défauts : il s'y commet des indiscréti
quelques fois involontaires. Un jour dans une société on pressa
confesseur de révéler quelques-unes de ses confessions car il deva
en avoir de très drôles. Le curé ne voulait pas d'abord et finit par d
tout ce que je peux vous dire, c'est que ma première pénitente s'acc
d'avoir trompé son mari. Une heure après arrive un monsieur et
dame et celle-ci à la langue longue en voyant le prêtre lui dit : M. l'a
que je suis heureuse de vous voir, vous n'avez pas oublié que j'ai
votre première cliente ?

Une autre fois, un notaire et sa femme vont se confesser auprès
même confesseur déjà tres fatigué, qui s'endort pendant la confessio
la femme qui passa la première, et voyant qu'il dormait elle se ret
le mari prend la place et s'apercevant que le confesseur dormait lui
vous dormez mon père ? Cette parole éveilla le prêtre qui répon
mais non je ne dors pas, la preuve c'est que le dernier péché dont v
vous êtes accusée, c'est d'avoir couché avec votre clerc. Mais d'au
confessions sont plus heureuses et j'ai entendu un prédicateur dire
pour sa part il avait fait restituer plus de 20.000 fr. qui avaient
soustraits par différentes personnes ; et tout le monde, dans mon p
connait une restitution de 120 francs qui avaient été trouvés dans
bourse dont on connaissait le maitre. Il y avait 14 ans que le trouv
avait cette bourse sur la conscience quand il s'est vu prêt à compara
devant Dieu. Le confesseur pour donner l'absolution, a exigé la rest
tion de la somme et cela a été fait.

Pour être sage il faut que la passion de la vertu domine toutes
autres, il faut n'avoir pour règle de conduite que le devoir, la justice
l'honneur, cela évitera de se faire des ennemis. Si les ennemis éta
des amis on pourrait se faire du bien dont des fois on pourrait profi
Il y en a toujours un qui a tort mais souvent on a tort tous les deux.

L'obéissance est un dur devoir il faut la faciliter par la manière de commander qui ne doit jamais être dure. Le domestique, le soumis sait qu'un désir exprimé est un ordre adouci, où il doit le savoir et s'empresser de le satisfaire.

Un jour on dit au roi Louis-Philippe qu'un de ses amis n'était jamais sorti de l'intérieur de Paris. Le roi, par farce, lui défendit d'en sortir et le dimanche suivant l'individu fut se promener hors des fortifications. Si vous voulez donner à quelqu'un l'envie de quelque chose il n'y a qu'à la lui défendre Mon grand père envoya un jour sa fillette Marie chercher sa tabatière à 500 mètres de lui et lui dit, surtout ne l'ouvre pas, elle n'aurait pas eu envie d'ouvrir si on ne le lui avait pas défendu. La petite se dit, mais qui est-ce qui le lui dira que je l'ai ouverte, et qu'est-ce qu'il peut bien y avoir dans sa tabatière puisqu'il ne veut pas que je le voie? Elle n'eut rien de plus pressé que d'ouvrir; un grand vent souffla aussitôt et emporta tout le tabac. Elle apporta bien la tabatière, la présenta du bout des doigts d'aussi loin qu'elle put, puis se sauva en courant.

Une autre fois un homme étant obligé de faire un voyage de deux ou trois jours, laissa sa femme, mais non sans inquiétude, il était avec son domestique et d'une certaine distance le renvoya pour défendre à sa femme de recevoir un certain voisin pendant son absence. Le domestique inquiet de sa commission, jugea à propos d'en changer les termes et dit : monsieur m'envoie d'une lieue d'ici pour vous défendre de jouer avec le gros chien qui est attaché dans la cour; cela dit il repartit. La dame se dit : en voilà une idée de la part de mon mari de me défendre de m'amuser avec le chien, hé bien, je veux m'amuser avec lui, le chien est discret, il ne le lui dira pas, et aussitôt pour se le rendre familier, l'amadouer, l'adoucir lui donna bien à manger, puis voulut se rouler sur lui, mais le chien fier, d'une probité sans tache, ne voulut pas de cette familiarité et la mordit si bien qu'elle fut se mettre au lit, où elle était encore deux jours après quand le mari rentra. Celui-ci demanda la cause du mal, on lui dit, c'est votre faute. Les femmes n'ont jamais tort. Comment c'est ma faute? On allait s'expliquer quand le domestique entra, fit signe au maitre de le suivre et lui dit : eh bien où en seriez-vous si j'avais fait votre commission telle que vous me l'avez donnée?

Dans les temps immoraux où nous vivons où la femme ne va plus à l'église un honnête homme peut-il se marier? Je demande cela aux femmes et aux journalistes. Une jeune fille disait à une amie : tu sais

je vais me marier. Ah ! Tu ne me demande pas ce que fait mon futu
Oh ! je le sais bien : il fait une fameuse bêtise.

Mme Barles, une femme très respectable, qui cause très bien, me
que dans son temps on ne voyait pas de mauvais ménages comm
présent ; la femme était beaucoup plus soumise. Quand on mariait
fille, on lui disait : si tu es bien tu y resteras, si tu es mal tu y rester
si ton mari te donne des soufflets tu les garderas et tu n'en parlera
personne. Le procédé n'est pas agréable, mais on y gagne la paix et
tranquillité, c'est une belle compensation.

L'aveuglement produit des dupes, il y en a de louables, il y en a
blâmables ; il y a des dupés qui le sont par probité, par générosité,
ne peut que les louer, il y en a qui le sont par égoïsme parcequ'ils
craint d'éclairer les autres, ils ont oublié que du choc des idées
lumière jaillit et qu'en donnant des renseignements ils en reçoivent d
ils peuvent des fois profiter, ces aveugles sont blâmables ; chacun d
travailler à éclairer, à conduire à la perfectionabilité du genre huma
ne pas faire horreur mais faire honneur à l'humanité. Former
bonne conscience publique, former des institutions civiles utiles a
quelles on n'a pas encore pensé, qui s'éloignent de la barbarie,
l'injustice, qui adoucissent et perfectionnent les mœurs, les rappo
sociaux, la conscience, le devoir, la clémence, la vertu, voilà le fond
ment de l'âme humaine qu'il faut élever jusqu'à Dieu pour la rend
sainte et sans taches, c'est là ce qui donne la force ; hors de là tout
éphémère.

Nul vrai croyant ne peut-être intolérant ni persécuteur.

L'idée de Dieu est le trésor de toutes les religions sur la terre. U
conscience sans Dieu est un tribunal sans juge. Eloignez Dieu
l'homme ne voit plus son chemin, il perd sa lumière, son soleil, s
guide. Toute doctrine qui élève et console l'âme doit être recueil
(Lamartine).

On rit de tout, les uns rient de ce dont d'autres pleurent et même
les voir pleurer.

Un jour un étameur s'étant endormi la bouche ouverte, près de s
étain en fusion un malfaiteur qui le vit, pour lui faire une bonne far
lui versa son étain dans la bouche pour voir la grimace qu'il ferait, il
des contorsions singulières et mourut personne n'en doute Le scélé
monta sur l'échafaud et y étant partit d'un grand éclat de rire.
bourreau lui demanda ce qui pouvait le faire rire dans ce mome
suprême. Il répondit : je ris encore de la grimace que fit ce pauvre
quand il avala son étain fondu.

Les massacres se font avec la même impassibilité que les bienfaits, car l'esprit n'est plus rien là où la passion règne : pendant la grande révolution on condamnait à mort pour avoir trop ou pas assez parlé, s'être trop ou pas assez amusé ou promené, pour avoir envoyé de l'argent à son père, à son fils, à son frère émigrés, pour avoir un parent prêtre ou émigré, pour avoir ri ou pleuré Lucile Desmoulins pour avoir pleuré son mari, Custine fils pour avoir pleuré son père, et le père qui était général pour s'être trop fait aimer de ses soldats. Danton pour avoir voulu gouverner, le sage Robespierre pour n'avoir pas voulu gouverner. Un de ses juges devenu vieillard proscrit, Levasseur, à qui on demandait son opinion sur Robespierre répondit ; Robespierre ? Ne me parlez pas de ce nom-là ! C'est notre seul remords, la montagne était sous un nuage quand elle l'immola.

On guillotinait 50 à 60 personnes par jour et ce nombre allait toujours croissant il en mourut ainsi plus de 4.000. On guillotina tout un couvent de jeunes femmes qui furent à l'échafaud en chantant :

> Mourir pour la patrie
> Est le sort le plus beau, le plus digne d'envie,

La saint Barthélemy ni les inquisitions n'ont jamais égalé ce nombre de victimes, de sorte qu'aucun parti ne peut rien reprocher aux autres. Et ces hommes souillés de tant de crimes nous obligent encore à les respecter car ils agissaient pour une grande idée, ils couvrirent leur renommée de sang, mais ils ne remplirent pas leurs poches d'or, ceux qui survécurent, qui moururent dans l'exil, moururent dans l'indigence où à peu près, il y eut de nobles victimes et de regrettables erreurs.

Un crime est toujours attaché à l'athéisme, on est fanatique dans toutes les opinions quand on les pousse à l'extrême.

Un scélérat méprisable à ses yeux, horrible aux yeux des autres, sent que la nature ne peut pas lui faire de plus beau présent que le néant, mais l'honnête homme s'afflige du néant, il ne veut pas mourir tout entier et l'immortalité de l'âme le console.

La royauté, le roi est un tyran, la République en est 500 un peu plus petits mais qui ensemble ne coûtent pas moins cher entre eux et leurs protégés et ne sont pas moins capricieux. On a vu en 1886 le Conseil général de la Seine ne pas vouloir siéger parce qu'à son point de vue le Préfet avait manqué d'étiquette envers lui.

Faire la guerre au crime c'est le chemin du tombeau et de l'immortalité. Le mal appartient à l'homme dépravé qui opprime ou laisse opprimer ses semblables.

Qu'est-ce que la politique ?

Autres fois c'était le dévouement à la chose publique et c'est sous
nom qu'on l'honore ; aujourd'hui c'est la course aux places ; ôtes-toi
là que je m'y mette ; on abuse de la sainteté du mot patriotisme p
mieux tromper, on n'a plus d'autre but que l'intérêt personnel, on j
met ce qu'on sait bien ne pas pouvoir tenir et on le soutient pour gai
sa place, ce qui empêche le gouvernement d'être actif dans les affa
qui sont toujours retardées par les opposants sans conscience et dej
le garde champêtre jusqu'au maire, au préfet, au ministre chacun v
la meilleure ou une meilleure ; c'est la politique du journaliste tapag
il veut une bonne place et quand il l'a il en veut une meilleure ; il v
dra monter plus haut et pour cela il continuera à faire du bruit ; sa
si ce qu'il promet est possible, il ne s'en préoccupe pas. Tant pis p
ceux qui l'ont écouté ; depuis longtemps j'ai dit qu'ils ont fait co
plus de sang qu'ils n'ont essuyé de larmes, cela ne les pas empêc
de continuer ; il y aura toujours des imbéciles pour les croire disait
d'eux.

J'ai cru que des hommes sages gouverneraient la République, n
ceux-là ne font pas assez de bruit, ne promettent pas assez et n
sommes dans un siècle de tapageurs. La République exige trop
sagesse pour être bien gouvernée par les hommes donc elle tombera
elle deviendra raisonnable, mais je n'ose l'espérer, il faudrait qu'
chasse tous les organisateurs de révolution, tous les entrepreneurs
grèves et de désordre elle n'en a pas encore bien pris le cher
Le prendra-t-elle ? Les anarchistes, les dynamiteurs sont là p
répondre.

La république a toujours été perdue par les républicains, par le
exagérations et leurs extravagances.

Les employés qui servent l'état avec honneur, devoir et probité,
devraient pas être renvoyés, on ne doit pas briser des carrières éq
tables, il faudrait pour être un peu juste les mettre à la retraite, ce se
augmenter inutilement les charges de l'Etat qui sont déjà trop lourde

Et qui est-ce qui démolira la République : la lassitude, le besoin
sécurité, de tranquillité, de repos. Peut-être un général qui sortira
son sein, un lapin si l'on veut pourvu que ça change, qu'il ait l'ap
rence de la force et qui puisera sa force dans son devoir d'arrêter
monstruosités, il sait qu'il y jouera sa vie, c'est pour cela qu'il se
attendre.

Mésallier sa pensée n'est pas la fortifier mais la compromettre,
corrompre, la vérité vaincue mais pure est plus forte que le v
triomphant (Robespierre). Danton dit : dans la révolution la victoire

aux plus scélérats ; c'est dans la révolution ; mais la logique plus conso-
lante dit que si le scélérat triomphe ce n'est que pour un moment.

La révolution impose des vertus, mais n'obtient souvent que l'ambition qui l'élève contre la bonne foi par la calomnie ce vice atroce. Parai-
tre un objet de terreur aux yeux des gens qu'on aime est pour un homme
probe, un affreux supplice. Ceux qui combattent la tyrannie en tombant
vont à l'immortalité.

La vérité a son retentissement fort dans les consciences coupables,
tous les frippons l'outragent, les honnétes gens sont impuissants à faire
le bien et arrêter le mal. Le traitre, le faux cachent leur âme hideuse
sous le voile de la vertu. Les bons et les méchants disparaissent de la
terre, mais à des conditions différentes : on monte ou l'on descend dans
le sommeil éternel.

Tout ami d'une bonne cause sera toujours placé entre son devoir et
une calomnie surtout si cette cause est un progrès, il sera traité d'ambitieux par les uns ou par les autres. Robespierre disait : « Je succombe
« sans regrets ! je vous laisse ma mémoire, elle vous sera chère et vous
« la défendrez ». Voilà l'héritage que nous devons léguer à nos
héritiers !

La persuasion est l'âme des nations libres ; si on immole les notabi-
lités on arrivera à récompenser les envieux ; et c'est fait. Les héros
respectent le malheur jusque dans ceux qui les ont proscrits.

On ne reproche rien à la destinée quand on peut mourir pour fidélité
à ses principes, à son maitre, à la mission qu'on s'est donnée. On peut
mourir maudit et être innocent, on peut se croire innocent et être
coupable ou se croire coupable et être innocent. Un voile peut par
moments couvrir les yeux des plus savants ou les couvrir pour certaines
causes, on peut marcher à l'abime quand on croit marcher a l'admiration du monde et à son salut, et par là, la vertu est bien près du crime,
elle le commet ou le laisse commettre comme un pont qui doit conduire
au salut de tous ; on vous accuse de crimes que vous n'avez pas pu
empécher, ce fut le cas de Robespierre, ce fut sa gloire de n'en avoir
pas commis d'autres dans ce temps où il a eu le martyre pour gloire et la
vertu pour ambition. Heureux s'il put dire comme l'Hôpital : « Que le
« monde brisé s'écroule et mon âme ne tremblera pas ». Il reçut sa
récompense d'abord de sa conscience et plus tard de la postérité.

Le bonheur personne ne peut se vanter de l'avoir sur terre, mais le
chemin qui y conduit le plus près est celui de la vertu celui qui tran-
quillise l'âme et purifie le cœur.

Danton disait · Il est barbare, c'est un crime de lèse nation de vouloir enlever au peuple des hommes dans lesquels il espère quelque consolation. Robespierre ajoute : attaquer le culte c'est atteindre à la moralité du peuple. Et vous voyez en effet la différence du nombre des criminels dans le département de la Seine et celui de la Vendée. Le premier 27 par mille, le second 2 par mille, or vous savez que la Vendée a conservé ses croyances religieuses. Les Basses-Alpes 7 par mille.

Marat disait : la révolution est toute entière dans l'évangile, et ce livre était toujours ouvert sur son bureau, il répétait souvent Jésus-Christ est notre maître à tous.

Il y a des esprits forts qui se font une mode de dire : Ah mais, Jésus-Christ a existé, sa parole est belle et je l'admire. Ses doctrines sont sublimes de sagesse, de pratique, de raison, de justice, de patience ; c'est la vertu par excellence, admirable en tout point, elle est d'un Dieu, mais il n'était pas Dieu. Comment dirais-je ? Vous le trouvez admirable et vous le prenez pour un imposteur ? Vous admirez donc l'imposture ? Soyez donc logique avec vous-même. Il ne pouvait pas être à la fois véridique et menteur, martyr ou sacrifiant, il ne pouvait être que l'un ou l'autre, choisissez. Les méchants diront : il était menteur. Mais les sages diront : il était véridique. Si la raison fait l'homme c'est le sentiment qui doit le conduire quand on lui a appris à penser.

Ne faites, ne dites jamais rien que ce que vous voulez que tout le monde voit ou entende, si on se cache par précaution on sera bientôt obligé de le faire par nécessité. Les susdits esprits forts, après réflexion reviennent souvent à la raison et on s'instruit beaucoup mieux avec eux depuis qu'ils sont moins savants, depuis qu'ils ont appris à s'honorer de notre estime.

L'homme juste a l'estime de son valet, ce n'est pas la familiarité qui rend méprisable, mais c'est les défauts, c'est ainsi que les riches font le bonheur de ceux qui les servent.

Chaque domestique veut être le premier en attachement. Le domestique qui ne dénonce pas est un complice, un malfaiteur, c'est qu'il est profondément indifférent pour la justice ou pour le bien de la maison qu'il sert.

La terre produit en proportion des bras qui la cultivent, et dans toute contrée qui se dépeuple ou doit tôt ou tard mourir de faim. La richesse n'est pas dans le coffre, mais dans l'art d'en tirer partie convenablement, on ne jouit pas en proportion de ce qu'on a dépensé, mais en proportion de ce qu'on a su mieux l'ordonner. Un fou peut jeter des lingots d'or à la mer et dire qu'il en a joui, ou brûler un billet de banque de 100 fr. pour chercher par terre une pièce de 20 fr. qui est tombée, mais quelle comparaison avec celle d'un sage qui tire partie de la moindre des choses dont il jouit aujourd'hui, demain et les jours suivants et les années suivantes jusques dans ses enfants. Cinquante centimes par jour d'économie jointes aux intérêts accumulés, au bout de cinq ans font cent francs de rente.

Quand mettra-t-on un terme à tous les abus ? Jamais. Nous pouvons espérer de les diminuer, mais jamais tous. J'ai connu un Préfet qu'on citait comme un exemple de moralité, il appela dans sa préfecture un de ses compatriotes incapables, lui donna un emploi de 4500 fr. ; cet homme faisait faire l'ouvrage par un commis à 1,500 fr. qui avait des capacités ; lui chef de ce commis n'avait qu'à signer, chose que le commis aurait pu faire sans augmentation de salaire et en économisant du temps, il restait 3000 francs de dépenses en pure perte pour l'état et le département d'autant plus que cette signature retardait l'expédition des affaires. Si ce préfet était si peu scrupuleux, que sont donc les autres ?

Et une fois le mal fait on le laisse subsister, son successeur n'a pas pu ignorer cela et cependant il n'y a pas remédié. Voilà sur quoi un journaliste aurait pu et dû frapper en faisant son devoir et faire un bel et bon article.

Un journaliste qui un jour, par exception s'avisa d'avoir de la conscience disait : Je fais de l'opposition à M. Thiers, ce n'est pas que je le trouve plus mauvais qu'un autre : c'est parce que j'enrage de n'être pas à sa place. M. Thiers était Président de la République.

On peut le dire de tous ceux qui font un métier de troubler l'ordre, la paix, la conscience, la tranquillité ; mais quand la conscience est interrogée en face de l'instrument du supplice elle n'est plus libre et la liberté elle-même devient tyrannie.

Tant qu'il y aura des gens malhonnêtes, vicieux il y aura des malheureux des victimes. Il y aura toujours des pauvres parmi nous. Il y aura toujours des malfaiteurs et des barbares, mais le nombre pourrait en diminuer sensiblement et je le crois diminué depuis 1793 époque où on ne demandait que des têtes. La guillotine n'allait pas assez vite, on fusilla un jour à Lyon 70 personnes et le peuple applaudit. Le lendemain on en fusilla 209 et le peuple applaudit. Quand tomba la tête de la jeune et admirable madame Rolland. Quand tomba celle du sage et respectable Bailly, qu'on injuria, maltraita, couvrit de boue, auquel on fit faire malgré sa vieillesse, le tour du Champs-de-Mars, portant sur son dos un morceau de l'échafaud sous lequel il tomba avant d'être guillotiné comme Jésus-Christ de sorte qu'on peut dire qu'il mourut deux fois, il mourut sous le poids de son fardeau et sous la hache. Il mourut sans se plaindre. C'était en novembre, il faisait froid, il était à peine couvert d'une chemise, il tremblait. D'un air narquois on lui dit : tu trembles Bailly ? Oui mon ami, mais c'est de froid. Le peuple applaudit quand sa tête tomba. Il semble qu'aujourd'hui le peuple serait moins brutal, mais nous ne pouvons pas l'affirmer quand nous voyons l'assassinat de Watrin à Decazeville et de vice-président du club et des journalistes pour le glorifier (1838). Peu leur importe la cause pour laquelle ils tuent pourvu qu'ils tuent, et ces hommes sont les représentants du crime de tous les partis.

On veut épurer (c'est le mot à la mode) et on nous fait un crime d'être incorruptibles, ce qu'on entend par épurer dans la presse c'est : ôtes-toi de là que je m'y mette ; c'est la désorganisation de la justice de l'administration. C'est de mettre des ignorants, des novices à la place de ceux rompus aux affaires qui font en un jour ce que des nouveaux ne feront pas dans une semaine et qu'il faudra payer non pas suivant l'ouvrage qu'ils ont fait mais suivant le temps qu'ils auront passé, de là, des impôts énormes, c'est rompre la carrière des hommes qui ont fait leur devoir sans se mêler de politique. Je croyais que la république était le gouvernement par excellence, elle ne vaut pas mieux que la monarchie, elle vaut même moins et beaucoup moins car elle est plus turbulente et moins expéditive ; si l'accès des places est plus facile il est en revanche moins sûr, moins stable. On ne craint pas de renvoyer quelqu'un pour se mettre à sa place et ainsi de suite, et pour contenter toutes les demandes d'emplois on en créera d'inutiles et c'est fait.

Quand elle était jeune elle se conduisait, elle semblait se conduire comme une bonne et honnête fille, mais depuis qu'elle a attrapé ses 17 ans, elle est devenue dévergondée, elle a une conduite aussi scandaleuse que le gouvernement précédent : destitutions d'honnêtes employés, décorations vendues ; etc, etc.

On voit la main du gendre du président de la République mêlée à de nombreuses affaires scandaleuses, indélicates, créer des emplois exprès pour y placer ces protégés, cela coûte fort cher, plus cher qu'une sage monarchie s'il en existe de sages, et il y en a (*). Le roi de Belgique, sachant que son peuple était en effervescence pour une mesure concernant l'armée, l'appela sur la place royale et de son balcon lui dit : j'exige cette mesure parce que je la crois indispensable pour la sécurité de la Belgique et je préfère renoncer au pouvoir royal que de renoncer à cette mesure, mais il n'y a pas besoin de faire une révolution pour cela, il ne faut tuer personne ; je suis belge comme vous, j'ai droit de

____

(*) Cet article a été écrit en octobre 1887 et fin novembre suivant le Président de la République fut contraint de donner sa démission.

cité comme vous et je ne veux pas quitter la Belgique, mais vous n'avez qu'à voter et si la majorité est contre moi, je donne ma démission de roi.

On n'accepta pas sa démission.

L'Angleterre et l'Italie sont aussi mieux gouvernées que la France. La République a appris aux rois à être sages quoiqu'elle ne soit pas sage elle-même.

La Suisse est la plus sage de toutes les nations et si je n'étais pas français je voudrais être suisse. Donc :

> Ce n'était pas la peine assurément
> De changer de gouvernement.

Fin octobre 1888. On vient de me dire que, depuis *huit ans,* la France s'était endettée de *huit milliards.* Cette révélation a fait beaucoup de bruit à la chambre où l'on a dit que dans la commission des finances qui est de 32 membres il y avait 20 Wilsons (voleurs).

Qu'est-ce que le ministère a fait dans cette circonstance ? Vous croyez qu'il a ordonné une enquête. Détrompez-vous. Il a ordonné des poursuites contre le courageux député Numa Gilly qui a révélé le fait. S'il est vrai, la patrie est en danger. Le renversement de la République s'impose, courrons aux urnes. Les juges d'hier sont les accusés d'aujourd'hui. Un jour un juge dit à un accusé : votre figure ne m'est pas inconnue, pourriez-vous me rappeler où je vous ai vu ? C'est quand je vous condamnais à six mois de prison pour fausses manœuvres électorales. La République nous écrase de sa protection.

Dans le danger les jeunes gens sont capables de sacrifier leur préférence qui est de s'amuser et de se faire momentanément raisonnables et le seront tant que le danger sera éminent, ils voteront pour le salut. Nous avons fait de la république, une trop longue et trop coûteuse expérience pour ne pas voir qu'elle nous conduit à la banqueroute, il est vrai qu'il y en a qui la veulent. Financiers prenez garde à vous ! rentiers, commerçants, industriels, domestiques, ouvriers, jeunesse, prenez garde à vous ? il nous faut une monarchie quelconque qui représente la force et l'ordre et la préférable me parait être le comte de Paris; c'est un esprit élevé a dit le comte de Chambord.

La république ne peut pas se recommander à Dieu si elle n'y croit pas, il ne lui reste que *l'agora.* Un jour un homme qui se noyait fut aperçu par un prêtre qui le suivit sur le bord du rivage avec force de signes de croix et de bénédictions lui disant : recommande toi à Dieu. Un laboureur lui cria à son tour : *Te fiar pas aqui, tente té à l'agora.* Ce n'est pas de refus si c'est possible mais on ne le peut pas toujours.

On blâme les hommes qui ont changé de politique, je les trouve louables, quand ils voient qu'ils se sont trompés, quand ils se conforment à la majorité qui fait la loi, je trouve blâmable celui qui dit : Quand ils ne seront plus que cent je serai le centiéme, quand ils ne seront plus que dix, je serai le dixième et quand il n'y en aura plus qu'un je serai celui-là. C'est dire, moi seul et je suffis pour vous braver tous. Au lieu de louer sa fermeté je blâme son entêtement. Je dis qu'il est l'auteur du désordre permanent, qu'il est l'ennemi de la société puisqu'il est l'ennemi de son repos. C'est Victor Hugo.

On demanda un jour à un journaliste de Paris ce qu'il ferait s'il était nommé député. Je ferai du potin. Les parisiens sont très friands du potin et le journaliste fut nommé ; il y en a beaucoup d'autres dans ces conditions et presque tous ceux de Paris, les affaires furent paralysées et les parisiens en rirent.

Les journalistes et les avocats sont bavards comme des députés et même davantage, ils sont instruits ; y a-t-il une classe plus malfaisante que celle-là ? Cependant il ne faut pas les pendre jusqu'au dernier car il peut s'en trouver de bons : il y a eu une fois, un avocat qui n'ayant pas pu faire acquitter son client dont il était convaincu de l'innocence lui donna 500 francs pour adoucir ses 10 ans de bagne. Ce client était un bâtard mais d'une âme d'élite, il n'avait pas été reconnu par son père mais il le connaissait. On l'accusa d'un crime commis par le père ! il savait qu'il en était l'auteur, il l'avait vu sortir par une fenêtre et escalader un mur, il ne voulut pas le dénoncer ; il se borna à dire : je suis innocent, c'est tout ce que je peux dire pour le moment. Les 10 ans de bagne expirés le père était mort, alors il fit connaître le coupable, il le déclara à son avocat pour la satisfaction de celui-ci. Cet avocat perdit sa cause peut-être parce qu'il était honnête homme.

Un jour je proposais un avocat pour faire un ouvrage de littérature qui m'avait été proposé, pour lequel il fallait des connaissances locales que je n'avais pas et du dévouement pour le pays. On me répondit : Ah oui ; c'est un homme qui n'a pas grand chose à faire, il a des talents, il perd ses procès mais ça.... donc malgré les talents on peut perdre de bons procès.

Il avait été épuré. C'est-à-dire qu'il avait perdu sa place à cause de la politique. Un jour chez un épicier une bonne demande de l'huile. Voulez-vous de l'huile épurée ? Ah ! il n'y pas de danger : mon maître est sous-préfet et il a une peur terrible de l'épuration.

On parle en ce moment beaucoup des récidivistes, ils sont nombreux 80.000 dans un an en France. On demande de leur appliquer des peines plus sévères, de les exporter dans des pays même insalubres et on a raison. on ne doit pas ménager la vie de ceux qui attentent à la vie des autres, même à l'honneur ou à la fortune d'autrui car c'est le tuer en détail que de lui nuire ; mais ce n'est pas pour les récidivistes seuls que la justice doit être plus sévère, il faut un peu savoir qu'elle est la vie de l'accusé, il y en a qui n'ont jamais été entre les mains de la justice, mais qui auraient dû y être, et ce n'est que par ménagements ou faute de preuves suffisantes qu'ils y ont échappé, pour ceux-là il faut une certaine rigueur, une certaine sévérité. Mais si c'est une première faute de jeunesse il faut ménager, et distinguer le bon sujet du vaurien. Il est arrivé qu'un jeune homme de 18 ans gagnant 3 fr. par jour, seul soutien de sa mère qu'il affectionnait beaucoup et qui le méritait, à laquelle il apportait régulièrement le prix de sa semaine 18 francs, vivait heureux avec elle, il ne voulait la priver de rien, mais il arriva un jour néfaste : il fit connaissance avec une femme vicieuse de 38 ans ; elle voulait bien se donner à lui mais à condition qu'il lui donnerait de l'argent. Comment faire ? Il ne voulait pas le dire à sa mère, il ne voulait pas la priver de sa semaine. L'amour ne raisonne pas, il se décida à voler, il savait où un riche devait passer, un soir il fut l'attendre pour le dévaliser. Le riche était à cheval, il était avec son domestique. Le jeune homme culbuta le riche, mais il était mal exercé dans cette nouvelle profession, et bientôt le cavalier aidé de son domestique se rendirent maître de lui, l'ont garotté, mis sur le cheval et emporté au château dans la salle à manger, là le monsieur en soupant lui demanda qui il était. Le jeune homme en pleurs aurait bien voulu ne pas le dire, mais il pensa à sa mère qui se mourrait de douleur si elle connaissait le méfait de son fils son soutien, son orgueil. « Il demanda mille pardons, fit mille promesses. » Le monsieur dit : « mais enfin puisque tu as été si bien élevé comment se fait-il que tu te sois décidé à voler? » Le jeune homme, supposons Pierre ayant été délié raconte ce que nous venons de dire. Le monsieur vit que cette figure était celle d'un garçon qui dit vrai, il le fit souper avec lui, s'y intéressa, lui promit de ne pas le perdre, le prit à son service disant qu'il aurait soin de sa mère pourvu qu'il ne sorte pas pour aller voir la susdite mauvaise femme, puis l'heure de se coucher arriva, le garçon de chambre Joseph arriva vint pour prendre les ordres de monsieur. Celui-ci lui dit : Tu peux te retirer. J'ai pris Pierre pour garçon de chambre. Joseph crut rêver ou que son maître était devenu fou, il ne se retira pas de suite ; le maître répéta l'ordre de se retirer, il obéit mais à contre cœur, il ne resta pas moins occupé au château mais mécontent, et tout pour un jour, il partit sans rien dire.

Trois ans s'étaient écoulés. Au bout d'un an de ce départ on trouva un homme noyé dans un puits et tout le monde reconnut Joseph, mais un peu défiguré. Dans l'intervalle le feu avait pris au château. On accusa Pierre de cet incendie pour avoir l'occasion de prouver son dévouement à son maître qu'il sauva au risque de ses jours et du même coup il fut accusé de l'assassinat de Joseph par la rumeur publique. Le monsieur le fit remarquer à Pierre. Celui-ci répondit : avez-vous quelque chose à me reprocher depuis que je suis à votre service ou qui puisse me faire soupçonner? Le monsieur dit : ce n'est pas moi qui te soupçonne mais c'est le public. Alors dit Pierre, j'aviserai ; et le lendemain il partit pour l'Angleterre ne voulant pas attendre d'être arrêté.

Dieu lui avait indiqué cette direction. En effet, deux jours après qu'il fut à Londres il rencontra Joseph, il lui raconta ce dont il s'agissait et lui demanda comme une grande faveur de revenir avec lui. Soit que Joseph ne se plaisait pas à Londres, soit le désir d'éclairer la justice, il ne se fit pas prier, ils revinrent ensemble et d'après leurs précautions ils arrivèrent le jour et le moment ou le tribunal était en séance pour le jugement. On croyait juger par contumace et pour la forme on appela Pierre. Celui-ci répondit présent. Tout le monde fut bien surpris ; l'accusateur public le mit plus bas que terre, et quand il eut fini Pierre répondit : je ne me plains pas de votre traitement, je l'ai mérité, mais je l'ai mérité pour un crime qui m'a été pardonné et quant à celui qu'on me reproche aujourd'hui, si je me présente c'est pour prouver mon innocence. Tout le monde fut étonné de cette audace. Le président dit : avez-vous au moins fait citer des témoins ? On comprendra que ne me souciant pas de faire de la prévention je ne pouvais pas faire citer des témoins, mais enfin j'en ai un. Un contre trente, cela mettait le comble à l'audace et l'auditoire s'indigna. Pierre reprend. Celui que j'ai personne ne le récusera. Je pardonne aux témoins à ma charge et vous allez les voir tous se rétracter car mon témoin c'est Joseph lui-même, et il appela : Joseph avance. En effet, Joseph qui était resté blotti dans un coin avança, tout le monde le reconnut, et les témoins vinrent un à un se rétracter. Pierre fut acquitté. Il rentra chez son maître ainsi que Joseph mais deux ans plus tard il voulut le quitter. Grande fut la surprise du maître il voulut savoir pour quel motif. Je ne peux pas vous le dire, mais une raison majeure m'y oblige. Le maître ne se contenta pas de cette réponse. Tu m'as gardé rancune de mon soupçon, je t'ai pourtant dit que ce n'était pas moi qui te soupçonnait mais que c'était la rumeur publique. Je n'ai aucune rancune contre vous et puisque vous voulez le savoir je dois vous obéir et vous le dire. Je respecte votre maison et craindrais de la souiller voilà pourquoi je veux m'en aller : vous avez une fille, quand elle était petite, je la traitais en enfant comme ma sœur, elle me traitait de même, mais elle a maintenant 16 ans, je craindrais que cette familiarité devienne irrésistible d'autant plus qu'elle parait la partager ; vous voyez bien qu'il faut que je m'éloigne. Je te sais gré de ta loyauté, mais rien ne presse pour ton départ, dans quelques jours elle rentre en pension, aux vacances prochaines elle ne sortira pas, et d'ici deux ans nous avons le temps de réfléchir, donc tu peux rester et ce serait beaucoup me désobliger que de partir en ce moment.

Puisque c'est ainsi je resterai. Dès ce moment tout en restant garçon de chambre, on le fit intendant ; ce n'était plus un simple domestique, il avait du temps à lui pour étudier, pour s'instruire. Au bout de deux ans, aux vacances, le père dit à sa fille : comment trouves-tu Pierre ? Est-ce qu'il te conviendrait pour mari ? Comment s'il me conviendrait ? Mais ma seule crainte est que vous ne vouliez pas me le donner.

On les maria, Pierre devint député et ne fut pas parmi les mauvais, Voilà donc un brave homme qui aurait été perdu pour la société s'il n'avait pas été ménagé.

Il y a des criminels qui reviennent au bien : nous avons vu au Havre un forcat qui s'était établi dans le commerce, s'était marié, avait eu des enfants qu'il élevait honorablement, sa conduite était régulière, il fut nommé conseiller municipal, il y avait environ 20 ans qu'il y était, il avait acquis une position aisée quand il rencontra son camarade de chaine qui était resté vaurien, il aurait bien préféré ne pas le rencontrer le fuir, mais l'autre l'avait reconnu, il s'attacha à ses pas, il le fit contribuer. Le négociant lui donna 500 francs pour qu'il s'éloigne sans rien dire L'autre prit et promit, mais l'argent dépensé et ce ne fut pas long, il revint à la charge. Le conseiller donna encore 500 francs à la même condition l'autre prit et promit de même, mais revint bientôt. Alors le négociant dit : mes moyens ne me permettent pas de continuer je ruinerais ma famille, il vaut mieux que je me tue, cependant voilà encore 100 fr. et c'est les derniers que je te donne ; l'autre prit et promit de nouveau, mais revint encore, il lui dit : je te l'ai dit tu n'auras plus rien et je vais me détruire, L'autre n'en crut rien et s'empressa de le perdre. Le lendemain un comte de ses amis, recevait une lettre à peu près ainsi conçue : M. le comte, vous m'avez connu honnête homme, vous m'avez honoré de votre estime, mais je n'en ai pas toujours été digne. Depuis 20 ans que je suis au Havre ma conduite a été irréprochable, je ne veux pas survivre à mon déshonneur, j'ai été au bagne, il lui raconta ce que

nous venons de dire et ajouta : quand vous recevrez cette lettre je sera
mort, je vous recommande ma femme et mes enfants.

Vous êtes dans les affaires, négociant, employé, domestique, vous
voulez obtenir la confiance, vous en avez besoin et pour l'obtenir il fau
d'abord la mériter, la mériterez-vous en fréquentant les mauvaises
maisons, les clubs, en faisant du bruit sur la place publique, e:
vous soulant ? Non, n'est-ce pas ? Mais vous la mériterez par une vie
régulière, sobre, en fréquentant les bons endroits, les gens de bonne
réputation, on a beau vous dire que pour parvenir il faut voler : c'est les
mauvaises consciences qui disent cela. Oui pour parvenir à la prison, à
la déchéance, au déshonneur, même à l'échafaud, le vol peut vous y
conduire, et si vous échappez à la justice des hommes, vous n'échappe-
rez pas à celle de Dieu, à votre remords, à votre conscience qui vous
force à rougir devant vos enfants si vous en avez, devant le monde qui
ne vous oubliera pas. J'ai vu me rappeler un fait qui s'était passé il y a
60 ans de deux hommes qui cependant n'avaient pas même passé en
jugement, parce que la plainte avait été retirée ; mais si vous voulez
arriver à jouir paisiblement d'une aisance méritée il ne faut pas voler
ni tromper ; il ne faut que de l'ordre, de la prudence, du travail surtout
joint à l'économie. Il ne faut rien détruire pour le plaisir de détruire, ni
pour aversion de ceux qui ont fait ou joui de la chose. Ce que vous
détruisez a été fait pour servir ; si ça ne sert pas en ce moment cela
pourra servir plus tard.

J'ai vu vouloir détruire un édifice parce qu'il avait servi de caserne
aux gardes municipaux, j'en ai empêché en disant que s'il ne servait
pour cela il pourrait servir pour un hospice ou autre chose, mais qu'il
ne fallait pas le détruire pour cela. J'ai vu une bonne qui me détruisait
des petits tapis faits par sa devancière et par jalousie. C'est du grand au
petit, mais le raisonnement est le même. J'entendais quelqu'un dire un
jour : je veux la liberté du commerce, mais je ne la veux pas parce qu'on la
doit à l'empereur. Est-ce raisonner cela ? N'a-t-on pas payé l'empereur
assez cher pour qu'il nous ait rendu quelques services sans lui devoir
de la gratitude pour cela ? Je sais qu'il y a des services qu'on trouve
plus digne de ne pas accepter, mais ce sont ceux qu'on a reçus gratis,
tandis qu'on a toujours payés ceux d'un employé et trop payés ceux de
l'empereur.

Un autre disait : je ne veux pas de ce candidat parce qu'il faisait
partie de la société du prince impérial. Il ne raisonnait pas mieux, car
c'était une société de bienfaisance elle était de l'époque et nous n'aurons
jamais trop de bienfaiteurs.

Un médecin qui faisait payer ses visites 100 fr. reçut un jour la visite d'une pauvre femme qui venait le prier de venir voir son fils malade, âgé de 14 ans. A sa mise le docteur lui dit : mais vous ne savez peut-être pas que mes visites sont de 100 francs. Je le sais monsieur, mais voici d'abord 25 fr. et je vous promets de vous payer le reste régulièrement 1 fr. par semaine. Le médecin fut voir le malade, fit une ordonnance et mit 100 fr. dans la même enveloppe. Chez le pharmacien on s'en aperçut, elle courut lui dire qu'il s'était trompé. Mais non, dit-il, c'est pour que vous puissiez me payer tout à la fois ; voilà vos 25 fr. pour acheter ce dont vous avez besoin. Je reprends mon billet et je suis payé, mais tranquilisez-vous, votre enfant n'est pas en danger.

Un autre malade au cinquième étage reçut un jour la visite de son médecin qui fit une ordonnance, la met sur la table et s'en va. La bonne qui ne sait pas lire entre, trouve ce papier, ne suppose pas qu'il a de l'importance, le jette dans la rue. Quelques jours après le médecin revient et dit : avez-vous suivi mon ordonnance ? Il n'y a pas danger. Je serais mort. Comment cela ? Il aurait fallu que je saute par la fenêtre.

On gagne plus à être bon qu'à être mauvais. Un jour un de mes ouvriers disait : puisque je ne suis pas le plus fort je serai le plus traitre. Il était détesté de tous les ouvriers, et malgré qu'il était capable je fus obligé de le renvoyer après 11 ans à cause de sa méchanceté et autres défauts.

Pendant ma jeunesse, lorsque j'étais ouvrier, j'avais dit l'inverse : Puisque je suis le plus faible, je veux être le meilleur. Ceci me donna une telle influence qu'ils ne savaient rien décider sans me consulter ; jamais les camarades ne me cherchaient dispute et quand ils avaient des difficultés entre eux ils s'en remettaient à moi pour les juger j'étais l'ami de tous et plus tard étant devenu chef d'atelier comme eux ils voulurent former une société professionnelle ; en mon absence, ils me choisirent pour leur chef et vinrent me l'annoncer. Je refusa cet honneur à cause de la responsabilité et de ses conséquences ; je refusa même de faire partie de la société et dès lors elle ne se forma pas.

Le respect de soi-même conduit à la vertu.

L'ignorance du vrai Dieu est la perte la plus dangereuse de toutes les républiques (Platon).

L'athéïsme se croit intelligent il est bête et poltron. (Proudhon).

On veut que l'enfant à qui on n'aura enseigné aucune religion en choisisse une : celle qui lui convient, mais pour pouvoir choisir il faudrait les connaître toutes, et comment choisir si on n'en connaît point ?

Et comme il est impossible de les connaitre toutes, le mieux est
suivre celle dans laquelle on est né, ou celle du plus grand nombre,
on se trompe se sera de bonne foi et en nombreuse compagnie a
l'idée d'ailleurs que toutes ont du bon parce que toutes recommandent
justice, reconnaissent l'immortalité de l'âme et remontent à Dieu qui
est toujours l'essence.

L'admiration et la religion attirent les bienfaits. Les morts sont pl
heureux que les vivants et les plus heureux sont ceux qui ne sont p
nés a dit Salomon.

Le sage qui a du travail et la santé est toujours assez riche, mais
riche n'est pas toujours assez sage.

Les ouvriers seraient les hommes les plus heureux du monde s'
étaient assurés d'avoir toujours la santé, du travail et la jeunesse, ma
comme on est sûr de rien il faut toujours économiser le superflu pour
retrouver en temps utile. Les meilleurs ouvriers ne sont pas toujou
les plus habiles mais les plus exacts, les plus sages, les plus régulier
les moins changeants. Les plus anciens dans une maison sont toujou
les plus sûrs de rester quand l'ouvrage baisse. Sur 20 ouvriers si c
n'en garde que 15 c'est presque toujours les 5 derniers entrés qu'c
renvoie les premiers, ainsi de suite. On s'approprie les plu
anciens, on en fait ses enfants, ils sont de la famille, ils deviennent de
amis, ils ne sont plus des étrangers, il faut donc, dans une maison,
devenir le plus vieux possible pour être de plus en plus sûr d'
rester.

Un jour un monsieur voulant renvoyer un vieux et fidèle serviteu
s'occupa d'abord de lui trouver une place, en ayant trouvé une bonne o
il n'y avait presque rien à faire en informa l'ouvrier. Celui-ci ne voulu
pas s'en aller, il écrivit à la fille du maitre : « Madame, je vous ai fa
« sauter sur mes genoux et désire y faire sauter vos enfants, je n'ai r
« enfants ni parents, j'ai fait votre famille mienne, je ne tiens pas
« gagner de l'argent, je veux bien que vous ne me payez plus, mai
« dites à votre père de me garder. » La dame versa des larmes, ell
voyait avec peine éloigner un serviteur qui était là depuis 40 ans. Il n'
a pas besoin de dire si elle a intercédé pour lui.

On tire de ces touchantes et nobles actions la gloire et le plaisir d'êtr
homme.

Un mal nouveau qui infecte l'espèce humaine c'est les grèves ; si ell
se prolonge le chef du commerce perd ses clients, il ne peut plus occu
per tous ses ouvriers. il renverra d'abord ceux qui sont le moin
incorporés dans la famille, c'est les meneurs les organisateurs de l

grève. Le premier soin qu'un homme doit prendre de sa maison c'est de n'y souffrir que d'honnêtes gens qui n'apportent pas le secret désir de troubler l'ordre. La plus grande ambition du maître doit être d'être bien considéré par sa justice, de se faire estimer, aimer, et même craindre, mais jamais de se faire détester ni haïr.

Dans les grèves de Roubaix on criait : mort aux patrons. C'est radical. Mais si vous les tuez qui est-ce qui vous donnera de l'ouvrage ? Personne. Car personne ne voudra plus être patron.

La noblesse féodale savait mourir ; c'est la première condition pour savoir bien vivre. Au XII et XIII siècle les croisades occupaient les esprits, et le pape Urbain II ne les prêchait pas seulement pour la délivrance du saint sépulcre, mais afin de mettre un terme aux guerres de seigneur à seigneur. Les croisades firent un grand nombre de victimes, mais on en a su le compte, elles étaient sublimes, car elles allaient pour conquérir un tombeau. Les grèves font mourir de misère, mais on ne connaît pas le nombre des victimes qui meurent dans l'obscurité sans contrôle, elles sont humiliantes car c'est pour peu travailler.

Le peuple est bon mais il est égaré par des meneurs, par des écrivains mercenaires qui ne s'arrêtent pas devant l'imposture qui conduit à verser le sang, leur Dieu c'est l'argent, surtout l'orgueil, l'ambition, ce sont eux qui empêchent d'éclairer le peuple ; ils prétendent l'éclairer en l'acheminant dans l'erreur, c'est une lèpre des plus dangereuses, il faut les proscrire comme les pires ennemis de la patrie, il faut faire un exemple terrible de ces scélérats qui outragent la vérité, ruinent le peuple et font faire des révolutions sanglantes desquelles ils prennent soin de se garer ; il faut que le gouvernement cesse de soudoyer ces plumes chargées de fiel.

Louis-Philippe ne voulut pas ensanglanter sa robe de soie pour garder la couronne, il céda la place ; la France doit s'en souvenir et retourner à sa famille.

On parle de liberté et c'est en son nom qu'on fait de l'arbitraire : les grèves, mais les grèves en sont la négation puisqu'elles empêchent de travailler quand et comme on veut, on nie cette justice éternelle qui peut seule venger l'innocence, punir l'oppression, adoucir la colère, soulager l'affligé, fortifier l'espérance qui est seule l'âge d'or.

La multitude grossière s'enivre de ces théories d'athéïsme et se croit délivrée de tout en se sentant délivrée de Dieu. Elle est incapable de s'arrêter dans l'équilibre de la raison, et de la vérité ; de là elle saute à la superstition. Tout pour l'argent que beaucoup confondent avec l'honneur quoi qu'il y ait loin de l'un à l'autre : l'un avilit souvent, l'autre élève toujours. La bassesse n'a pas plus de limite que la vanité.

« Un homme élevé dans des sentiments d'honneur est l'égal de tout
« le monde, il n'y a pas de rang où il ne soit à sa place il vaut mieux
« déroger à la noblesse qu'à la vertu, il n'y a au-dessous de lui que les
« malhonnêtes gens et la femme du charbonnier est plus respectable
« que la maitresse d'un prince (Rousseau).

Deux frères vénitiens, une fois quittèrent leur pays pauvre, s'en
éloignèrent beaucoup, ils firent une longue absence, environ 30 ans, ils
avaient conservé l'attachement à leur pays et cela leur fait honneur, ils
voulurent y retourner après avoir fait une immense fortune ; l'un d'eux
s'était marié, était devenu veuf mais il avait un fils, beau jeune homme,
ils arrivèrent vétus très-simplement et voulurent faire connaissance
avec toute la parenté qu'on n'avait jamais vue ou qui avait vieilli, il y
en avait dans toutes les conditions de fortune, on les reçut plus ou
moins poliment, les pauvres les reçurent du mieux qu'ils savaient ou
pouvaient, sachant bien qu'on ne leur demanderait rien, mais de la part
des riches l'empressement était mince, ils se tinrent sur la réserve crai-
gnant qu'on leur demande quelque chose à emprunter. Ce n'était pas
l'intention des voyageurs car ils invitèrent tous les parents à diner. On
accepta parce qu'on n'osa pas refuser les riches n'étaient pas enchantés,
cependant tout le monde vint et s'attabla. On fut surpris de trouver une
table si bien servie de la part de parents de si médiocre apparence,
mais au milieu du diner, les vêtements tombèrent comme par magie,
ils étaient habillés en beaux messieurs, alors les compliments commencèrent, la surprise était agréable, le bon vin avait ouvert l'esprit à ceux
qui en avaient et chacun dit son mot. Un moment après, nouveau coup
de baguette magique : les habillements tombèrent de nouveau et tous
étaient couverts de décorations et d'habits galonnés, c'étaient des
puissants du pays qu'ils venaient de quitter. L'enthousiasme commença.
Les compliments redoublèrent et ceux qui étaient les plus spirituels,
ceux qui n'avaient accepté le diner que parce qu'ils n'avaient pas osé
refuser, c'était ceux-là qui faisaient les plus beaux les plus longs
compliments, chacun voulait les embrasser, choses qu'ils n'avaient pas
faite à leur arrivée, mais l'étonnement devait encore augmenter, car
pour servir le café on leur enleva leur dernière assiette et sous chacune
il y avait une pièce d'or pour chaque convive. Alors ce fut le comble de
l'admiration, on se serait mis à genoux devant eux pour la leur mieux
témoigner et solliciter leur amitié, et plus on avait été haut et réservé
plus on se faisait plat et petit.

La fortune est femme, elle n'aime pas les vieux disait un roi. Jeunes gens souvenez-vous en. Elle n'est un bien réel que pour celui qui sait s'en servir dignement.

Deux amis de collège, possédant un joli avoir, étaient d'un caractère bien différent, l'un turbulent, vif, emporté, bref ; l'autre dolent, doux, modéré, réfléchi, patient se sont mis négociants ; l'un pressant les affaires sans examen, en faisant beaucoup, mais beaucoup de mauvaises ; l'autre plus prudent, n'en voulait faire que de bonnes, il voulait se renseigner, choisir et pendant qu'il passait son temps en informations, d'autres plus actifs enlevaient les affaires, de sorte qu'il avait perdu son temps, ce qui n'empêchait pas les frais de maison de courir de sorte qu'ils se retrouvèrent tous les deux à Clichy prisonniers pour dettes.

Il faut savoir saisir les affaires à temps, il faut de la hardiesse et des précautions : on se perd aussi bien avec trop de l'une que trop de l'autre. Tous les deux avaient de l'instruction. Il faut savoir profiter de l'occasion quand elle se présente et la saisir au moment voulu.

Un jour un industriel se promenant du côté de Grasse, vit un rapide cours d'eau qui ne servait qu'à l'arrosage, il se dit : voilà une force qu'on laisse perdre et qui pourrait bien faire marcher une usine. C'est dommage de laisser perdre cette force, à qui cela appartient il ?

On lui indique le propriétaire, c'était un riche qui avait cela depuis 25 ans, il l'avait payé 800 francs. Il fut le voir lui demanda s'il voulait vendre cette propriété. Le propriétaire répondit : je ne cherche pas à la vendre, mais je ne tiens pas non plus à la garder, je la vendrais tout de même. Et combien en voulez-vous ? J'en veux 40.000 fr. Comment 40.000 fr. de ce que vous avez payé 800 francs ? C'est vrai, mais j'ai eu une bonne occasion et j'ai amélioré la propriété par des travaux, enfin je ne la laisserai pas à moins. On discuta beaucoup il n'y eut rien à gagner et il finit par dire aujourd'hui j'en veux 40.000 fr, demain ce sera 50.000. Le lendemain le promeneur revint et dit : eh bien, êtes-vous devenu plus raisonnable ? Comme je vous l'ai dit, aujourd'hui j'en veux 50.000 francs. Nouvelle surprise ; nouveau marchandage, nouvel ajournement au lendemain. Le propriétaire dit aujourd'hui j'en veux 50.000 fr. demain ce sera 60 000. L'industriel n'accepta pas et revint le lendemain avec l'espoir et la volonté d'en finir. Mais le lendemain le propriétaire en voulut 60.000 fr. Nouvel emportement de l'industriel, il se fâcha ce fut inutile. Le propriétaire dit aujourd'hui j'en veux 60.000 fr. demain ce sera 70.000. L'industriel dit allons chez le notaire. Il paya 60.000 fr. ce qu'il aurait pu obtenir pour 40.000 francs deux jours avant.

Une autre fois ce fut l'inverse. Un jour Napoléon ayant eu l'intention de bâtir un château trouvait qu'un petit maréchal ivrogne le gênait, il fit demander à cet ivrogne par son architecte, à acheter cette forge qui valait bien 2 à 3.000 fr. au plus. il en demanda 10.000 fr. L'architecte en référa à l'empereur qui accepta, mais dans l'intervalle le maréchal avait réfléchi, il en voulut 20.000 fr. L'architecte en référa à l'empereur qui accepta, mais pendant ce temps le maréchal avait réfléchi de nouveau, il en voulut 30.000 francs. L'architecte ne voulut rien faire sans ordre, en fit part à l'empereur qui répondit : cet homme là abuse. monsieur l'architecte changez vos plans, et l'ivrogne resta avec sa forge.

Mais la plus belle occasion qui a été manquée a été de nos jours à Paris : les magasins portant le nom de cette ville arrivés à fin de bail il fallait le renouveler ; les directeurs furent voir le propriétaire qui y était tout disposé mais avec augmentation : on payait 35,000 fr. il voulut 70.000 francs, on n'accepta pas une augmentation aussi forte, on s'attendait à une augmentation on voulait bien la subir, mais moins forte, et on n'accepta pas de suite. Le propriétaire dit : je vous donne 15 jours pour vous décider, si d'ici là vous ne m'avez rien répondu, je serais dégagé envers vous et pourrai louer à un autre. Les locataires laissèrent passer 20 jours mais ils n'étaient pas tranquilles, ils furent pour terminer, mais le propriétaire dit : Je le regrette mais c'est trop tard, j'ai loué. Mais comment vous avez loué ; mais nous ne voulons pas nous en aller. Le propriétaire dit : j'ai loué à monsieur tel, que vous connaissez, vous savez qu'il est riche, qu'il est capable, ce sont des garanties, le bail est fait et enregistré, je n'y peux plus rien ; mais si ce monsieur veut nous le céder, je ne m'y oppose pas, le bail est de 18 ans. On fut voir ce monsieur, il dit, je veux bien vous le céder mais il me faut un bénéfice. Combien ? 50.000 francs par an. On fut obligé de passer par là. Ce monsieur fut alors fonder les Grands Magasins du Louvre.

L'INSTRUCTION

L'instruction est-elle absolument nécessaire pour faire son chemin ?

Nous venons de voir qu'elle a pu conduire à la prison pour dettes et un des plus riches habitants du Var répond que non. Il ne s'en est fallu que de deux sous qu'il fut obligé de demander l'aumône dans nos enfance ; il était fils d'une pauvre famille de cinq enfants, il était l'ainé et à l'âge de huit ans il avait déjà montré beaucoup d'intelligence : son père se voyant dans l'impossibilité de nourrir ses 5 enfants dit un soir à l'ainé : cela ne t'ennuyerait-il pas trop d'aller gagner la vie à Marseille? L'enfant répondit, oh non, j'irai bien, le lendemain il lui fit un petit paquet de linge, d'habillements, il lui donna du pain, du fromage et 8 sous pour faire sa route, l'enfant partit, c'était dans la belle saison, le soir il coucha dans un champ sous une meule de paille ; le second jour arriva à Marseille, il lui restait encore 2 sous, il ne pouvait pas aller coucher sous une meule de paille et avec 2 sous il ne pouvait pas non plus aller à l'auberge, il coucha sur la dalle d'une maison bourgeoise. A 11 heures du soir le maître de la maison rentrant du cercle le trouve là couché, il lui dit : Que fais-tu là mon enfant ? Le petit conta son histoire ; le maître lui dit : as-tu soupé ? Non. Eh bien monte avec moi. Là à la lumière il vit une très-jolie petite figure très-intéressante, le monsieur avait 40 ans et pas d'enfants, il dit à sa femme qu'il venait de trouver un joli petit garçon. Sa femme qui en désirait un se leva de suite pour le voir, elle partagea le sentiment du mari, on garda l'enfant, on écrivit aux parents pour s'assurer si ce n'était pas un petit vaurien qui s'était sauvé de la maison. Les parents répondirent que le petit avait dit la vérité. On adopta l'enfant. Le monsieur était fabricant de savon. Tout ce qu'on expliquait au petit il le comprenait de suite, même des choses de chimie que des ouvriers de 40 ans n'avaient jamais pu comprendre.

Le monsieur et la dame ayant adopté l'enfant on voulut l'envoyer à l'école, mais là il ne pouvait rien apprendre, on l'y envoya même long-temps et à peine a-t-il pu apprendre à lire et écrire, mais pour l'usine il n'y avait pas son pareil, et au bout de dix ans on lui proposa de lui céder la maison, il répondit : Mais vous n'y pensez pas ; vous savez bien que je n'ai pas le sou, je suis trop jeune, comment voulez-vous que j'achète ?

Nous y avons très bien pensé et ma femme est d'accord ; nous te cédons, mais nous ne retirons pas nos capitaux, nous restons là pour t'aider et surveiller. En ce cas je suis trop heureux je ne sais comment vous témoigner ma reconnaissance et j'accepte. Peu d'années après il fit une commande de 1000 kil. de soude en Espagne, il mit cela en chiffre et un ou deux zéros de plus ou de moins, cela ne signifie rien, et de peur qu'il en manque il en a mis deux de trop. On lui expédia 100,000 kilogs. A peine les avait-il reçus que la guerre éclata entre la France et l'Espagne. C'était d'Espagne qu'on tirait toute la soude, il n'était plus possible de s'en procurer, elle augmenta de suite de 5 à 6 fr. par kilo et son ignorance lui valut tout à coup 500.000 francs de béné- fice, il fit valoir cet argent et devenu vieux, il était plusieurs fois millionnaire, il était des plus riches habitants du Var où il s'était retiré. Il ne se fâcherait pas si je disais son nom, il s'appelle Martin ; et pour lui il ne faut pas lui parler d'instruction pour faire fortune.

Dans nos pays beaucoup de jeunes gens vont au Mexique, un jeune négociant de ce pays me disait : lorsqu'un jeune homme instruit vient nous demander une place, nous le refusons poliment, en lui disant que notre maison n'est pas assez importante pour rétribuer suffisamment ses capacités, parce que en entrant nous savons qu'il ne voudra pas être le dernier. Car le dernier est celui qui doit ouvrir et fermer le magasin, de balayer et faire les ouvrages les plus désagréables ; c'est le garçon de peine. Il nous faut des employés sachant lire et écrire assez bien pour faire une lettre et calculer assez bien pour faire une addition une facture, une multiplication, ce qu'on peut savoir à 12 ans. Donc l'instruc- tion nuit à celui qui croit avoir le droit d'être préféré. J'ai connu deux jeunes gens de Lyon être obligés de se retourner du Mexique parce qu'ils étaient trop instruits pour y trouver des places, ce qui a fait dire que pour faire fortune au Mexique il n'y avait qu'à y envoyer les ânes du Lauzet.

Il ne faut pas exagérer la valeur de l'instruction car elle court les rues. Il ne faut pas s'instruire pour tromper, mais pour éviter de l'être.

Un tailleur, comme tous les pères, trouvait que son fils était intelli- gent, il voulut le pousser, le faire instruire, le poussa jusqu'à l'âge de 18 ans, après quoi le fils ne voulut plus continuer, il préféra être tailleur. Le père dit soit. Tu travailleras avec moi, mais au lieu de cela, le fils voulut fréquenter les cafés et à l'insu du père, il allait chez les clients recevoir les notes de ceux qui n'avaient pas payé comptant :

cela lui faisait de l'argent pour s'amuser, c'était bon pendant quelque temps, mais le père finit par s'en apercevoir, il fallut l'éloigner de ses compagnons de débauche. il lui garnit bien sa malle d'effets et lui donna 50 francs en lui disant : tu sais maintenant travailler, va-t-en gagner ta vie ; il l'envoya à Marseille et le recommanda à un de ses amis. Au bout de trois mois l'ami écrivit. Ton fils ne veut pas travailler; et le fils écrivit : cher père, je suis dans la débine, envoie moi de l'argent. Le père fit le voyage, il fut le voir et trouva que le mot débine n'était pas usurpé, il y avait 200 fr. de dettes, le père paya puis lui dit, eh bien c'est dimanche, nous allons sortir, habille-toi, mais le fils ne voulut pas s'habiller, et il avait une bonne raison pour cela ; c'est qu'il n'avait plus rien pour se changer, il avait vendu ses effets. Que faire ? Le père le ramena chez lui en lui disant, j'espère que la leçon te servira et que tu travailleras; le fils le promit, mais il ne tint pas parole, il fit 400 fr. de dettes. Cependant 22 ans arrivèrent les moyens pécuniers et la patience du père s'épuisèrent, il lui garnit de nouveau sa malle, lui ficha un coup de pied au derrière et lui dit ; fiche-moi le camp. Le fils partit et ne tarda pas d'écrire au père qu'il voulait se marier et lui demanda son consentement. Le père s'informa et apprit que c'était avec une femme de mauvaise vie, il répondit, je ne demande pas que tu épouses la fortune puisque tu n'en a pas, mais au moins l'honneur et refusa son consentement. Le fils envoya une sommation. Le père dit: je ne veux pas te faire dépenser ton argent en frais, épouse, c'est ton affaire.

Dans deux mois le fils mangea 1200 francs à sa belle-mère, puis il écrivit au père : envoie-moi de l'argent, j'ai une très-belle occasion qui ne se représentera peut-être jamais et je ne voudrais pas la laisser échapper, mais le père dit : de l'argent je n'en ai plus pour toi, ni guère pour moi. Après cela le fils resta 16 ans sans donner de ses nouvelles. Voilà à quoi a servi son instruction.

J'ai connu à Lyon un pharmacien âgé de 33 ans, il disait : si mon père avait fait de moi un laboureur comme mon frère, je serai plus heureux auprès de mes bœufs et je n'aurai pas eu autant de déceptions ; je suis malheureux, je gagne 600 fr. c'est un des gros appointements de ma profession et cela suffit à peine à mon loyer et mon entretien car je suis obligé d'être bien mis. J'ai laissé à Paris 10.000 fr. de dettes, cela ne m'inquiète pas, je regrette de n'en pas avoir laissé davantage, je pourrai devoir à des gens riches qui pour ne pas perdre avec moi, me feraient obtenir de bonnes places dans le gouvernement ; j'aurai voulu me marier, j'ai trouvé une femme à ma convenance, j'avais acheté une pharmacie que j'aurai payée avec la dot, mais quand les parents ont connu mes dettes, la femme m'a été refusée et la pharmacie aussi. J'avais un ami médecin qui devait 25.000 fr. il devait s'établir, se marier et nous nous serions réciproquement envoyés des clients, mais pour s'établir il lui fallait aussi une femme riche, il en avait trouvé une, mais après les renseignements on la lui refusa ; il voulait être nommé ambassadeur, mais en attendant il était dans la misère et tout son souci était de savoir comment il s'y prendrait pour subsister et faire de nouvelles dupes.

Ne faites pas de savants, mais faites des hommes bienfaisants, justes et travailleurs.

Instruction laïque, gratuite, obligatoire, autant de mots, autant d'explications à donner : si je ne peux pas faire instruire mon fils suivant mes principes, mes croyances, c'est une violence qu'on me fait. Si je ne peux lui apprendre qu'à me mépriser, à mépriser son origine, à se moquer de moi, je suis esclave, je ne suis pas obligé de me priver de mon argent pour arriver à un pareil résultat, il vaut mieux que je le fasse moins instruire et que je conserve mon argent. On me dit : c'est l'Etat qui paye. Et avec quoi ?

Avec l'argent du pauvre qui manque de pain, qui meurt de faim. Le système démocratique actuel veut qu'avec l'argent du pauvre on fasse instruire gratis l'enfant du riche qui ne veut pas de ce sacrifice en sa faveur. Voilà donc des plaintes des deux côtés. Voilà la liberté ; elle est singulière ; elle force et violente tout le monde.

Et puis avez-vous besoin que l'Etat administre votre bourse ? N'êtes-vous pas, mieux que lui capable de savoir ce qu'il vous faut ? N'êtes-vous ni libre d'en disposer ni dans ce cas de le faire ?

Le riche ne vous demande rien, pourquoi vous qui êtes pauvre, payerez-vous pour faire instruire ses enfants ?

Tant que les habitudes ne sont pas prises les économies peuvent se faire facilement, mais une fois qu'elles sont prises l'économie à faire devient introuvable.

Un marquis trouvant que la dépense de sa maison absorbait tous ses revenus il résolut d'économiser, il chercha dans le chateau ce qu'il pourrait supprimer, est-ce la bonne d'enfants ? Non. Est-ce la cuisinière ? Non. Est-ce le garçon d'écurie ? Non. Est-ce les chevaux ? Non. Est-ce l'éclairage ? Ah oui ! il y a une lampe qui n'est pas absolument nécessaire. C'est tout ce qu'il trouva à supprimer parce que de tout les habitudes étaient prises. De combien d'autres on pourrait en dire autant.

Un voyageur de commerce a-t-il besoin d'être instruit ? Il faut qu'il le soit autant que la majorité des clients qu'il est susceptible de voir. Un voyageur qui en valait bien un autre me conta un jour son histoire. Il débuta à 16 ans à Chartres, il était un peu jeune mais il avait la taille d'un homme, il fit deux fois le tour de la ville sans oser entrer nulle part, puis il se dit, ce n'est pas comme ça que je prendrai des commissions, on ne m'a pas mis en route pour me promener, ce n'est pas comme ça que je gagnerai mes frais de voyage, il faut que je me décide d'entrer dans les magasins ; il fit le tour de la ville une troisième fois, il se décida d'entrer dans une maison, il lui semblait qu'on allait le mordre par derrière, il regarda si on le voyait, enfin il entre chez un parfumeur, une demoiselle le reçut d'un air un peu sec, lui dit : qu'est-ce qu'il vous faut monsieur ? Il répondit, un savon mademoiselle, il paya le savon et sortit, en se disant, je l'ai échappé belle. Puis réfléchissant il se dit : Je suis encore joliment bête tout de même. L'heure du déjeuner arrive, il fut déjeuner comme les autres, il fut au café, il fit sa partie de billard, il gagna, cela lui donna de l'assurance, il se dit, puisque j'ai gagné un voyageur, c'est donc que je ne suis pas plus maladroit qu'un autre ; il fut voir un autre client il prit une commission de 400 francs, son assurance augmenta, il fit de nouveau le tour de la ville, et entra de nouveau chez le parfumeur, il raconta son histoire du matin, ce qui fit rire tout le monde, la demoiselle comme les autres et on lui donna une commission de 150 fr. Dès lors, plus d'obstacles, il entrait sans difficultés partout où il jugeait possible de faire des affaires et avec l'aplomb d'un vieux routinier. Puis la conscription arrivant, il dut partir. Je l'ai connu officier.

J'ai été voyageur de commerce pendant 30 ans, je me suis quelquefois trouvé humilié de ne pas connaitre au moins l'histoire de France, mais le temps des voyageurs est compté 2 francs par heure et il le faut puisqu'ils dépensent 20 fr. par jour ; si j'avais connu l'histoire, la Révolution, les Girondins, le Consulat, l'Empire, bien des fois la conversation se serait prolongée, j'aurai pu manquer le départ, et perdre une demi journée, donc il m'a été plus avantageux de ne pas la connaitre.

Les artistes ont-ils besoin d'être savants ?

Une dame, fine fleur parmi eux, invita ses amis pour un repas du soir, un des convives ne faisait que découper, on lui dit, mais vous ne mangez donc pas ? Il répondit, je ne suis invité qu'à venir couper et fit voir sa lettre d'invitation. L'amphitrionne dit : oh ! maladroite que je suis, j'ai oublié de mettre la cédille sous le c.

L'immortelle Rachel à qui on faisait compliment et son éloge sur son

observation des règles de la grammaire française répondit : c'est d'au-
plus beau de ma part que je ne l'ai jamais apprise

Une institutrice à qui je disais qu'il fallait que la femme soit instruite
pour la bonne société de l'homme me répondit : oui mais il y a une
limite qu'il ne faut pas dépasser. Cette institutrice n'est pas la première
venue : c'est la présidente de leur confrérie, c'est la première institutrice du Var, elle a 35 ans d'exercice, son nom fait autorité, et pourquoi
ne le dirai-je pas ? C'est Mme Giraud. Donc les gens de l'art reconnaissent
que l'instruction peut être nuisible en s'élevant.

En parlant des écoles de la légion d'honneur Napoléon disait. Je ne
veux pas qu'il en sorte des petites maîtresses, des raisonneuses, mais
des femmes laborieuses et de ménage.

Qu'elles sont les professions qui exigent de l'instruction ? Toutes en
ont un peu besoin, mais les unes plus que les autres, je citerai
celles qui ont pour mission de rendre la justice, les administrateurs, les
ambassadeurs entre tant d'autres, car l'instruction éclaire le jugement.

Autre temps, autres mœurs. Nous ne sommes plus dans un temps
où on vous nommait colonel à 7 ans ni même à 12 ans ou la naissance
tenait lieu de tout. Deux ambassadeurs étant placés à Bayonne où le
roi devait passer voulurent se présenter à lui, mais ils n'osaient pas ;
ils connaissaient un riche meunier grand parleur, le prièrent de les
présenter, ce qu'il se fit honneur d'accepter, mais devant le roi il hésita,
il dit : sire je suis, et s'arrêta, puis il reprit sire je suis et s'arrêta de
nouveau. Qui êtes-vous donc reprit vivement le roi ? Sire je suis le plus
riche meunier d'ici, voilà mes deux ânes, je vous les amène.

Aujourd'hui le métier d'ambassadeur est celui qui nécessite le plus
d'instruction, non pas pour tromper les autres mais pour éviter d'être
trompé ; d'un mot mis à sa place on enseigne le droit, le pouvoir et le
devoir.

Dans toutes les positions, même les plus basses il faut un peu d'instruction, il faut savoir lire assez bien pour se faire comprendre, savoir
écrire assez bien pour faire une lettre et compter assez bien pour régler
ses comptes, il n'y a pas d'exception ; je dirai même contre l'opinion de
beaucoup de gens, je dirai que le directeur d'une maison d'agriculture
a besoin d'en connaître plus qu'un chef d'atelier occupant un égal nombre d'ouvriers parce que dans l'atelier l'ouvrage est conforme et chaque
ouvrier a le même genre, tandis qu'en agriculture l'ouvrage change journellement, suivant le temps qu'il fait, suivant les saisons, suivant les forces, les dispositions des ouvriers, des journaliers, il faut connaître un peu
de chimie et je dirai même d'astronomie, savoir s'il soleillera, s'il pleuvra,

ou ventera demain et quel vent il fera, du nord, du sud. Combien une terre de tant d'ares a produit en comparaison d'une autre terre d'une autre semence ou fourrage.

Combien a-t-il gagné avec ses moutons comparativement aux vaches, aux chevaux qui ont consommé la même quantité de fourrage. Combien aussi avec les porcs, les chèvres, les lapins, ou la volaille ? Vaut-il mieux vendre son foin et acheter de l'engrais ? De quelle composition le faut-il ? C'est suivant l'exposition la composition de sa terre. Grasse, siliceuse, forte, légère, froide. Il faut qu'il se rende compte de tout : arrosement, assolement, appareillage des animaux de labour par la vivacité, la force, les atteler l'un devant l'autre ou l'un à côté de l'autre, et ce n'est pas si facile qu'on pourrait le croire au premier abord. Les ouvriers ne sont pas à la tache, ils font plus de travail les uns que les autres, cela complique les calculs. La routine de dire : si nos ancêtres ont fait comme ça, c'est qu'il ne fallait pas faire autrement, peut avoir été bonne dans un temps, quand on marchait à pied, sans route, mauvaise quand on a marché en voiture, détestable depuis qu'on marche en chemin de fer, que les transports sont devenus plus actifs et meilleur marché.

La culture nous fait des surprises on ne peut pas plus désagréables : Un jour un jeune homme voulant avoir des fleurs sur sa fenêtre, mit de la terre dans une caisse, la prépara bien et y sema des capucines. Devinez ce qui est venu ? Des capucines parbleu. Non. Il est venu un sergent de ville qui a fait enlever la caisse.

On a besoin de l'instruction littéraire comme on a besoin de savoir un peu de tous les états d'un usage journalier, il n'est pas nécessaire de les connaître à fonds, d'ailleurs ce serait impossible, car dans chaque état on apprend toute sa vie, mais il faut connaître tout à la fois un peu de chimie, de forge, de menuiserie, donner un coup de lime, planter un clou au fer de son mulet, faire un mur de clôture, un manche à sa hache, à sa faux, à sa charrue, réparer une crèche, un banc, aiguiser son couteau, son volant, etc. etc., cela facilitera l'homme à s'occuper toujours, il faut qu'il sache se passer souvent des autres, il y gagnera d'être plus vite et mieux servi car il comprend ce qu'il veut tandis que souvent il ne peut pas se faire comprendre. Il faut qu'il sache greffer un arbre, conduire les branches. Il faudrait un volume pour écrire tout ce qu'un cultivateur doit savoir. Il faut même qu'il sache quand sa vache doit faire un pompier tout habillé. Il faut que je vous dise que le fait s'est présenté dans le Morvan : c'était un pompier qui avait trop pompé la dive bouteille, il était tombé derrière la vache et ne pouvant pas se relever s'y était endormi. La vache était sur le point de vêler. La mégère envoie son enfant voir si elle n'était pas malade. L'enfant trouva le pompier et revint dire qu'elle n'était pas malade, mais qu'elle avait fait un pompier tout habillé.

Il n'est pas nécessaire d'être savant ; mais il est nécessaire d'être juste, bon et sage

Les ouvriers cultivateurs sont partout utiles et la France manquera plutôt de laboureurs que de messieurs ou de seigneurs ; mais lire et écrire n'est pas toute la science, ce n'en est même qu'une faible partie mais on a besoin de connaître au moins cela, même pour entrer à l'hôpital.

En 1831 à Lyon à la révolution d'avril, je n'avais pas 15 ans lorsqu'une balle m'honora de sa visite et me traversa la cuisse. On me porta à l'hôpital ou je resta 6 semaines. la diète m'était ordonnée et je m'y conformais. Il y avait au pied de mon lit un carton portant le mot bouillon pour que le frère de service aux vivres put distribuer, donner à manger suivant l'ordre du médecin, mais de nombreux amis m'apportaient des friandises que je ne mangeais pas pour me conformer à l'ordre du médecin, de sorte que mon rayon était toujours bien garni, En face de mon lit il y avait un jeune maçon qui n'était guère malade et sur son carton il y avait 3/4 portion. Cela ne lui suffisait pas, il avait remarqué que, pour faire sa distribution, le frère regardait le carton et jugeant qu'il me donnait tout ce qu'il y avait sur mon rayon il s'avisa de changer nos cartons. Le lendemain le frère ne lui donna qu'un bouillon, il eut beau réclamer, il n'obtint pas davantage ; puis le frère étant passé il me demanda ce qu'il y avait sur le carton et je lu sur l'un bouillon, c'était celui qu'il m'avait pris et sur l'autre 3/4 portion, il s'empressa de reprendre le sien et de me remettre le mien. Il en avait été quitte pour une journée de diète. Remarquez que c'était un bouillon de Lyon.

Une cuisinière de Bordeaux disait que le bouillon de Bordeaux était meilleur que celui des autres pays et disait cela devant une cuisinière de Marseille et les marseillais, tron de l'ère, ne veulent pas que les autres pays leur soient supérieur en quoi que ce soit et dit : celui de Marseille est tellement au-dessus du votre, il a tellement des yeux, que quand je suis dans ma chambre je n'oserai pas me deshabiller devant lui.

Les américains veulent aussi être au-dessus des autres, mais devant les marseillais ce n'est pas facile ; un d'eux parlant mécanique dit. Nous avons chez nous des mécaniques tellement compliquées et perfec tionnées que lorsque nous tuons un cochon, nous le mettons à la mécanique et que jambons, boudins, saucisse et saucisson sortent tout prêts. Le marseillais dit : et quand vous manquez votre résultat comment faites-vous ? L'américain resta interloqué. Le marseillais reprend : eh bien nous, nous faisons machine en arrière et notre cochon redevient tout vivant.

Les enfants sont quelquefois dupes de certaines farces : Un jour deux moines furent demander asile et à souper dans une maison de campagne où il n'y avait que les enfants ; l'un d'eux répondit : mon père ni ma mère n'y sont pas, nous ne pouvons pas vous donner à manger ni de lit à moins que vous vouliez coucher à l'écurie avec un peu de paille. Comme la nuit approchait et que le village était loin, les moines préférèrent accepter cela que de coucher à la belle étoile, ils dirent quant au souper, si vous pouvez nous procurer une marmite, de l'eau et du bois nous ferons une soupe aux cailloux. De cela nous en avons, les moines mirent la marmite sur le feu, lavèrent bien les cailloux, les mirent dans la marmite et ayant fait un bon feu regardèrent de temps en temps si les cailloux étaient cuits, mais ils ne l'étaient pas, ils dirent cette espèce ne cuit pas facilement, si nous pouvions y ajouter des pommes de terre, des choux, des carottes, cela les ramolirait. De cela nous en avons, on en mit dans la marmite tant qu'il en fallut et quand ce fut cuit, les cailloux étaient encore durs. Si nous pouvions y ajouter du sel et du beurre pour sûr ils deviendraient plus tendres. De cela nous en avons. On en mit ce qu'il fallait, les enfants regardaient toujours. Les cailloux étaient encore durs ; on les retira, la soupe était bonne, on la mangea.

Une autre fois ils furent moins heureux : Dans une maison bien pauvre les maîtres y étaient, les moines étaient trois et pour trois on ne put leur donner qu'un œuf et du feu pour le faire cuire. Que faire d'un œuf entre trois personnes ? Il fut décidé que celui qui dirait le meilleur mot latin, le mangerait tout seul, cela décidé, l'un d'eux, le tirant du feu, avec une bronde, lui dit : *Lazare venit forar*, le second le prit, le pela, lui mit du sel et lui dit : *Salibus sapientia*, le troisième le prit à son tour, il était tout prêt à manger, il lui dit . *intra in godium*, et se le mit dans la bouche.

Les enfants ne sont pas seuls victimes des plaisanteries. Un jour un farceur vint voir un de ses amis qui était propriétaire, et lui porta de la graine étrangère qui fait une superbe fleur, personne n'en a, personne ne la connaît dans le pays. Celui-ci la regarde la donne à son jardinier, le phénix du pays quoique le maître s'en crut beaucoup sur ce point. Le jardinier regarde cette graine ; il la sent et se di : drôle d'odeur, cette odeur lui revenait de temps en temps à la mémoire, et au bout de quinze jours qu'il en avait semé la moitié, rien ne sortait, il retourne regarder et sentir l'autre moitié de graine et après nouvel examen il reconnait que c'est des œufs de hareng. Aussitôt il achète une douzaine de harengs qu'il mange à son déjeûner et conserve les têtes qu'il met sur des petits piquets à l'endroit où il avait semé, sa graine; peu de jours se passèrent que le donateur curieux, vint savoir des nouvelles de sa graine. On demanda au jardinier si elle sortait. A oui, oui, venez voir; et il fit voir qu'il était sorti des harengs.

Une autre fois la farce était plus cruelle: on sait que la faiblesse du cœur des femmes c'est pour leur bourse. Un turc trouvant que la sienne en avait abusé pour sa toilette, voulut un peu s'en venger avant de mourir et comme il était à toute extrémité, il lui dit: fais-toi bien belle, prends ta plus belle robe de soie, tous les bijoux, les diamants. Pourquoi faire mon ami ? C'est parce que te voyant si belle, la mort pourrait te préférer à moi et te prendre à ma place.

L'agriculture dont nous parlions il n'y a qu'un instant, conduit à la protection des animaux. Cette protection ne consiste pas à établir des hospices pour les puces, comme en Chine, dit-on, ni à couper la queue aux chevaux pour protéger les mouches; elle consiste à bien traiter les animaux utiles en leur donnant à manger et boire suffisamment, les tenir propres et abrités, et n'exiger d'eux que le travail qu'ils peuvent faire. Des animaux on passe à la famille, car ils en font partie.

On disait autre fois qu'une nombreuse famille était une richesse pour de pauvres parents. Un jour Henri IV voyant travailler un bûcheron qui était là en grande fatigue, lui demanda combien il pouvait gagner à ce métier? Le bûcheron répondit : avec cela je gagne ma vie, je sers une pension et je place des rentes Il avait en effet son vieux père qu'il nourrissait, donc il servait une pension; il avait son fils qu'il élevait, donc il plaçait des rentes. Henri IV aimait bien à s'enquérir un peu de tout: Un jour en voyage étant dans un hôtel, remarqua un marmiton dégourdi, il lui demanda combien il gagnait; celui-ci répondit : je gagne autant que le roi. Ah ! Et combien gagne le roi ? Le roi gagne ses dépens et moi je gagne les miens.

Autrefois il était admis qu'à la campagne à l'âge de huit ans, un enfant pourrait gagner sa vie, si on n'était pas forcé de l'envoyer à l'école, ce qui a fait dire à quelqu'un : Aujourd'hui quand on fait des enfants, il faut les faire riches, ou ne pas s'en mêler. Ce n'est qu'à l'âge de quatorze ans qu'un enfant a le droit de gagner sa vie et c'est un grand motif pour n'en guère faire.

Aujourd'hui que les impôts sont si lourds, si élevés, il faut qu'un père malade chargé d'une nombreuse famille la laisse mourir de faim parce qu'il est forcé d'envoyer ses enfants à l'école? On nous dit : l'Etat interviendra. Oui joliment une belle carotte. Dans combien de temps ? Un jour une femme pauvre, veuve, mère de quatre enfants demanda du secours, on lui accorde 3 kilogrammes de pain par quinzaine, c'est dérisoire, mais ce n'est pas tout : cela nécessite la visite de l'inspecteur, celui-ci s'aperçoit qu'elle est prête d'accoucher. Un cinquième enfant dit-il ? Mais c'est de la folie; et il supprime le secours. Le narrateur de cette affaire, par honte, ne veut qu'on dise le nom de son pays, mais c'était en octobre 1890 sur le journal *Le Jour*. Ce journal se vend dans les kiosques. Un farceur demanda à la marchande, Madame voudriez-vous être ma mère pour 10 centimes? La dame le traita de plaisant. Lui reprit : Pardon voulez-vous me donner *Le Jour* pour deux sous ?

Quand vous aurez versé quatre sous à l'Etat il vous en rendra un après que vous aurez épuisé vos dernières ressources, être descendu à l'humiliation de lui demander l'aumône. Malheur à celui qui est obligé de compter là-dessus. Mais voilà-t-il pas un beau cadeau qu'on lui fait en l'obligeant à cette soumission, à cet abaissement d'avoir recours à l'aumône pour nourrir ses enfants qui pourraient se passer de cela s'ils avaient le droit de travailler. Cet abaissement dégrade toute la famille et les enfants pourront porter toute leur vie le poids de cette dégradation. D'ailleurs l'argent de l'Etat, n'est autre chose que l'argent des autres. Est-ce là un moyen d'élever la morale ?

La mendicité est une lèpre que nous devons flétrir et non pas ordonner. Et les enfants ne sont pas notre seule charge. N'avons-nous pas quelques fois nos père et mère, d'autres parents et même des vieux serviteurs ?

Fauchet a dit que la religion seule pouvait guider les pas de la liberté. De nos jours, Goblet a dit . « Ce ne serait pas une entreprise moins illé-
» gitime et moins funeste que de chercher à détruire le sentiment reli-
» gieux qui élève les âmes et rend par fois des grands devoirs plus
» faciles. »

Un prédicateur du temps d'Henri IV dit: « Il n'y a plus de religion
» parmi nous; tout n'est qu'ambition ! C'est la cour du roi Pétaud où
» chacun veut-être le maitre; il n'y a aucun de nos gouverneurs qui
» n'aspire à être roi, c'est à qui emportera le morceau ». Il en est de même à présent en république, voilà l'état où nous sommes réduits, on trafique impudemment de nos vies, de nos biens, de notre conscience, de notre honneur, de notre liberté, de notre volonté, on nous vend, c'est

pire qu'à cette époque où le roi d'Espagne dépensa 600 millions pour obtenir la couronne de France. Le Béarnais, lui ne dépensa que de l'héroïsme et fut vainqueur. Richelieu compare le peuple au mulet et dit qu'il se gâte plus par un long repos que par le travail, il n'est pas d'accord avec Henri IV qui dit que si la France prospère c'est qu'aujourd'hui le père est avec ses enfants, qu'il en a soin et qu'alors tout prospère, il n'est pas fâché que le dimanche, le paysan mette la poule au pot.

Je trouve la comparaison de Richelieu blessante, je trouve plus séant de comparer le peuple à une mécanique.

Un instituteur peut-il bien guider cela?

Est-il assez sage, assez savant? Il connait ses quatre règles, un peu de géographie, l'histoire romaine, il a une jolie plume, cela lui suffit pour se croire savant, il se rengorge et n'est souvent qu'un pédant qui ferait mieux de garder les vaches ou labourer la terre que de chercher des places et fumer des cigares et ne trouvant pas de places à sa convenance de se jeter dans le journalisme. Ce sera un chien de plus pour mordre le monde qui l'a élevé et suivant l'occasion le chien vient vite enragé, nous en avons vu la preuve dans le calomniateur de Mr Clovis Hugues, il en mourut tué par elle, et le méritait. Lui la tuait dans son honneur ; elle l'a tué dans son existence.

Sous Louis XIV, on disait que le paysan ne possédait plus que son âme mais aujourd'hui il ne possède plus rien.

Semez la science à pleine volée et vous récolterez des boisseaux de pédants enragés. Cependant il y a des écoles qu'il faudrait augmenter, encourager. ce sont les fermes modèles et les écoles professionnelles.

J'ai vu dans le *Figaro*, lorsque le coq chante c'est qu'un mensonge se dit : Et pourquoi chante-t-il plus souvent au petit jour ? C'est probablement parce que c'est à cette heure que les journaux commencent à s'imprimer.

Un mensonge calomnieux m'exaspère, c'est un assassinat lent qui tue l'honneur, et par là l'homme ; les débiteurs et les domestiques, surtout ceux qu'on renvoie. sont très sujets à ce défaut comme les jaloux et par là ils se nuisent autant et souvent plus qu'à leur maître, car la vérité finit toujours par se savoir, ils perdent la confiance et par là le crédit et la facilité de trouver des places.

Sortons du vice, l'âge s'écoule, il n'en reste plus que pour être sages, soyons hommes avant que la mort vienne nous surprendre.

Un cœur droit est le premier organe de la vérité. Je ne connais qu'un cas où le mensonge soit permis : c'est quand il faut rassurer un malade:

Cependant quand Richelieu se vit à sa fin, il dit à son médecin : docteur dites-moi franchement si je dois en guérir. Le docteur répondit : Monseigneur dans quarante-huit heures vous serez mort ou guéri. Le cardinal répondit : A la bonne heure. C'est parler cela. Il en profita pour mettre ordre à sa conscience, à ses affaires et mourut le lendemain. Le comte de Cavour, le plus grand diplomate de notre temps se confessa avant de mourir.

D'un autre côté on voit une actrice malade où tout espoir est perdu. son médecin cherche à la rassurer. Elle, en appuyant sur chaque parole lui dit : c'est bien docteur ce que vous faites-là : lorsque Dieu défendit le mensonge il faisait une exception pour les médecins.

Celui qui n'a rien senti ne fait que flotter d'erreur en erreur sans espérer la vie qui doit durer toujours ; si nos passions nous laissent vertueux, nous en aurons la gloire, et elle sera grande, elle augmentera à la mort et l'exemple de notre conduite augmentera notre héritage.

Le premier pas vers le bien est de ne pas faire de mal. Le premier pas vers le bonheur est de ne pas souffrir. On doit soulager les braves gens avant les mauvaises. Le meilleur moyen d'être reconnaissant d'un bienfait c'est d'en être digne. La force de l'âme qui produit toutes les vertus tient à la pureté qui les nourrit toutes. Si le devoir est quelques fois pénible, le prix n'en est que plus grand et console toujours, il faut le prouver par une conduite conforme à ses paroles. La protection ne doit être accordée qu'à celui qui mérite de l'obtenir.

La condition naturelle à l'homme est de travailler la terre et de vivre de ses fruits. (J. J. Rousseau).

On ne cherche le talent que pour s'élever, personne ne le cherche pour descendre.

Il y a des hommes pernicieux comme il y a des plantes qui empoisonnent et des amis qui dévorent.

Les bonnes actions donnent un plaisir qui renaît sans cesse, on doit aimer la vertu comme la plus douce volupté.

Le vrai bonheur appartient aux sages ; c'est parce que c'est eux qui demandent le moins à la fortune.

Celui qui dépense au-delà de ses moyens a bien quelques admirateurs, mais l'idée et le bruit des créanciers lui font payer cher les appréciations de ses admirateurs qui seront les premiers à le mépriser, il a voulu montrer son argent, son pouvoir, il a montré sa misère, sa vanité, sa faiblesse. Les choses ne sont pas meilleures parce qu'elles viennent de loin ou hors de saison, c'est au contraire. Les cerises que vous mangez chez vous, de vos arbres et à point, sont meilleures que celles que vous faites venir de Paris. La mode est tout pour les uns, elle n'est rien pour les autres, qu'un sujet de mépris, elle n'est permise qu'aux potentats de la finance. Un jour de janvier, un de ceux-ci donnant une fête, un grand diner, il voulut avoir des pêches, il fut chez un jardinier, demanda s'il en avait et il y en avait quatre. Combien ces quatre pêches? 400 francs. On a beau être riche, si on a un peu d'ordre on trouve que c'est cher et il le dit : puis il ajouta : si on était sûr qu'elles soient bonnes au moins. Le jardinier dit : qu'à cela ne tienne, nous pouvons les goûter ; on en prit une qu'on partagea on en mangea la moitié chacun, elle était bonne. Et bien combien ces trois ? 100 francs. Le financier les prit et les paya.

On ne doit pas regarder si une chose est nouvelle, mais si elle est bonne : le bon goût réside dans la simplicité parce qu'elle n'est jamais ridicule. Celui qui, dans une position médiocre, se borne à la simplicité ne risque pas de se ruiner ; la nature règle ses besoins car il ne prendra pas deux diners le même jour, ni ne mettra pas deux habits, ni deux chapeaux à la fois.

Une fausse éducation a fait de jeunes docteurs et de grands enfants, elle a produit des fruits qui n'ont pas de saveur, pas de maturité et qui se corrompent vite.

Rousseau a dit : Il n'y a point de scélérat dont les penchants mieux dirigés n'eussent produit de grandes vertus.

On cite près de Nîmes : Un enfant commença par voler des fruits, les parents en ont ri, il vola ensuite des lapins, des poules, il fit deux mois de prison ; il vola autre chose, il fit cinq ans de galère. Il se mit dans une bande de brigands et resta dans les bois ; son père le sut et fut pour le chercher. Il trouva deux voleurs qui lui demandèrent la bourse ou la vie. Il répondit je n'ai pas d'argent et en venant ici, j'y suis venu pour chercher mon fils et vous pouvez peut-être m'aider à le trouver il se nomme un tel. Oui nous le connaissons, nous savons où il est, nous pouvons l'aller chercher. On le fit venir, il dit : C'est vous qui êtes mon père ? Hé bien vous ne me faites pas honneur et je ne vous le fais pas non plus. Vous êtes l'auteur de tous les crimes que je commets. Mais viens malheureux, je veux te remettre dans le bon chemin. Il est trop tard. Voyez ce gros arbre qui est tout de travers, essayez de le redresser vous ne le pourrez pas mais essayez de redresser ce petit et vous pourrez le faire. Il fallait me redresser quand j'étais petit ; vous êtes un malheureux qui m'avez perdu. Allez vous en.

Un autre père dit à son fils, va-t'en gagner de l'argent, honnêtement si tu peux, mais gagnes-en. Le fils monta sur l'échafaud.

Les enfants sont des plantes fort délicates qui ont besoin d'un bon jugement pour être bien conduites, ce jugement est surtout exigible dans la mère chargée de guider les premiers pas, il faut éviter de trop les louer surtout en leur présence, car bientôt ils se croieront supérieurs à tous et ne seraient qu'impertinents; mais il faut un peu les laisser se guider eux-mêmes et ne les reprendre que lorsqu'il y a un besoin réel, sérieux, il ne faut pas trouver à redire à propos de rien, pour le seul plaisir de trouver à redire car ils perdraient le respect, désobéiraient et autoriseraient ce mot d'un enfant qui demandait à son père. faut-il dire que grand'maman m'embête ou qu'elle m'ennuye? Le père gravement répondit: m'embête rendrait mieux la pensée, mais m'ennuye est plus poli. Pour qu'ils obéissent il faut rarement commander, ne le faire qu'avec discernement et une fois l'ordre donné exiger absolument qu'il soit exécuté, sans les autoriser à se décharger les uns sur les autres, ce qui serait encourager la paresse qui est un défaut capital. La mère a besoin d'instruction pour guider son jugement.

Un enfant demandait à sa mère : Pourquoi demandons-nous notre pain quotidien et ne demandons-nous pas tout de suite du pain pour un mois, ou au moins pour huit jours ; La mère ne sut que répondre, mais une petite fille qui était là répondit: c'est pour avoir tous les jours du pain tendre. Une autre raison c'est que nous ne savons pas si nous vivrons encore dans huit jours.

L'ignorant est aussi entêté que le présomptueux, j'ai eu une bonne pendant six mois à mon service, elle n'a pas pu apprendre à faire mon lit, ni à tenir son balais parce qu'elle croyait savoir bien faire. Il faut que l'enfant soit convaincu qu'il n'est qu'un enfant et qu'il n'est pas le supérieur de ses domestiques, qu'il a au contraire besoin d'eux et d'être aidé par eux à cause de sa faiblesse, tandis que lui ne les aide pas. A sa première demande on doit, sans se faire prier, accorder ce qui est possible et de suite; mais si l'on fait tant que de refuser, il faut que ce refus soit absolu, irrévocable, les pleurs ni les prières, ni les cajoleries, ne doivent rien faire obtenir de plus et l'enfant qui l'aura bien appris en prendra son parti et ne deviendra pas importun. Ce qui entretient les criailleries des enfants c'est de voir qu'on y fait attention ; j'ai vu une petite fille se rouler par terre parce que sa mère lui refusait quelque chose, la mère continua son chemin et la laissa et la petite voyant qu'on n'y faisait pas attention se releva et se tut. Le meilleur moyen de les faire taire est de ne pas faire attention à leurs pleurs, les menaces ou les caresses ne servent qu'à les augmenter. On ne doit jamais prendre les jouets des uns pour les donner aux autres qui pleurent pour les avoir, il faut leur faire cette réponse que je faisais à mon petit neveu : Quand tu as quelque chose je ne te le prend pas pour le donner à ton frère, et bien quand c'est lui qui a quelque chose je ne dois pas davantage le lui prendre pour te le donner. Leur bonheur dépendra de votre sagesse, chacun fera son devoir si vous faites bien le vôtre, ce qui vous méritera le respect.

Le ciel éclaire les bonnes intentions des pères et récompense la docilité des enfants.

La présence de l'Être suprème n'effraye jamais que l'âme des méchants parce qu'il ne peut pas espérer d'échapper à sa justice.

Il n'y a pas de parfait bonheur sans la vertu.

Chercher son bien et fuir son mal c'est le droit de la nature tant qu'il n'offense pas autrui ; lutter et souffrir voilà notre sort, mais faire souffrir les autres c'est le lot du malhonnète homme.

Tout homme doit être utile à l'humanité, c'est pour cela qu'il existe, il se doit à elle. Si vous voulez être honnête il y a de bons guides lisez-les. Mais si vous ne lisez que les mauvais, ils vous conduiront infailliblement à devenir mauvais, méchant. On ne peut pas tirer de la farine d'un sac de charbon.

J. J. Rousseau a dit: J'ai fait du mal sur la terre, mais j'ai fait ce livre et Dieu me pardonnera. Il n'a pas dit, c'est parce que je me suis confessé, mais parce qu'il a fait un long et laborieux travail dans le but d'être agréable à Dieu.

Voulez-vous savoir quel est l'homme le plus malheureux d'un pays ? Ce n'est pas le plus pauvre, c'est le plus désœuvré ou le plus puissant, et celui qui aspire au despotisme, aspire à l'honneur de mourir d'ennui.

Servir Dieu n'est pas passer sa vie à genoux dans un oratoire, c'est remplir sur terre les devoirs qu'il nous impose.

Toutes les misères de la vie s'évanouissent devant ce grand sujet, quelques pleurs versés devant celui qui console, soulagent le cœur à l'instant. On ne doit pas avoir peur de finir ses jours mais d'en mal employer le reste.

C'est à force de confiance qu'on apprend à la mériter, il n'y a que les gens d'honneur qui sachent aimer le devoir, et l'on voit des valets, tout valets qu'ils sont préférer l'honneur à l'argent.

A force de se cacher comme si on était coupable on est tenté de le devenir. La religion et la justice voilà, qui que vous soyez, ce qui n'est pas au-dessous de vous. La superstition est un terrible fléau, elle abrutit les simples, elle persécute les sages, elle entraîne les nations, elle ne fait du bien qu'aux tyrans, c'est leur arme la plus terrible, c'est là son plus grand mal. La religion n'a pas d'ennemi plus dangereux que les défenseurs de la superstition. Par cela même qu'on ne peut pas prouver qu'une raison est mauvaise qu'on doit la croire bonne. Ceux qui s'aigrissent contre la religion, c'est parce qu'ils sont incapables de faire le bien qu'elle fait, et c'est là ce qui les fâche.

Le mensonge, ce vice affreux des hommes, nait dès l'enfance et il les porte à tromper pour voler ; c'est aux parents et aux maitres à les redresser, c'est leur devoir.

Etant enfant j'ai volé une gerbe de chanvre pour me faire une ficelle, pour faire tourner ma toupie. Mon père me voyant cette ficelle me la prit et demanda où j'avais pris le chanvre pour la faire. Pour toute réponse je pleura mais je n'eus plus ma ficelle. Mon père n'aimait pas les voleurs. Cette punition me corrigea.

Un fait du même genre arriva à un de mes amis : entre trois gamins ils voulurent organiser une partie de chasse, l'un dit: j'ai un fusil, mais je n'ai ni poudre, ni carnier, un autre dit: j'ai un carnier mais je n'ai ni fusil ni poudre, le troisième dit : mais moi de la poudre j'en ai, et il n'en avait pas, mais au moyen d'un petit mensonge il savait où en avoir à crédit, car de l'argent ils n'en avaient ni les uns ni les autres; mais la partie décidée lui fut demander de la poudre, s'il avait dit que c'était pour aller à la chasse, on la lui aurait refusée. mais il dit : notre chèvre est malade et je viens chercher de la poudre pour lui donner ; une femme lui servit la poudre et les trois bambins partirent à la chasse, mais comme il était le plus petit, le plus jeune, on ne lui remit pas le fusil, il ne put pas tirer, il en fut pour sa poudre, ce fut une amère déception, mais le plus beau de l'histoire c'est que deux jours après, la femme rencontra la mère avec lui et lui dit: Et la chèvre est-elle guérie ? Comment ? Mais elle n'a pas été malade. Comment elle n'a pas été malade ? Voilà J. B. qui est venu chercher de la poudre pour lui donner. Le petit ne manqua pas de jouer des jambes, la mère ne put pas lui courir après, mais elle lui dit : je t'attends ce soir. Lui resta bien toute la journée sans manger, mais le soir il avait faim et n'avait pas envie de coucher à la belle et froide étoile, de plus la peur le prenait, il fallut bien se décider à rentrer et quoi qu'il eut passé la journée sans manger, il n'en reçut pas moins une bonne rossée; cela le corrigea.

Un maître d'hôtel voyant un jour de marché pendant la fermeture de la chasse, un paysan ayant quelque chose dans un sac s'approche, tâte le sac, le soulève pour juger du poids du contenu et dit : combien ce lapin ? Le paysan dit tout bas, ce n'est pas un lapin c'est un lièvre. Le maître d'hôtel répond : je le sais bien que c'est un lièvre mais je vous l'achète pour un lapin et si vous ne voulez pas me le vendre pour tel, voilà les gendarmes à qui je vais dire, de vous faire un procès-verbal. Sous cette menace le paysan vendit au gré du maître d'hôtel et lui remis le mauvais sac et le contenu, puis il fut lui-même trouver les gendarmes qui étaient près, et leur dit: vous voyez bien ce maître d'hôtel eh bien il a un lièvre dans son sac. Et le maître d'hôtel paya cher son mauvais procédé.

Napoléon ne se trompa jamais si fort que lorsqu'il crut tromper tous les souverains; et à son retour de l'île d'Elbe, il avait pris la résolution d'être véridique, mais il avait perdu la confiance, on ne voulut plus le croire, cela lui coûta l'empire.

Lorsqu'un malheur arrive il faut se consoler de ce qu'il n'arrive pas plus grand. Un maçon étant tombé du 4ᵉ étage se tua, on fut en informer sa femme qui courut regarda si on ne lui avait pas pris sa montre, elle écouta si elle marchait et dit : Heureusement elle ne s'est pas arrêtée. Napoléon à qui on conta l'histoire dit: je suis tombé de bien plus haut et je n'ai aucun mal.

Il faut savoir être juste et être content que les autres gagnent quand cela ne vous fait rien perdre et non pas faire du mal pour empêcher de gagner.

Un jour dans une auberge, le père et le fils dinèrent ensemble, puis demandèrent la note, le fils se réjouit beaucoup de ce qu'on avait oublié de compter le sel et le dit au père qui répondit que cela ne se comptait pas. Ah ! si je l'avais su ! J'en aurai mangé à crever. Voilà un mauvais naturel.

En fait de belles maximes je ne peux rien dire qui n'ait été dit déjà cent fois. Je puise ces belles paroles dans des auteurs qui me tombent sous la main, je le déclare pour ne pas m'approprier leurs expressions et pour donner plus d'autorité à mes paroles. Je crois ne faire aucun mal en les répétant et je croirais en faire, si, les connaissant, je ne les répétais pas, car en les prenant je les leur laisse ; c'est comme le feu qu'on prend à leur lumière et c'est la propagation de leurs idées, c'est une satisfaction que je leur donne. Je n'ai pour moi guère que le classement. On ne recommande jamais trop de bien faire, tandis qu'on donne toujours trop de mauvais exemples pour obtenir la paix sur la terre ce qui serait une parcelle du ciel.

Je cite plusieurs fois J. J. Rousseau comme modèle et cependant je suis obligé de le combattre quand il dit que la loi est toujours utile à ceux qui possèdent et nuisible à celui qui n'a rien. Mais celui qui n'a

rien, s'il est laborieux et économe espère d'avoir un jour, et y arrivera-
t-il s'il n'y a pas de lois pour le protéger ? Non car on lui enlèvera son
gain de chaque jour, il ne pourrait rien acquérir, or la fortune vient
plus souvent par le labeur que par héritage, et l'héritage lui-même a
été le fruit du labeur car on n'est pas toujours riche de siècle en siècle :
J'ai eu pour ouvrier un comte, un vicomte ; un marquis et des barons
pour débiteurs. Parmi les hommes j'ai rencontré beaucoup d'incrédules qui m'ont empêché de faire le bien, m'ont fait renoncer à ce que
j'appelais mon grand œuvre qui était de fonder plusieurs industries
au pays. A soixante ans, j'ai du y renoncer. Le travail de mes mains,
dans divers arts, que j'ai produit après cet âge, suffit pour confondre
mes calomniateurs et m'attirer de nouveaux admirateurs. J'avais
amassé une fortune suffisante pour vivre tranquille, mais pas content,
car j'ai vécu seul et l'homme seul est incomplet. La peine partagée diminue de moitié, tandis qu'au contraire le plaisir donble en le parta-
geant, il décuple même quelques fois. L'homme qui ne vit que pour
faire un bon diner est une brute, le vrai plaisir ne peut se trouver qu'en
société, surtout en famille.

La France, trop frivole, trop changeante, car depuis un siècle les
gouvernements n'ont pas duré plus de dix-huit ans ; elle ne sait pas
encore user, elle ne sait qu'abuser de la liberté, je regrette de le dire,
mais elle a besoin d'un gouvernement de fer qui maintienne l'ordre
sans lequel toute sécurité disparait.

Le plus actif des gouvernements est celui d'un seul ; l'expédition des
affaires s'alentit à mesure qu'elle se disperse, qu'elle passe par un plus
grand nombre de rouages, que plus de gens en sont chargés, on est
plus longtemps à délibérer et à force de délibérer on perd le fruit de la
délibération.

La forme de gouvernement qui est la meilleure dans certains cas est
la pire dans d'autres et l'on peut dire que la démocratique est la préférable pour les petits états, l'aristocratique pour les médiocres et la monarchique pour les grands ; mais la multitude des circonstances peuvent
faire des exceptions. Tout dépend de leur honnêteté et de leur capacité.
Lafayette a dit : « La France est trop grande pour une république. Il ne
» faut pas faire avec vingt-mille hommes ce que cent hommes choisis
» peuvent faire encore mieux. »

Léon XIII a dit : « Des républiques il y en a deux : la bonne et la
mauvaise » Je crois même qu'il y en a trois car il y a aussi la
moyenne.

On enseigne beaucoup aux princes l'art de régner, on ferait mieux de leur apprendre l'art d'obéir. Aussi y a-t-il plus de sages dans un Sénat électif que dans une Cour.

Ce qui nuit souvent aux magistrats, surtout aux ministres, c'est de faire toujours l'opposé de leurs prédécesseurs et s'ils ne font que passer aux affaires, comme de nos jours, c'est un brouillamini perpétuel.

Un jour un député était sollicité pour un emploi, il dit venez me voir dans trois jours, je serai peut-être ministre et je pourrai faire quelque chose. On répondit : eh bien je reviendrai dans huit jours. Oh non ! dans huit jours je ne le serais plus.

Il faut souffrir un mauvais gouvernement quand on l'a pour la difficulté d'en trouver un bon. Chacun veut et croit être le bon, mais pour le juger c'est de voir si la population augmente. Si elle dépérit, c'est qu'il est pire. (J. J. Rousseau)

A Draguignan, on conte que dans le temps, un nouveau seigneur dans sa tournée, vit une vieille femme en train de tiller le chanvre devant sa maison, elle lui dit : monseigneur que Dieu vous conserve la vie. Le seigneur remercia la femme et continua sa route, L'année suivante à la même époque, le seigneur faisant la même tournée, vit la même femme qui fit le même souhait pour lui, il remercia de nouveau et continua son chemin. La troisième année à la même saison, le seigneur fit la même tournée, revit la même femme, toujours occupée à son chanvre, qui fit le même souhait pour lui. Le seigneur demanda pourquoi elle formait ce vœu, elle ne voulut pas le dire ; il insista. Elle dit, je ne peux pas le dire car vous me feriez tuer. Le seigneur fort surpris, lui dit qu'il ne lui ferait rien. Vous me le promettez devant tous ces gentilshommes qui sont témoins ? Je vous le promets. Hé bien, votre grand père était un mauvais seigneur, il a été remplacé par votre oncle qui était encore plus mauvais, à sa mort votre père prit la place, on fut content de ce changement, mais bientôt on s'aperçut qu'il était encore bien plus mauvais que votre oncle, car l'oncle avait encore quelque chose de bon, enfin vous êtes arrivé, vous êtes encore bien pire que les autres, et que sera-ce donc si celui qui viendra après vous empire encore ?

Le seigneur ne fut pas content de l'explication mais il y avait trop de témoins de sa promesse pour qu'il osât inquiéter cette femme.

Les âmes basses ne croient pas aux grands hommes. Sous un mauvais gouvernement nul n'aime à se déranger pour aller voter, les mauvaises lois en font faire des pires, les bonnes en font faire de meilleures.

Nul n'a le droit d'exiger qu'on fasse pour lui ce qu'il ne ferait pas lui-même pour les autres.

Un roi, brave homme, cela se voit quelques fois, ayant un certain nombre d'emplois à donner et ayant de nombreuses demandes qu'il aurait voulu satisfaire, dit à son ministre : faites-moi la note de tous ceux qui sont capables, faites en deux listes, mettez sur l'une les honnêtes gens que je préfère et sur l'autre les malhonnêtes ; celle-ci était heureusement moins nombreuse : quand il vit la différence de nombre, il vit qu'il ne pouvait pas les satisfaire tous ; il donna l'emploi aux malhonnêtes. Son ministre lui dit : Mais vous avez fait erreur de liste? Non, des honnêtes gens je n'en ai pas peur, tandis que je crains les autres, ils se surveilleront les uns les autres. Le gouvernement républicain fait la même chose.

On ne peut pas s'empêcher de mépriser ces nations qui se rendent illustres et méprisables avec tant de mystères. Je ne me servirai pas des expressions crapule et canaille dont on s'est servi pour me qualifier le conseil municipal de Paris, mais on m'a dit que dans la Chambre actuelle (1889), il n'y avait pas plus de vingt-cinq députés honnêtes, que c'était en général des gens de petite considération, qui ne vivaient que de révolutions et les perpétuent le plus possible pour conserver leur place, aussi il en résulte que les affaires vont mal, très mal. On peut en attribuer la faute au gouvernement, mais elle est d'abord aux électeurs qui ne nomment pas d'honnêtes gens. Les riches ayant peur n'osent pas faire construire des palais, des châteaux, des jolies maisons, qu'on pourrait leur brûler, des jolis jardins qu'on pourrait leur détruire, et les pauvres ne peuvent pas faire réparer les leurs. Les grèves au surplus ont tout renchéri, le rapport ne répond pas à la dépense à faire. Les riches ne cachent pas leur argent pour le plaisir de le laisser improductif; ils le placent et des fois à l'étranger pour plus de sûreté ; ils se privent du plaisir de jouir et augmentent leurs rentes. L'injustice aujourd'hui se commet en faveur des ouvriers, le mal n'est guère moindre que lorsqu'elle se commettait en faveur des nobles ; elle est un découragement pour les capitaux qui préfèrent se placer à 3 ou 4 pour cent plutôt que de faire des entreprises commerciales ; cependant la vieille réputation du commerce entraîne des espérances qui souvent s'y mettent, moins par l'espoir du gain que pour être son maître, mais au bout de quelques mois on a mangé les quelques centaines de francs qu'on avait et entraîné dans sa chute les personnes qui ont accordé leur confiance : de là on est devenu bien au-dessous des ouvriers, car on est rangé dans les faillis ou même des banqueroutiers.

Du temps où pour être électeur il fallait payer au moins 200 francs d'impôts qui en vaudraient 400 d'aujourd'hui, on ne voyait pas ce manque de sécurité produit par les chambres, ce chiffre était sans doute beaucoup trop élevé, mais il avait du bon, la tranquillité régnait, le peuple souffrait moins, on se révoltait parce qu'on payait trop d'impôts ; 2 milliards, aujourd'hui on paie le double, ils augmentent tous les jours et si on se révolte ils augmenteront encore davantage. Courbons donc la tête ! ! !

Le Christ a été le premier émancipateur des ouvriers ; aujourd'hui l'homme trop orgueilleux le délaisse et par là il tombe en croyant de se relever ; lorsqu'il sera à fond de cale, il regardera de nouveau vers le ciel, mais d'ici là, que de malheurs vont encore couvrir la terre ? ? ?

Puisque la nature est la source du droit nous devons entendre que rien n'est plus conforme que de bénéficier de l'ignorance d'autrui.

Il n'est rien de plus pernicieux dans la vie que de confondre une habileté coupable avec la prudence. Une parole, un regard même fait souvent plus de bien que le présent le plus magnifique.

A chaque révolution les impôts ont augmenté d'un milliard par chaque république. Mais n'y a-t-il donc aucun espoir de faire mieux ? L'espoir est une consolation, mais il est accompagné de trop de craintes pour conseiller encore une révolution.

A la veille des élections, un ministre fait une circulaire honnête, par laquelle il défend à ses subordonnés de se mêler de propagande et l'idée est louable. S... qui est magistrat obéit ponctuellement et ne se mêle de rien, Mais M... qui ne l'est pas et qui désire l'être n'a pas à s'occuper de la circulaire, il s'occupe beaucoup de propagande, il fait réussir ses protégés qui arrivés à la Chambre devront protéger leur protecteur, on donne congé à S... parce qu'on a besoin de sa place et on la donne à M... Ce fut un cri d'indignation et les ennemis même de S... demandent sa réintégration, mais le ministre ne peut pas se déjuger. S... resta sur le pavé, on peut dire qu'on l'a assassiné car on a abrégé ses jours.

Le soldat à quelque nation qu'il appartienne, qu'il soit Français ou Tonkinois, qui défend sa patrie, sa famille, ses amis, son bien, remplit une pénible, mais louable tâche et celui qui l'attaque commet un crime qui retombe sur celui qui le commande. On a le droit de tuer les assassins, mais on ne doit tuer que ceux qu'on ne peut pas conserver sans danger.

Dans un état bien gouverné il y a peu de criminels, la multiplication des crimes annonce que l'Etat dépérit. *(J. J. Rousseau)*

De lui-même le peuple est toujours bon, il préfère le bon chemin, mais il ne le connaît pas toujours.

La République, si peu religieuse, n'observe guère le dimanche, mais elle a institué trois jours de fête, sait-elle ce que cela lui coûte ? Elle dé-, pense 3 milliards 900 millions. Un peu plus de 108 millions tous les 10 jours ou 12 millions par jour, donc trois jours font 36 millions, ajouté 3 journées de perdues par les ouvriers et les personnes qui ont besoin d'aller dans les bureaux pour les affaires et vous doublerez la somme, ajoutez la dépense qu'on fait en plus quand on ne travaille pas et vous dépasserez 100 millions que coûtent ces trois jours de fête : lundi de Pâques, de Pentecôte et 14 juillet. La République est elle assez riche pour perdre cent millions sans en souffrir ? Je ne le crois pas ; dans tous les cas c'est un mauvais moyen pour l'enrichir.

Elle est le gouvernement le plus injuste car il est exercé par plus de petites gens, il y a des gens, et ils sont nombreux, qui pour sauver la France, cherchent d'abord à l'anéantir. Je suspecte beaucoup les radicaux de ce système. On destitue les bons et honnêtes employés par la seule raison qu'on a besoin de leur place, C'est sous ce gouvernement qu'on est le moins sûr de sa carrière, de son avenir, de parvenir à la retraite. Si l'officier, le magistrat, l'employé ne sont pas sûrs de leur position il est évident qu'ils ne pourront pas lui être dévoués.

Si la République se maintient c'est parce qu'elle partage les dépouilles des uns à un plus grand nombre d'emplois dont le journalisme a sa large part, c'est pour cela qu'il la soutient ; c'est parce qu'on peut en changer le Président à volonté et elle ne s'en prive pas, car nous sommes au quatrième en vingt ans. C'est par l'ignorance, c'est parce qu'elle est appuyée sur la classe la moins instruite et la plus facile à tromper. Des journalistes qui vivent de cette classe lui disent : Tu es bonne, juste et éclairée. Bonne et juste je le crois pour la plus part, j'ai assez vécu parmi les ouvriers pour le savoir, mais éclairée je dis non, ses votes ne sont jamais de son choix, ce sont ceux de leurs journaux, ceux que leurs journaux leur indiquent et ceux-ci commencent par s'indiquer eux-mêmes quoique malhonnêtes gens. C'est là où le caractère français disparaît. C'est ici le cas de placer une fable : Un jour on disait à un troupeau de moutons de se révolter parce qu'ils avaient un mauvais maître, on leur en promettait un meilleur, Un vieux bélier répondit : laissez-nous donc tranquilles avec vos promesses, nous savons bien que celui que nous avons nous prend la laine, mais il nous fait manger, un autre nous conduira à la boucherie. (Tonkin)

Par celui-ci ou par celui-là, un peuple est toujours mené et quand on dit grand peuple cela veut dire qu'il est dirigé par des dignes et grands chefs. Pourquoi changeons-nous si souvent de ministère ? C'est parce que nous espérons toujours d'en trouver un meilleur qui nous rende, heureux par son honnêteté et la chose étant impossible avec cette Chambre et son essence ; les honnêtes gens reculent devant l'impossibilité de satisfaire tout le monde. Le Figaro disait un jour : je vous annonce un grand malheur : l'Assemblée va rentrer mardi prochain. En effet pendant les vacances les journaux chôment ; il y a tranquillité dans le public.

Autrefois quand on vous imposait un candidat, on vous répondait : Vous voulez celui-là, eh bien moi je n'en veux pas, je veux celui que je connais, je veux choisir moi-même les personnes auxquelles je dois accorder ma confiance.

La République en France est le plus mauvais gouvernement ; je m'accuse d'avoir été républicain, mais c'est parce que je le croyais le meilleur comme en Suisse. Je me suis trompé. Je croyais qu'il y avait encore des républicains comme Lamartine. Lamartine avait envie d'une voiture découverte pour aller promener au bois, il lui fallait 3,000 francs, il se mit à faire des économies, il avait presque sa somme quand une pauvre veuve vint lui conter sa douloureuse histoire, son mari l'avait laissée sans fortune, elle était habituée au grand luxe, elle savait un peu de couture, elle pleura, il fut ému, touché, il lui faudrait de l'argent pour faire une entreprise ; elle cherchait des souscripteurs, c'était sa première visite. Quelle somme ? Mille francs. Lamartine se dirige vers sa tirelire, la brise et mit les mille francs dans la main de la solliciteuse. Une petite voix lui crie : Et la voiture ? Nous marcherons à pied.

Une autrefois, un poète lui écrivit pour le prier d'accepter la dédicace de ses œuvres, il répondit qu'il voulait voir le manuscrit. Le poète vint. Ce n'était pas trop vulgaire, tout en lisant il regardait l'auteur, c'était la misère en personne ; cet homme n'était pas vêtu, il manquait de pain. J'accepte, dit Lamartine, et je souscris pour les premiers exemplaires ; il lui remit quelques louis dans la main, l'autre se confondit en remerciements.

Lamartine le reconduisit jusque dans l'antichambre ; c'était en hiver. Le pauvre homme n'avait qu'un veston d'été usé et rapiécé qui ne le garantissait pas du froid. Lamartine prit son propre manteau qui était tout neuf, le mit sur les épaules du visiteur et lui dit : vous oubliez votre manteau. Il n'est pas à moi, répondit le poète. Il faut bien qu'il soit à vous, puisqu'il n'est plus à moi, répondit Lamartine.

La bonté en action, c'est la bienfaisance.

Je croyais ce gouvernement bon et juste, il n'y a eu de pire que les dernières années de l'empire, et depuis il a empiré. Le gouvernement, pour être fort, doit s'appuyer sur les masses, mais ne doit pas descendre jusqu'à la crapule, jusqu'aux gens sans foyer. Celui qui n'a rien aujourd'hui, s'il a bonne conduite, aura quelque chose demain ou dans un an ou dans deux ans, et davantage dans cinq ou dix, car il aura profité de ses épargnes, de sa sagesse et de l'ordre qui aura existé chez lui et dans l'Etat ; il aura donc gagné en ne votant qu'un peu plus tard. Je voulais la République parce que je voyais la carrière des emplois ouverts à toutes les hautes intelligences sans s'occuper de noblesse ou de roture, je voulais l'égalité en droit, c'était justice, je la veux toujours et la monarchie nous le donne aussi maintenant. Mais je n'ai pas prévu, pas supposé, ni pas voulu mettre sur la paille des fidèles honorables et capables employés pour faire place à des intrus incapables ou malhonnêtes ; ce n'est plus la justice, c'en est le renversement, il faut en rougir et faire son *meâ culpa*. Plus le pouvoir est divisé, plus les décisions sont longues à prendre, de là une foule de retards, de formalités, de lenteurs qu'il faut payer comme des services.

Nous avions en Portugal et en Espagne d'excellents généraux, d'illustres maréchaux, mais faute d'unité dans le commandement, qu'ont-ils fait, sinon un million de victimes tant Français qu'étrangers, et je ne compte pas trente millions qui ont souffert dans leurs intérêts.

Les pensions sont onéreuses pour ceux qui les payent, il est étonnant que nos députés démocrates n'ayent pas réfléchi à cela et que non seulement ce n'est pas eux qui les refusent, mais au contraire, ce sont eux qui les demandent constamment et font ainsi une classe de privilégiés ; ils demandent constamment l'augmentation des dépenses et la diminution des recettes, c'est-à-dire l'impossible ; il en résulte que tout laboureur, tout ouvrier qui a cinq enfants, doit retrancher journellement une partie de ce qu'ils ont besoin, qu'il lui est impossible de réparer sa maison ou son champ, que ses enfants n'auront pas le droit de porter des habits neufs, que toute réjouissance, les jours de fête, leur est interdite ; il en résulte que des millions de personnes souffrent pour faire des pensions à quelques-unes, telles que celles accordées aux pertubateurs, aux candamnés de 1851 ou aux familles de ceux qui sont morts au Tonkin, et autres aussi peu méritée.

Les soldats, devant les grévistes, ont un pénible devoir, surtout devant les grévistes malfaisants. En Belgique, en 1886, les soldats au nom de la loi, les sommèrent de se disperser ; ils n'obéirent pas, on répeta trois fois la sommation sans plus de succès. Le capitaine qui était en avant, se retira derrière ses soldats et commanda feu. Quatorze personnes tombèrent mortes ou blessées et, parmi ce nombre, le chef des grévistes fut tué. Il fallait voir courir les autres à toutes jambes et se disperser dans toutes les directions, ils ne demandèrent pas leurs restes.

Le capitaine obéissait à une douloureuse nécessité, mais il valait mieux la subir, s'y soumettre, que d'attendre l'arrivée de nouveaux grévistes incendiaires qui approchaient, qui mettaient le monde sans pain, ni feu, ni lieu pour s'abriter et forcer de mourir de misère.

On a dit qu'un conseiller municipal de Paris avait reçu d'Allemagne 500 thalers pour faire commencer la grève des terrassiers, et ses pauvres niais se sont aussitôt mis en grève. C'est pourtant les ouvriers de la ville la plus clairvoyante du monde, dit-on, mais il faut avouer que sa vue est bien courte, car elle arrête l'ouvrage et le chasse de France ou l'oblige à prendre des ouvriers étrangers.

Le Conseil municipal de Saint-Ouen a voté 200 francs pour les soutenir, ce qui est une trahison, une injustice, une maladresse et une ineptie qui ne prouve pas en sa faveur.

La discipline, la morale, belle chose. Un sergent s'avisa un jour d'y enfreindre et courtisa la femme du cantinier ; celui-ci arrive, et voyant cela, d'un coup de sabre fit tomber ce qui dépassait les épaules du sergent, c'était lui manquer de respect, il fut demander sa grâce au roi. Le roi, avant de l'accorder, lui dit: Qu'as-tu donc fait? J'ai fait tomber le shako de mon sergent. Et pourquoi cela? Parce qu'il courtisait ma femme. Eh bien! je te fais grâce. Le soldat s'en allait en marmottant. Le roi lui dit : Qu'est-ce qu'il y a encore, je te fais grâce et tu n'es pas content? C'est que je ne vous ai pas dit que la tête était tombée avec le shako. C'est plus grave, mais enfin je t'ai fait grâce pour le shako, tu l'auras pour la tête, mais tu n'y retourneras plus ! Oh ! le sergent n'y retournera plus ni moi non plus.

Un jour, un bon soldat fait prisonnier et dont le corps fut battu, s'entendait dire par un bon général, son ennemi : S'il y avait eu 50,000 hommes comme toi, je n'aurai pas pu vaincre. Le soldat répondit : Ce n'était pas les hommes comme moi qui manquaient, c'était un général comme vous pour les commander.

Le service militaire, obligatoire pour tous qu'on nous présente comme démocratique est le plus démoralisateur de tous, il est la ruine du pauvre, si on pouvait le ruiner, c'est une ressource qu'on lui enlève ; c'est le moyen de le tenir à l'écart des places, des avancements, on ne pourra jamais faire que celui qui a plus d'instruction et des amis puissants qui sont des amis de son père, de sa famille, de ses amis ne soient pas protégés, c'est dans l'ordre de la nature et, s'ils le sont, c'est au préjudice de ceux qui n'ont d'autres recommandations que leurs bons services qui d'ailleurs ne sont pas à dédaigner, mais à mérite égal ils n'auront pas la préférence. Le service que l'un fait par goût et par devoir, sera toujours préférable à celui qu'on ne fait que par force. On a empêché ce dernier de se faire remplacer, il y perd, et celui qui l'aurait remplacé y perd, le gouvernement y perd, tout le monde y perd et personne n'y gagne.

Croyez-vous qu'un riche, un comte, un duc qui sera obligé d'étriller les chevaux, de balayer l'écurie, de sortir le fumier le fera avec plaisir et le fera bien? Non. Et par suite il n'aimera pas l'état militaire et n'en donnera pas le goût aux autres, mais il les en dégoûtera comme il s'en dégoûte lui-même, et ce remplaçant qui ne trouve plus à remplacer, mais qui n'aime pas le travail, cette carrière lui étant fermée, se mettra voleur. Cambronne était remplaçant, il en valait bien un autre, c'était un gaillard qui ne *mâchait* pas ce qu'il disait. Et cette seconde classe de riches, qui tous les mois envoie 100 ou 50 francs à son fils, à ce fils qui est constamment au café ou au restaurant, donne-t-il bon exemple? Ses camarades voudront aller au café comme lui, ils iront, et pour y parvenir, tireront des carrottes aux parents qui se sacrifieront pour envoyer 10 francs ou au moins 5 francs par mois, de sorte que les soldats sont de vrais rentiers, mais que le service est mal fait. J'ai connu un fils sans cœur à qui le père a pu repondre: je t'envoie 10 francs suivant ta demande, mais demain l'huissier vient saisir chez nous.

J'ai constaté qu'il y avait un jour, à Draguignan, quarante-deux soldats au café sur soixante dont se composait la garnison, c'est-à-dire qu'il ne manquait que ceux qui étaient de service. Est-ce bien comme ça que vous ferez de bons soldats? Est-ce aussi avec un an ou trois ans de service comme le veut la loi nouvelle? Je ne le crois pas. On a dit: la victoire est du côté des gros bataillons. Non. Elle est du côté des vrais soldats. Le 32' régiment de ligne, général Dupont, avec six mille hommes en battait vingt-cinq mille et faisait quatre mille prisonniers. Un vrai soldat vaut quatre cents hommes, bien plus, cent mille hommes. Pendant la guerre de 1870, près d'Orléans, nous avons vu mille cinq cents mobiles qui se sont laissés prendre par cinquante-six bavarois. Quatre spahis en ayant eu connaissance, ont été les chercher et ont ramené les cinquante-six bavarois avec, donc, un soldat vaut quatre cents hommes. Bonaparte, en Italie, avec cinquante mille hommes, aimant et connaissant le métier, battait deux cent mille hommes et faisait cent cinquante mille prisonniers.

Du temps du premier empire et la guerre contre l'Angleterre on a dit: l'armée française est à tel endroit. Envoyez-y cinquante mille hommés. Elle est commandée par l'empereur en personne. Mettez-y cent mille hommes de plus.

On ne peut bien faire que le métier qu'on connait bien, et celui qu'on connait bien est celui qu'on aime, celui qu'on aime est celui qu'on a bien appris. Un sérieux apprentissage ne peut pas se faire dans un an ni dans trois ans. L'amiral Nelson valait une escadre et sa mort fut un deuil national comme celle de Turenne, dont plusieurs siècles après sa mort, quand un malheur arrivait, pour se consoler, on disait : ce ne sera pas la mort de Turenne. Vos soldats d'un an ou de trois ans ne vaudront jamais ces grands capitaines. Bayard fut chargé de défendre une place. L'assiégeant dit : j'aimerais mieux qu'il y eut dans la place deux mille hommes de plus et Bayard de moins. La place ne fut pas prise.

Le prince d'Orange, dit: je m'attendais bien à perdre du monde, mais cette perte était de peu de conséquence, puisqu'aussi bien la paix étant faite, il aurait fallu congédier les troupes. Quel mépris de l'espèce humaine ont tous ces batailleurs. (Durui.)

Les grands n'ont point d'âme, je veux être peuple.

La conscience, la morale et la dignité humaines ne sont jamais impunément violées.

On a qualifié Napoléon-le-Grand de demi-dieu et de grand brigand. Je ne m'arrêterai pas à justifier ni à combattre ces appréciations, mais en fait de militarisme, on peut le consulter, on ne trouvera pas de meilleur modèle. Sous prétexte de faire du libéralisme, on a fait de l'anti patriotisme, c'est une trahison, ce libéralisme est une gloriole trop chère.

Le duc d'Aumale, en Afrique, avec cinq cents hommes, en battait vingt mille. Kléber, en Egypte, avec dix mille, en battait quatre vingt mille. C'est que ce n'était pas seulement des hommes, des mobiles qui était sous ces vaillants chefs, mais c'était des soldats.

Une autre fois, un général donnait à une compagnie l'ordre de se rendre à un poste très périlleux, le capitaine lui dit: Mais, général, vous nous envoyez à la mort. Je le sais, mes amis, mais ce poste m'est indispensable pendant une heure et je n'ai pas voulu donner à d'autres l'honneur de le défendre. La compagnie y fût ; au bout d'une heure il ne restait que quatorze hommes, mais on avait sauvé la situation.

Je n'en finirai pas si je voulais conter tous les faits de ce genre. La mort n'est rien, l'honneur est tout.

M. Thiers, dit : Quand le premier consul projetait sa descente en Angleterre, il avait trois cent mille hommes éprouvés, rompus à la fatigue et à la guerre, qui en valaie.:t bien sept cent mille et peut-être un million d'autres, car d'un soldat fait à un autre qui ne l'est pas, la différence est infinie.

Au Dahomey, de nos jours, cinq cents soldats mal armés, mal disciplinés ont fait reculer trois cent vingt-cinq des nôtres, si ces hommes avaient été des soldats, aurait-ils reculé ?

Il faut plus de temps que cela pour faire des soldats. C'est l'ouvrage de nos trop nombreux députés malhonnêtes, grands prometteurs, renvoyons-en donc au moins la moitié et surtout les neuf dixièmes de ceux de Paris, car la plupart des gens d'ordre étant découragés, ont renoncé à y voter, il n'y a plus que les ignorants et les tapageurs qui votent et votent pour des tapageurs; ceux-ci élus veulent faire un peu parler d'eux et, pour y parvenir, en 1883, M. Jules Roche en tête.... Chut ! il est ministre, il n'y a rien de tel que l'opposition pour cela. Ils ont fait changer les conditions de transport des chemins de fer qui se faisaient de gare en gare, ils ont fait faire une réduction en établissant des tarifs par kilomètre ; c'était très bien pour les petites distances, mais la majorité des clients des chemins de fer n'est pas à de petites distances : de là on a de suite payé beaucoup plus cher. Le public y a perdu, le chemin de fer aussi, à tel point que son trafic diminuant, il a été obligé de renvoyer plus de 10,000 de ses employés, car les transports s'effectuent par bateau. Voilà l'ouvrage de nos députés démocrates, démolisseurs et tapageurs.

Aujourd'hui, jour de misère et de calamité publique (1884), je vois de tous côtés surgir la question sociale chacun propose son moyen, j'en vois souvent qu'ils agraveraient le mal. Pour n'en citer qu'un, je citerai celui du citoyen Joffrin qui, pour soulager la misère, demande une loi pour faire diminuer les loyers de moitié et de suite, de peur de cette loi, les propriétaires de maisons qui voient déjà un placement peu rémunérateur de leurs capitaux cessent de faire construire et aussitôt le travail cesse ; les ouvriers y perdent, les propriétaires aussi, car du moment que les ouvriers n'ont plus d'ouvrage, ils quittent Paris, et bientôt il y eut 10,000 logements à louer et le prix des loyers a baissé sans loi et sans profit pour personne. Six ans plus tard, il était député, et un de son bord disait qu'il n'avait pas pour cinquante centimes d'honneur.

A Paris, on dit souvent: quand le bâtiment va, tout va et par contre, quand le bâtiment ne va pas, rien ne va. J'en conclus, que pour l'ouvrage marche, il faut au contraire encourager le propriétaire en diminuant, non pas les loyers, mais les charges, les impôts qui leur incombent, mais comment diminuer les charges lorsque le budget est déjà en déficit ? Le moyen n'est pas inconnu mais je veux l'indiquer de nouveau.

La France est la nation la plus imposée du globe et plus du double : 110 francs par personne, tandis que les autres nations ne payent pas plus de 50 francs. Nous n'avons qu'à regarder les autres nations, imiter les meilleures, et parmi elles, je citerai la Suisse. Je l'ai déjà dit dans mes ouvrages, il faut diminuer les gros traitements et supprimer les employés inutiles, toute la question est là.

Beaucoup d'inspecteurs qui n'inspectent rien du tout. Beaucoup de sinécures, d'employés qui, le matin, portent leur chapeau au bureau pour faire acte de présence, mais ils ont un autre chapeau pour sortir. Si le public a besoin d'eux en leur absence, le garçon de bureau répond : oh ! il ne peut pas être loin, son chapeau est là.

Je voudrais que les employés travaillent assidûment et aussi longtemps que dans le commerce, c'est-à-dire douze heures par jour au moins et qu'on ne puisse pas dire comme on m'a dit un jour aux Finances : « Il » n'y a pas une ligne sur ces livres qui ne coûte au moins 100 francs de » frais d'écriture. » On rendrait ainsi au Trésor une grande somme d'économies d'appointements et un grand nombre de producteurs à l'ouvrage, ils payeraient leur part d'impôts, ce qui soulagerait d'autant les autres ; on n'aurait pas un si grand nombre de demandes d'emplois et, par suite, d'un si grand nombre d'employés chargés spécialement de répondre à ces demandes.

La Préfecture de la Seine a enregistré trente-trois mille quatre cent onze demandes d'emplois de toutes sortes, tandis qu'elle n'en a que huit cent soixante-huit à donner, soit trente-neuf demandes pour un emploi compris balayeurs, égoutiers et autres. Mais au Ministère, le nombre des demandes est bien plus grand : aujourd'hui on ne demande que des places, on ne veut plus travailler et dans les places de la Préfecture on y travaille.

Celui qui vous dit que la propriété c'est le vol, mais c'est décourager l'honnête ouvrier qui espère bien devenir propriétaire et même rentier et qui, avec de l'ordre, le deviendra. Qu'attendre de l'électeur qui vous dit que le mot patrie est trop bourgeois, qu'il se moque de la patrie comme de Collin-Tampon ou de l'An Quarante ?

Veut-on avoir de l'ouvrage ? Si on veut en avoir qui dure, il faut renoncer à vouloir gagner un franc par heure, lorsque dans les autres nations ce même ouvrage se fait pour 25 centimes l'heure ; il faut soutenir la concurrence, c'est le seul moyen de conserver l'ouvrage dans son pays, chez soi. Est-on plus habile ou plus adroit que les autres, on devra gagner en proportion de l'ouvrage produit, il y a des ouvriers qui arriveront à gagner 50 centimes et même 1 franc par heure, mais ils seront rares et ceux-ci seraient découragés s'il fallait partager ou ne pas gagner plus que les incapables, les fainéants, les débauchés, et quel est le bon ouvrier qui voudrait y consentir?

Les gros salaires ont conduit à Paris un grand nombre d'ouvriers étrangers, mais bientôt l'ouvrage étant plus divisé, il n'en est resté que pour un petit nombre et les autres, pour en avoir, auraient consenti à un rabais raisonnable, mais des hommes cherchant le bruit avec avidité, ont provoqué des réunions, ont menacé de pétroler si on ne donnait pas d'ouvrage. Mauvais moyen qui fait resserrer les bourses plutôt que de les ouvrir.

Ces hommes, j'en ai cité un des moins mauvais, je n'en citerai pas d'autres, ce serait leur faire trop d'honneur dans l'ignominie, ces hommes ont trompé et trompent encore l'ouvrier; mais est-ce donc que l'ouvrier est bien mauvais?

L'ouvrier, souvent, n'est pas trop bon; son ennemi c'est son maître; cependant, parmi eux, beaucoup comprennent qu'il faut que le patron gagne pour pouvoir les occuper; il faut qu'il gagne son loyer, ses impôts, l'usure de ses outils, la perte causée par les crédits qu'il faut faire, celle aussi causée par les marchandises qui se défraîchissent, se détériorent, et aussi pour l'entretien de sa famille, et il faut qu'il lui reste quelque chose pour ses vieux jours; il est forcé de gagner ou de fermer ses ateliers. Mais d'autres patrons plus libres ou plus avisés font venir leurs meubles tout faits des pays où on travaille à meilleur marché, d'autres se sont dit : puisque dans tel pays on y travaille à meilleur marché, je vais m'y établir et j'enverrai ma marchandise en France, c'est là ce qu'ils ont fait, ils y ont porté leur intelligence, leur art, leur industrie et, aujourd'hui, tous ces pays font aussi bien que Paris. Voilà ce qu'ont gagné nos grèves, elles ont laissé l'ouvrier sans travail, chassé l'ouvrage de France au profit de l'étranger. Les meneurs, par de pompeuses promesses, ont égaré nos ouvriers; il reste pour cent quarante millions de construction à faire à Paris qui attendent que la menuiserie arrive de l'étranger; que les parisiens fassent l'ouvrage au même prix, il n'y a pas de doute qu'ils auront la préférence. Et soyons conséquents. Si par exemple nos menuisiers peuvent gagner 1 franc par heure, tout le monde se mettra menuisier ou de tel autre métier qui gagnera autant; alors, le cultivateur ne trouvant plus de domestiques à bas prix, augmentera les salaires et, par suite, comme au prix qu'il vend sa marchandise, il ne s'enrichit pas, il augmentera ses denrées, son blé, sa viande, son vin et alors, tandis qu'on peut vivre avec 2 francs par jour, il faudra en dépenser quatre pour obtenir ce qu'on obtenait pour deux, et qu'aura-t-on gagné ? Un accroissement de misère.

Je voyais ces jours-ci (1888) un journal demandant l'expulsion de tous les ouvriers étrangers qui, d'après lui, gagnaient un milliard par an, en France, et cela au nom de la liberté, de la fraternité. On ne peut pas être pris en plus grand délit de fausseté, et d'abord les étrangers useraient de représailles en expulsant les Français qui gagnent autant et même davantage chez eux ; mais supposons-les assez clairvoyants pour ne pas en agir ainsi. Est-ce que les étrangers que nous occupons ne nous rendent pas des services ? sans les Piémontais, dans mon pays, on ne pourrait plus travailler la terre, et on ne pourrait plus faire de routes. Ce milliard que les étrangers gagnent en France, ils l'y dépensent presque tout pour vivre et ils empêchent précisément la concurrence étrangère, c'est-à-dire qu'ils nous dispensent d'acheter à l'étranger, ce qui serait un argent qui sortirait de France et qui ne feraient pas vivre nos agriculteurs ni une foule d'autres états qui font vivre les Français, puis nos ouvriers se faisant plus rares, exigeraient des prix qui obligeraient de se passer de bien des choses ; enfin, toutes les fois qu'on emploie quelqu'un, on ne l'emploie pas par plaisir, on mesure le prix au besoin, on l'emploie parce que l'on croit y gagner, donc ce serait se priver d'un bénéfice immédiat suivi du bénéfice que doivent faire les fournisseurs de ces ouvriers. Cette expulsion ne serait donc qu'un grand accroissement de peine, de gêne et de misère.

« Hommes de progrès et d'avenir, vivons sans cesse à exalter en
» nous et dans les autres, ce sentiment intime de notre puissance qui se
» manifeste par les choses d'ici-bas. Quand la mort arrive, les pensées,
» les passions l'embellissent. Fille de l'espérance, l'âme se rapproche de
» l'avenir, elle s'illumine peu à peu en se débarrassant, il lui vient de
» célestes et douces illuminations d'en haut, à mesure qu'elle se détache
» de celle d'en bas, elle connaît mieux le prix de ce qu'elle va être et
» voilà pourquoi elle en a moins peur. La dernière pensée d'un mou-
» rant, c'est la découverte d'un monde nouveau, son regard en exprime
» la sublimité; la douceur de ses paroles reflète la sainteté. Recueillez
» ses volontés à genoux si méchant qu'il ait put être pendant sa vie, ne
» le maudissez jamais dans ces moments solennels ; un instant avant de
» mourir il n'était plus le même homme, il était plus près de Dieu que
» de nous. (Raspail.)

L'espérance est le dernier bien qu'on doit ravir.

Sans espérance, mieux vaut mourir.

La parole du prêtre qui ne scandalise pas est un modèle respectable.

L'aumône, on ne peut guère la faire pour le prochain sans le connaître, on craint toujours de la faire à un indigne mauvais sujet, on la fait généralement pour être agréable à Dieu, mais on nie son existence presque officiellement. Or, voilà qu'à Paris, les pauvres en souffrent ; leur budget de 1881 à 1883 a diminué de près de 300,000 francs. L'assistance publique encaissa dernièrement 2,588 francs pour les pauvres, sur laquelle somme il faut défalquer 1,900 francs de frais de circulaires, reste en caisse 688 francs, et ce qui se produit à Paris, se produit aussi ailleurs ; voilà l'effet de la laïcisation.

Le fer, la force sont impuissants contre la pensée, ils peuvent bien l'opprimer un moment, mais ce n'est que pour lui faire faire explosion, elle rayonne de nouveau, ses rayons seront si clairs qu'ils éblouiront même les plus entêtés.

Laroche Jacquelin disait : Je ne dis pas que tous les républicains soient des voleurs, mais je dis que tous les voleurs sont républicains, C'est en effet parmi eux qu'il y a le plus de chance de rencontrer de malhonnêtes gens, et c'est aussi parmi eux qu'on rencontre le plus de dévouement ; il s'en suit de là qu'on va souvent d'une extrémité à l'autre et qu'on ne peut rien fonder de durable. Le Ministère s'occupe même d'empêcher les soldats de se couper la barbe ; or, au lieu d'uniformité qui fait la beauté de l'armée, on voit des barbes de toutes les couleurs et de toutes les longueurs, ce qui est fort laid pour ne pas dire pire. C'était Boulanger, il a cassé un colonnel parce qu'il avait exprimé le désir de voir ses officiers ne porter que les moustaches.

On m'a qualifié de bonapartiste, il serait difficile de s'éloigner davantage de la vérité ; on n'a pas remarqué d'abord que sous son règne on ne connaissait pas toutes ses fautes et, en outre, que pour avoir le droit de les lui reprocher, il fallait bien que j'étale les qualités qu'il avait et ne pas oublier qu'on a eu dix-huit ans de paix intérieure, mais on aurait pu remarquer que je disais que les gouvernements ont chacun leur place. Le despotique pour les enfers, le monarchique pour la terre et le républicain pour le ciel. On aurait pu remarquer que je disais, pages 42, 43, 56 que sa chute était prochaine et qu'elle dépendait des circonstances : que le respect était diminué dans les cours étrangères ; et toutes ces observations que j'osais dire à cette époque (1864), ne faisaient pas moins voir de ma part, une certaine clairvoyance qui prouvait que je n'étais bonapartiste que dans la juste mesure de ce qu'il faut pour n'être pas révolutionnaire et être le bon citoyen qui respecte le gouvernement établi quel qu'il soit ; il faut aussi reconnaître que pendant une douzaine d'années, son gouvernement, ses discours et ses messages étaient Lons.

Il faut que l'homme n'oublie jamais sa dignité, qu'il respecte dans ses mœurs et sa conduite, ce caractère élevé qui le distingue de la brute, il est moins utile de faire des savants que des sages, il faut qu'ils comprennent les rapports avec la société et qu'il sache supporter ses devoirs qui doivent passer avant ses droits.

Tout ce qui est utile est honnête, parce tout ce qui est honnête est utile. L'honnêteté demande les lumières, il faut en acquérir. Il y a honte et danger dans l'ignorance et dans l'erreur. La justice rend à l'homme ce qui lui est dû, elle renferme les devoirs de ne pas nuire et celui de protéger.

La nature nous a unis par des liens communs et un homme à qui tous les autres sont indifférents, est une sorte de monstre. La bienveillance, la bienfaisance sont des devoirs universels mais réglés, il faut savoir s'arrêter à point, si on va trop ou pas assez loin, on manque à autrui et à soi-même.

Dans certaines circonstances, la mort est un devoir, il faut s'y résoudre plutôt que de trahir sa conscience, la justice, la vérité ou son pays.

Il faut savoir que la fortune, la grandeur, la vie ne sont rien au prix de l'honneur. Le citoyen doit se sacrifier pour sa patrie et savoir que la honte est le plus grand des maux.

J'ai méprisé les clameurs ridicules et insensées des jaloux, des envieux et des ignorants, j'ai poursuivi mes projets patriotiques tant que mes forces et la raison m'ont permis de le faire, c'est-à-dire jusqu'à l'âge de soixante ans.

Celui qui commande doit savoir que la force n'est pas le droit, mais qu'elle en est seulement l'appui. Rien n'est plus digne d'une belle âme que la clémence. Le but de celui qui commande doit être de rendre le plus heureux possible ceux qui obéissent. Tenons notre conscience en paix, et il n'y aura aucun mal sur la terre que nous ne puissions supporter. Au milieu du naufrage, la vertu seule est encore une planche de salut. Quand on a rempli tout son devoir, on peut attendre les évènements avec calme.

L'amitié est meilleure que la parenté, elle est le lien le plus doux quand elle nous permet de converser comme avec soi-même, et le bonheur perdrait beaucoup de son prix si nous n'avions personne pour partager notre joie. La nature nous donne l'amitié pour seconder la vertu et non pour être complice du vice.

Larochefoucauld dit qu'il est plus honteux de se défier de ses amis que d'en être trompé. Une remontrance est pénible à faire à un ami, pourra-t-il l'accepter avec douceur? Lacordaire dit que l'amitié n'est si divine que parce qu'elle nous donne le droit de dire la vérité à des hommes qui la disent si peu et l'entendent si rarement. La seule occasion où on ne doit pas craindre d'offenser un ami, c'est quand il faut lui dire la vérité et lui prouver à ce compte, la sincérité de son attachement, car il arrive souvent que nos amis ont besoin d'observations. Nous devons des remontrances à nos amis, mais les faire avec ménagement pour qu'elles soient acceptées avec délicatesse et être plus fâchés d'avoir fait une faute que d'être repris.

Les vertus poussées à l'excès deviennent des vices, il faut les tempérer par la raison.

Un missionnaire une fois convertit, un sauvage qui avait deux femmes, le missionnaire lui dit que la religion catholique n'en autorisait qu'une. Le sauvage dit : eh bien ! je n'en garderai qu'une. Le missionnaire fut un certain temps sans le revoir et, au bout de ce temps, il rencontra son néophyte qui, pour lui annoncer une bonne nouvelle, lui dit : père, je n'ai plus qu'une femme. C'est bien, mon ami, et qu'as-tu fait de l'autre ?

Je l'ai mangée.

La tempérance, la bienséance, la douceur et l'honnêteté sont les bases de la vertu.

L'homme en place doit être obéi par amitié, par respect, malheur à celui qui n'inspire que la crainte.

Il faut soutenir son rang, faire honneur à sa fortune, ses droits, mais sans hauteur et sans dureté.

Un homme qu'on avilit achève de s'avilir lui-même s'il se venge. La meilleure vengeance c'est de bien se conduire. Le plus grand plaisir de ses ennemis c'est d'avoir le droit de dire du mal de lui.

Tout dans la vie est soumis à des devoirs; y être fidèle, voilà l'honneur; les négliger, voilà la honte.... Tous les devoirs sont parfaits, parce qu'ils obligent parfaitement, ils sont essentiels puisqu'ils tendent à la perfection de la morale et qu'ils sont tous indispensables, celui qui en néglige un en observant les autres, n'est pas vertueux.

Quand après de longues années l'homme atteint l'extrémité de la vie, il doit recevoir la mort comme une délivrance et dire comme Solon :

> Qu'au jour de mon trépas, tous mes amis en deuil
> Gémissent, et de pleurs arrosent mon cercueil.

La rectitude et le devoir parfait sont la même chose. L'homme est né pour l'indépendance et pour la société, ces deux choses paraissent se contredire, et pourtant il ne peut y avoir de société sans dépendance, il faut des lois qui la fixent ; l'homme de bien les aime et les remplit, les respecte, il voit qu'elles sont pour lui contre les méchants et qu'il n'est libre que par elles.

Le prix de la vertu est dans l'action même.

Le désir de faire le bien est lui-même justice. Nous naissons les uns pour les autres, pour nous rendre heureux les uns par les autres, ce que nous obtenons en multipliant les facultés et les ressources. Ne vivre que pour soi, c'est vivre dans l'injustice habituelle et constante ; c'est vouloir jouir du bénéfice de l'état social sans en supporter sa part des charges. (Cicéron.)

La première règle de la justice est de ne faire du mal à personne, si ce n'est dans le cas d'une juste défense. Le bien qui est échu à chacun lui appartient ; y porter atteinte, c'est violer le droit social. Platon dit admirablement que la vie ne nous a pas été donnée uniquement pour nous, que nous en devons une partie à l'État, à nos amis.

Le fondement de toute société, de toute justice, c'est la bonne foi, c'est-à-dire la franchise et la fidélité dans les promesses et les engagements. On se rend complice de l'injustice quand on la laisse faire lorsqu'on peut l'empêcher ; celui qui la laisse faire est aussi coupable que celui qui abandonne ses parents, ses amis, sa famille, sa patrie.

La plupart des hommes perdent la justice de vue quand l'ambition les domine.

Du suprême pouvoir le partage est suspect. (Cicéron.)

Pourquoi les sages sont ils si rares?

C'est parce qu'on ne les récompense pas assez.

Pourquoi les vauriens sont-ils si nombreux ?

C'est parce qu'ils sont écoutés, mieux récompensés, et les rieurs, toujours de leur côté quoique la paix et la tranquillité s'en éloignent, on aime à faire rire et à faire pleurer ; une vanité mal placée y trouve toujours son compte.

La paix est le premier des bienfaits, elle ne peut être complète que lorsque l'âme est tranquille.

Les mœurs font toujours de meilleurs citoyens que les lois ; c'est la plus sacrée de toutes les magistratures, quand on cherche les moyens de se faire craindre, on trouve toujours auparavant celui de se faire haïr. L'aide mutuelle, voilà notre idéal.

Une fois, dans un grenier d'Alby, il y avait beaucoup de rats, on y mit un chien pour les détruire, mais que pouvait un chien contre tant de rats? Il fut mangé par eux.

Un mari et une femme doivent vivre conformément à la morale, y être guidés par la religion et dire : J'ai assez bonne opinion de mon mérite et du vôtre pour croire que vous me serez fidèle, si vous n'étiez pas vertueux avec moi, avec qui le seriez vous ?

Bien des hommes se croient supérieurs à d'autres et ne sont pas même leurs égaux, aussi, je dis : Hommes modestes, venez que je vous embrasse. (Montesquieu)

Vous faites le charme de la vie, vous croyez que vous n'avez rien, et moi je dis que vous avez tout, et quand je vous compare à ces hommes absolus, je les précipite et les mets à vos pieds.

La connaissance est une lumière répandue dans notre âme qu'on peut appeler métaphysique.

Il y a des démocrates de plusieurs sortes : il y en a qui ne veulent que faire le bien de la société, il y en a qui ne veulent que le prendre, les premiers sont honorables, les derniers sont exécrables.

La nationalité ne change rien à cette condition, Vaincre est parfois facile, mais pardonner c'est grand.

Ce soldat vertueux
Fut un soldat miséricordieux.

Le conquérant lui-même est obligé de verser des larmes sur ses triomphes, sur ses propres victoires. Saldana a dit : encore une victoire pareille et nous sommes perdus, cette victoire lui avait coûté la moitié de son armée. Napoléon, à Eylau, dit : Voilà qui est bien fait pour inspirer aux princes l'amour de la paix et l'horreur de la guerre, il avait tué, blessé ou pris 30,000 hommes et en avait eu 10,000 tués ou blessés. La gloire qui doit mourir avant nous, est toujours fausse. Telle est celle qui fait des dupes, des victimes. Les idoles de boue que le peuple élève, il les renverse le lendemain. On est né pour de grandes choses quand on a la force de se vaincre soi-même

La jalousie est un vice incurable qui mène à tout, il flétrit tout ce qu'il touche. Rien n'est plus grand que la vertu ; le monde la fuit quelquefois, mais plus souvent il la respecte et par là, nous rend maitre des hommes ; leur soumission se fait sans murmurer, parce qu'elle est sans contrainte.

Le scandale est un acheminement à la misère, malheur à celui qui sert de modèle pour cela.

Se traiter d'amis et de frères, c'est ranimer la charité dans le cœur, mais quand deux moines s'écrivent et se disent votre révérence, se faire baiser la main, c'est de l'orgueil en demeure, c'est une absurdité. Pourtant c'est un moine qui a élevé Vauban, qui l'a quitté à l'âge de 17 ans

124

pour aller dans l'armée de Condé, qui le nomma officier. Il n'y a peut être pas d'homme qui ait rendu plus de services à la France, il mourut vieux et Louis XIV est assez ingrat pour dire de lui que c'est un insensé pour l'amour du public, ce mépris ajoute à sa gloire et elle fut grande.

Une autre absurdité, ce sont les guerres de religion et remarquez qu'elles sont déclarées par ceux qui prêchent la paix, l'humilité, la patience et dans les mêlées, quelquefois, on ne reconnaît plus ses partisans, et dans cette condition, on demandait à en finir, mais un abbé répondit : Tuez toujours, Dieu reconnaîtra bien les siens. Le mot est joli, mais peu sage, car les siens sont des deux côtés, puisque des deux côtés on se bat et on se fait tuer pour lui, tandis que les gouvernements se battent pour occuper l'esprit du peuple, ils prennent pour prétexte que là on veut mettre la chemise par-dessus l'habit ou casser un œuf par le petit bout, tandis que nous le cassons par le gros et que nous mettons la robe par-dessus la chemise. La vraie raison, ils se gardent bien de la dire : c'est de prolonger leur domination.

Les Romains, par leur union, devinrent les maîtres du monde ; leur division les rendit esclaves.

Les grands hommes sont d'illustres savants, les conquérants ne sont que d'illustres méchants. Le grand philosophe Bacon, ainsi qu'il est d'usage chez les hommes, a été plus estimé après sa mort que pendant son vivant ; ses ennemis étaient à la cour, ses admirateurs étaient dans toute l'Europe. Un jour qu'il était malade, quelqu'un fut le voir, le trouva dans son lit, les rideaux fermés, et lui dit: Vous ressemblez aux anges ; on entend toujours parler d'eux et on ne les voit jamais. C'était un si grand homme qu'on avait oublié ses vices.

L'âme est une substance même de Dieu, quoiqu'invisible et impalpable, c'est par sa puissance ajoutée à l'esprit, autre substance divine, que nous pouvons faire tout ce que nous faisons.

Il n'y a pas de philosophe qui n'essuie beaucoup d'outrages et de calomnies, a dit Voltaire. « Pour un homme qui est capable de répondre
» par des raisons, il y en a cent qui n'ont que des injures à dire et cha-
» cun paye de sa monnaie, et ajoute : Quand même nous ne serions pas
» assurés de l'immortalité de l'âme, nous ne devrions pas moins adorer
» Dieu qui nous a fait et suivre la raison qu'il nous a donnée. Dut notre
» vie ne durer qu'un jour, il faudrait être vertueux. »

Etre vertueux n'est pas autre chose que de faire aux autres ce que nous voulons qu'on fasse pour nous, cette vertu est la fille de la raison et non la crainte. C'est elle qui conduit tant de sages dans l'éternité. Il

ajoute plus loin : « L'âme peut être ou ne pas être immortelle si Dieu
» le veut, et c'est une absurdité téméraire de nier que Dieu a le pou-
» voir. Ce n'est pas nous, qui ne sommes que d'hier, d'oser mettre des
» bornes à la puissance du créateur, et de toutes les raisons contraires,
» il n'y en a pas une que je ne sacrifiasse tout d'un coup à la religion
» et à la patrie. »

L'âme est une horloge que Dieu nous a donnée à gouverner, mais il ne
nous a pas dit de quoi se composaient ses ressorts.

Le nombre de ceux qui pensent est excessivement petit, et ceux-là ne
s'avisent pas de troubler le monde.

Il ne faut pas qu'on prononce en public un mot qu'une honnête femme
ne puisse entendre et répéter.

Bacon a dit et Voltaire après lui, qu'un peu de philosophie rend un
homme athé et que beaucoup de philosophie mène l'homme à la connaissance d'un dieu. Les religions sont toutes différentes, parce qu'elles
nous viennent des hommes; la morale est partout la même, parce
qu'elle nous vient de Dieu.

Il y a des gens qui disent : Je crois en Dieu et ils n'y croient pas, ils
se figurent de tromper l'Eternel, ils se trompent eux-mêmes.

Les hommes vertueux ont seuls des amis, les autres n'ont que des camarades, des compagnons, des associés, des liaisons, des courtisans ou
des complices.

Les hommes ont reçu le don de perfectionner tout ce que la nature
leur a accordé, la prospérité, le soin de soi-même, l'estime, les talents
viennent au secours de l'esprit et l'embellissent.

On peut, sans être belle, être longtemps aimable, l'attention, le goût,
les soins, la propreté, un esprit naturel, un air toujours affable donnent
à la laideur les traits de la beauté ; vous êtes fille, vous voulez vous
faire aimer, il ne suffit pas d'avoir la langue bien pendue : je pourrai
presque dire, tout le secret le voici. Travaillez et ne vous occupez pas
de ce qui se passe chez les autres.

Il y a certainement d'autres qualités qu'il faut avoir : sagesse, docilité, conduite, propreté, etc., etc. Mais l'économie et le travail sont les
premières et retenir sa langue. Dernièrement un journal parlait d'une
demoiselle à marier connaissant huit langues et sachant au besoin retenir la sienne, ce qui n'est pas une petite considération. Je n'ai jamais pu
l'obtenir de ma bonne.

Un autre journal parlait d'une jolie fille à marier, dix-neuf ans,
100,000 francs de dot, deux fautes. Il se présenta un acquéreur, on lui
présente un gros poupon frais et rose, il se dit : je peux bien en être le

père. Mais l'autre faute ? L'autre, nous ne la ferons connaître qu'après le mariage fait, au petit bonheur, il se mari. Le mariage fait, on lui dit : l'autre faute est une faute d'impression, nous ne donnons que 10,000 fr. On a mis un zéro de trop.

Qu'est-ce que Dieu demande ?

Que l'on fasse en tout point ce que sa loi commande.

On s'explique avec peine comment des idées aussi parfaites, aussi nettement formulées, qui reposent presque toutes sur l'expérience ont mis si longtemps à se faire jour.

Sans la religion, ne disait un écrivain, le peuple ne serait plus qu'une vilaine bête. Le peuple va constamment d'un excès dans un autre tout opposé, il veut la liberté, il ne sait pas s'en servir, il ne peut pas la supporter, il appelle aussitôt le despotisme de toutes ses forces, il en sent le besoin, l'utilité, la nécessité absolue. Une main de fer, des lois draconniennes sont indispensables pour rétablir l'ordre ; car sans l'ordre pas de confiance, sans confiance pas de travail, sans travail pas d'argent, sans argent pas de pain. Le travail c'est la richesse, il est indispensable comme le pain ; les grévistes s'en aperçoivent toujours trop tard.

Un ouvrier que je dus renvoyer pour son immoralité me dit : Ah ! c'est comme ça que vous entendez la liberté ? Qu'est-ce que cela peut vous faire que je vive en concubinage ? Je répondis : c'est comme ça que vous entendez la liberté ? Je n'aurai pas le droit de renvoyer un homme qui a perdu mon estime et ma confiance ? Je ne veux pas d'ouvrier mécanique, instrument machine ; je veux des ouvriers que je puisse estimer, je veux des hommes probes, honnêtes et moraux ; tout ouvrier qui a le sentiment de sa dignité, qui ne veut pas être confondu avec les animaux doit repousser de semblables paroles.

Celui qui ne craint que les lois civiles espère toujours de leur échapper aussi est-ce souvent à tort qu'on l'épargne ; je me suis quelques fois reproché d'avoir épargné des voleurs. Je leur facilitais il est vrai le moyen de gagner leur vie, mais je les facilitais aussi de voler ailleurs tandis que ceux qui craignent les lois de Dieu savent qu'ils n'échapperont pas à la punition et que les accusateurs seront infaillibles et inflexibles.

J'ai fait mon compte, j'ai eu chez moi 12 voleurs sur 33 ouvriers ou employés c'est plus du tiers ; croit-on qu'il y en aurait eu autant s'ils avaient été plus religieux ? Je vais plus loin et je dis : croit-on qu'un homme qui est vraiment religieux puisse voler ? J'ai eu 12 ouvrières sur ce nombre il y a eu 2 voleuses dont une va à la messe tous les jours, croit-on que ce soit une vraie dévote ? Ce n'est qu'une hypocrite, elle est doublement damnable, elle l'est parce qu'elle est mauvaise comme les méchants, mais encore parce qu'elle veut faire croire qu'elle est sage pour mieux tromper, elle veut tromper tout le monde et Dieu lui-même, elle est riche et elle demande l'aumône, c'est encore un vol ou une escroquerie car on donne pour les malheureux et elle détourne l'aumône de son véritable but. Mais pourquoi n'ai-je eu que deux voleuses sur 12 femmes tandis que j'ai eu 10 voleurs sur 21 hommes? N'est-ce pas parce qu'elles sont un peu plus dévotes et qu'elles vont moins au cabaret au club?

Puisque j'entrevois les portes du paradis je vais tacher de les ouvrir au plus grand nombre possible. Si vous voulez y entrer conduisez-vous d'une manière irréprochable, humiliez-vous devant Dieu. Respectez vos père, mère, le prochain, la patrie, vous-même et le bien d'autrui, ne nuisez à personne, aidez-vous quand vous pourrez, soyez bon, indulgent, miséricordieux, généreux, ayez toutes les qualités qui font estimer des hommes et soyez surs que Dieu vous en tiendra grand compte pourvu que vous l'ayez fait dans le but de lui être agréable.

La première condition qui fait aimer l'homme c'est l'honnêteté. Le meilleur sermon, le meilleur livre est toujours celui que l'auditeur ou le lecteur retient le plus facilement.

« Dans ce monde distingué qui m'écoute ou qui me lit, il y en a un
« qui me condamne, un qui me plaint et un qui me regrette. Celui qui
« me condamne est injuste et je dois le confondre, celui qui me plaint
« est aveugle et je dois l'éclairer, celui qui me regrette est ami de la
« vertu et je dois le consoler. Voilà ce qu'on attend de moi, j'ai besoin
« de l'esprit de lumière pour confondre, éclairer et consoler le monde.
« J'en demande partout où il y en a de juste et disponible, ainsi passionné
« de la vertu j'accepte toujours les leçons sans m'affliger de la source
« de laquelle elles émanent.

« Pensons à la mort de notre plus précieux soutien, il faut dans cette
« mort déplorer toutes les calamités du genre humain. (Massillon).

Vous potentats qui vous fiez à votre puissance, vous qui ne craignez pas l'inconstante faveur des dieux ; vous aussi qui vous livrez aux festins au sommeil si doux regardez, contemplez Paris ; ses dissentiments politiques sont votre ouvrage, que le sang qui en jaillit serve d'exemple, vous amène au repentir et que cette tache soit épargnée à vos successeurs. Les journalistes vous ont rudement aidés à commettre ces atrocités, sur eux doit retomber une large part de responsabilité ! Je voyais un jour un concierge à qui l'on demandait quelqu'un qu'il ne connaissait pas, il demanda : que fait ce monsieur? C'est un journaliste. Il répondit :

celle maison n'est pas une prison. C'est qu'en effet les journalistes passent en prison la plus belle partie de leur vie et l'on peut dire qu'ils ne l'ont pas volée, mais bien méritée.

Si l'instruction ne doit servir qu'à lire les journaux surtout à en écrire, il vaudrait mieux rester ignorants, on attirerait moins de malheurs sur la terre, ce métier ne vit bien que lorsqu'il peut faire beaucoup de mal, que lorsqu'il peut faire tuer beaucoup de monde, il pousse constamment à la révolution, à de nouvelles élections qui agitent beaucoup et pour eux c'est tout surtout s'ils attrapent une place.

Les pénitents sont des malades qui cherchent à guérir et demandent le remède au tribunal de la pénitence, les impénitents sont encore plus malades, mais ne cherchent pas à guérir parce qu'ils ont perdu l'espoir de l'efficacité du remède, il y a toujours remède tant qu'il y a au fonds de l'âme ce sentiment de justice qu'on appelle le repentir.

Saint Jean a dit : il y avait un grand nombre d'aveugles, de boiteux et de ceux qui avaient les membres desséchés. Massillon les compare, montre l'analogie de ces infirmités corporelles avec les abus les plus communs qui rendent les confessions inutiles. Il y avait des aveugles, défaut d'examen ou de lumière dans l'examen. Il y avait des boiteux, défaut de sincérité dans l'aveu de ses fautes, il y avait des malades dont les membres étaient desséchés, défaut de douleur dans le repentir.

Passer sa vie à la réflexion des meilleurs moyens pour faire triompher des idées justes et de régénération et mourir à la tache est la plus belle mort qu'on puisse faire et c'est celle que j'ambitionne et que j'espère.

Les annales des premiers âges du monde attestent que les élans de l'esprit dans une nature qui se civilise sont d'abord des hymnes d'action de grâce qu'on offre ensemble à l'Eternel, le chant en augmente l'expression en appuyant davantage sur chaque syllabe et l'art y gagne car c'est là source de la poésie et de la musique. Là il n'y a pas de jactance, cela ne fait pas le compte des orgueilleux mais cela fait celui des sages, Là personne n'y commande et tout obéit. C'est la vraie république, elle n'a pas d'autres succès que la conversion, pas d'autres applaudissements que les larmes. Là il n'y a pas de classes, tout devient peuple. Tout porte à la paix, à l'amitié, à la patience, à l'obéissance, au pardon, à tous les devoirs envers la patrie et au zèle le plus ardent de la bien servir.

La foi dans la vie future rend les hommes humbles dans la prospérité, tranquilles dans les revers, prêts à sacrifier leurs intérets pour l'ordre public.

Que les incrédules me disent ce qu'ils trouvent de mieux dans la négation de la divinité et si leur système peut contribuer à rendre les hommes meilleurs !

Les physiologistes nous enseignent que la terre est beaucoup plus ancienne que ne le dit l'histoire sainte, la différence est par centaines de mille ans, ils donnent des preuves irrécusables, je les admets, ce qui religieusement parlant ne les empêche pas d'avoir tort. En effet, la terre ayant été créée tout en feu, il a pu s'écouler des milliers d'années avant qu'elle ne soit habitable par des êtres vivants et pendant son refroidissement primitif, les eaux qui étaient d'abord tout en vapeur à son entour, ont commencé à se reposer sur elle et par leur pression sur une grande surface ont commencé à la condenser, ce qui a fait faire des bouillonnements, des boursouflures, des montagnes, qui en continuant à se refroidir se sont gercées, fendues, ont fait des fissures et sont devenues des ruisseaux ; d'autres endroits les entrailles de la terre restant ouvertes lui servent de cheminées, des volcans par lesquels elle élémine ce qui l'embarrasserait dans son sein, peu à peu le nombre en a diminué; des montagnes se gercèrent encore, formèrent des versants, les mers et les fleuves prirent des places variables, de là ces couches de terre qui annoncent partout le séjour des mers. Enfin la terre commença d'être habitée par les plantes, puis par quelques espèces d'animaux amis de la chaleur, mais tant qu'elle était trop chaude pour être habitée par l'homme elle n'était pas créée pour lui. Enfin l'homme parut et c'est de ce jour qu'il dit que la terre a été créée, il voit pour la première fois, il trouve tout prêt ; il n'a pas de peine à croire que tout a été fait exprès pour lui, il prit possession et ne s'occupa pas des boisseaux de fumée qui avaient déjà rempli l'espace D'ailleurs nulle trace, nulle histoire, personne pour lui rendre compte, il ne s'en inquièta pas davantage, il crut que tout venait d'être fait puisque personne ne l'avait jamais habitée.

Le feu nous dit Buffon est le père du monde.

Et si j'en crois Pallas, tout est formé par l'onde.

Ils ont tous les deux raison : le feu est le père et l'onde est la mère après Dieu qui les créa tous les deux. La terre ayant été créée tout en feu nous venons de voir que pour se reposer, l'eau a du attendre longtemps, et les plantes pour pouvoir pousser attendre davantage encore, puis les animaux dont les premières races ont disparu, ont commencé d'habiter la terre dans les régions septentrionales, puis par degrès sont descendues dans celles équatoriales, puis le refroidissement continuant ces races ont disparu et d'autres espèces leur ont succédé, enfin l'homme est arrivé ; mais on prétend qu'il y a eu plusieurs premiers hommes, qu'Adam n'était pas le premier homme tout seul, que les chinois remontent à 22 mille ans. Cela n'empêche pas Adam d'être le premier homme de sa race connue jusqu'à lui. car il n'a jamais vu les chinois et par conséquent s'est cru tout seul puisque dans tout ce qu'il a vu de terre il n'a pas vu d'autres hommes que lui et ses descendants, mais Dieu ne s'est pas amusé à créer les êtres vivants l'un après l'autre il les a créés par milliers à la fois.

Vous est-il arrivé quelques fois de contempler les rayons du soleil passant par le trou de la serrure ou par une petite fente ? Vous avez vu dans ses rayons des myriades d'atomes vivants et remuants. Parmi ces atomes il y en a qui se ressemblent, s'attirent et finissent par former un tout, un corps plus grand qui se développe dans des conditions à peu près identiques, mais variant un peu suivant que d'autres atomes ont pu s'y mêler provenant de l'air qui les environne, c'est ce qui a fait que dans l'espèce humaine il y a plusieurs races : la blanche qui est la plus belle, la noire, la rouge et d'autres qui varient dans les proportions, qui ont les oreilles plus longues, le nez plus courbé, plus aplati, etc. Tout cela n'ôte rien à notre origine, à notre histoire sainte. Les chinois, quoique blancs, ne nous ressemblent pas du tout ; leur ton est cendré et les traits du nez diffèrent assez pour qu'on ne les confondent pas avec notre race. Je n'ai pas la prétention de m'étendre plus longuement sur le système atomique, cela m'obligerait à sortir du cadre que je me suis tracé, et ce que je viens de dire suffit pour l'intelligence de ma cause.

Quand on ne raisonne jamais qu'entre soi et ses griefs on finit par les exagérer infailliblement jusqu'à l'absurde. J'ai connu à Nimes deux jeunes gens camarades d'enfance qui allaient à l'école ensemble, l'un était le fils d'un négociant, l'autre le fils du garçon de peine du même négociant ; devenus grands le fils du négociant succéda à son père et le fils de l'homme de peine entrait comme commis dans cette même maison, quoique camarades, la mise des enfants se ressentait de la position des parents et il y avait toujours eu un peu de jalousie, devenu patron, le patron ordonna au commis de faire un ouvrage qui devait incomber au garçon de peine et le commis refusa de le faire. Le patron lui dit : Tu ne sors pourtant pas de la culotte de Jupiter. Le commis répond ni toi non plus. Le patron vexé, riposta par un soufflet qui lui fut aussitôt rendu, on s'en distribua par douzaine on ne les comptait pas, on épura ainsi les vieilles jalousies, après quoi le commis fit un petit paquet de ses effets de rechange et allait sortir, le patron lui dit : Ah ça, je pense que tu ne vas pas t'en aller pour ça ? Le commis ne put pas s'empêcher de rire et il resta. Le patron aurait pu s'éviter cette mésaventure s'il avait été plus convenable dans ses paroles.

Plus on s'habitue à regarder le monde comme un vaste atelier où nous travaillons tous à des tâches diverses et à un but commun, plus on apprend à aimer le travail qui fait la grandeur de l'homme, il n'y a pas de position héréditaire ; tout y est au concours ; l'énergie et la capacité marquent les rangs, il est bien difficile de ne pas y commettre quelques injustices, quoique l'intérêt de tous soit de mettre chacun à sa place, il ne peut pas y avoir de gérant infaillible chargé d'établir la hiérarchie du travail. Qui le nommerait ? Qui le découvrirait ? Qui pourrait garantir son impartialité et sa capacité. Qui jugerait des découvertes nouvelles. Denis Papin inventa un bateau à vapeur qui remontait le courant. Des stupides mariniers le brisèrent et le grand physicien mourut à Londres dans la misère en 1710.

Qu'est-ce que le capital ?

C'est l'accumulation du travail d'hier, d'aujourd'hui, de demain, de tous les jours, c'est la destruction du paupérisme.

On a dit : c'est l'état qui doit détruire le paupérisme. C'est une erreur. L'état peut aider beaucoup par le bon ordre, mais crée-t-il les capitaux, les trésors ? Non. C'est le travail qui est le producteur, mais pour obtenir ce but l'ordre est nécessaire dans l'État comme ailleurs, et pas de grèves. L'État connaît-il toutes les industries ? Peut-il fixer les salaires ? Les places ? Ce ne serait pas la liberté, ce serait la servitude. L'égalité ne consiste pas à égaler les salaires, mais à égaliser les droits devant la loi, elle consiste à ce que chacun soit payé suivant son mérite, qu'il s'occupe de ce qu'il est le plus apte à faire et qu'il soit payé suivant ce qu'il a fait.

La liberté consiste à ne dépendre que de soi et à se faire soi-même sa destinée. Pour l'ouvrier l'épreuve sera rude. mais il sera soutenu par le sentiment de l'indépendance et par la grandeur du but à atteindre, il faut des études, des réflexions et de persévérants efforts, il faut de l'ordre, une ferme volonté conduite par le sentiment de la dignité humaine, il ne faut pas prendre aux uns pour le donner aux autres, le nombre de pauvres serait plus grand le soir que le matin, il faut que tous travaillent et que tous gagnent.

Point de société possible sans ordre ni sans aristocratie, dès qu'un élément cesse de dominer un autre prend la place.

Dans la gloire des hommes du siècle tous sont intéressés à la perfection de la hiérarchie, et la plus puissante est la plus généreuse parce qu'elle conduit à Dieu.

L'aide mutuelle est tellement connue et vraie, que je pourrai me dis-·
penser de citer des exemples, cependant je ne peux pas résister au
plaisir de vous conter une histoire de mon illustre maitre M. Wolovski
parlant d'un aveugle et d'un paralyti que qui par leurs concours mutuels
se garèrent tous les deux du danger. En effet l'aveugle prit le paraly-
tique sur ses épaules et par les yeux de celui-ci qui le guida dans sa
marche ils s'évitèrent le danger. Et chez nous au village de Sérennes,
une tempête, un temps affreux surprit un clairvoyant et un aveugle à
une lieue, on veut laisser passer l'orage qui dura longtemps, mais la
nuit noire vint, on ne pouvait pas, par un temps pareil, passer la nuit à
la belle étoile, elle était trop haute, il fallut bien se décider à gagner le
village, ils se décidèrent à partir, mais le clairvoyant ne savait pas de
quel côté marcher lorsque l'aveugle lui dit : attelez-vous à mon habit
et je vous conduirai. Ce qui fut fait.

Tout homme tient de la nature le droit, le devoir et le pouvoir d'être
libre, l'État n'a de délégation que pour le maintien de l'ordre.
(J. Simon).

Tous les gouvernements sont bons ou peuvent l'être et le seront
pourvu qu'ils soient sagement administrés. Ceux qui ne voudront pas
croire à l'immortalité de l'âme, qu'au moins ils croient à l'immortalité
de l'œuvre ; il est vrai que cela ne fait pas l'entière compensation.

Tout homme qui ne travaille pas, fardeau inutile, nuit à la société
dont il fait partie, en même temps il se nuit à lui-même.

Tout producteur qui travaille en vain s'appauvrit. Tout producteur
qui produit s'élève et grandit lui-même dans la proportion de son
produit.

Le travail improductif équivaut à l'absence de travail. Pour que le
travail soit productif il faut qu'il soit fait à propos et par la méthode la
plus simple (Jules Simon).

Les choses les plus simples paraissent invraisemblables à celui qui
ne les connaît pas. Un empereur voulait faire pendre un missionnaire
pour avoir dit que les habitants du nord marchaient sur l'eau pendant
l'hiver.

Tout le monde est libre de ne pas chercher à savoir. On peut être
guide ou du troupeau, c'est permis, mais ce qui n'est pas permis c'est
d'être du troupeau et de vouloir faire la leçon aux guides.

Rien n'est inutile de ce qui est vrai et rien n'est petit de ce qui
est utile.

Les inventeurs servent l'humanité, le génie marque leur rang.

La faim regarde dans la maison de l'homme laborieux et n'y entre pas, mais elle entre dans celle de l'homme vicieux ; c'est pour cela que les malheureux sont si méprisés. La paresse marche si doucement que la pauvreté l'atteint vite, surtout si la bonne direction fait défaut. Paresse veux-tu de la soupe ? Oui. Et bien va chercher ton écuelle ! Oh je n'en veux pas. Celui qui ne devient pas de plus en plus habile dans son état recule au lieu d'avancer dans la vie progressive. L'oisiveté raccourcit la vie. Ce ne sont pas les mauvaises herbes qui étouffent le bon grain c'est la paresse du cultivateur.

Si vous achetez ce dont vous n'avez pas un besoin réel immédiat, bientôt vous serez obligé de vendre ce qui vous est nécessaire.

Un enfant d'une dizaine d'années reçut une fois 13 sous d'étrennes, où mettre une pareille somme ? Il acheta une bourse de 13 sous, mais alors il ne lui restait plus d'argent, il revendit sa bourse 6 sous pour avoir de l'argent.

Les mauvaises langues troublent le repos des familles, mais moins que les mauvaises dispositions des gens qui les écoutent. Si chacun balayait devant sa porte les rues seraient propres.

Si chacun avouait ses torts les familles vivraient en paix

Beaucoup réfléchir et parler peu est un moyen de beaucoup apprendre.

Celui qui sème l'injustice récolte la vengeance.

Pour qu'une chose ou un mot ait un mérite il suffit qu'il ait un enseignement utile.

Un enseignement qui alégit bien la conscience est celui-ci : fais ce que tu dois, et arrive que pourra.

L'aumône soulage les mendiants et finit par les créer, elle devient pour les pauvres une habitude, une industrie, elle entretien le vice, le pousse, et provoque l'hypocrisie et le vol ; l'aumône organisée se croit plus utile, elle prétend ne donner qu'aux vrais misérables, faire de ses dons, un remède et profite de l'occasion pour placer de bons conseils qui ne sont pas toujours écoutés : elle fait tort à l'ouvrier laborieux qui rougirait d'accepter une aumône en facilitant l'ouvrier assisté à baisser ses prix ; c'est une bonne action qui a les effets d'une mauvaise. Un jeune homme en se mariant faisait valoir sa position en apportant pour dot son secours de la bienfaisance dont la famille jouissait depuis son grand père..... Et s'il s'agit de l'État qui prend à la caisse commune pour donner à quelques uns, cette largesse équivaut à la spoliation de tous. Elle a le même défaut lorsqu'elle est faite au profit d'un seul : soit un souverain, un prince, un général, un prélat, etc.

Un gueux près de Madrid demandait fièrement l'aumône ; un passant

134

lui dit : N'êtes-vous pas honteux de faire ce métier infâme quand vous
pouvez travailler ? Monsier répondit le mendiant : je vous demande de
l'argent et non pas des conseils.

La plus grave, la plus importante des causes du paupérisme c'est
l'abandon de l'homme par lui-même, s'il ne se soutient pas par son
travail, s'il compte sur la charité, sur les hôpitaux, sur les maisons de
secours il se dégrade, il se perd, Paris a été un moment perdu parce
que les 3/4 de sa population était à la charge du quatrième quart. Paris
est une ville où les hommes sont inconnus les uns des autres et pour
cette raison l'amour-propre disparait vite, il lui devient égal de vivre
de subvention, d'aumône, de secours, témoin les grèves, surtout la
guerre de 1870. L'ouvrier n'est plus ouvrier il est devenu mendiant. Le
mendiant devient souvent voleur car les deux extrêmes se touchent. On
doit donc manier la charité avec une extrême prudence ; ne la faire
absolument qu'aux enfants abandonnés, aux vieillards, qu'à ceux qui
ne sont pas malheureux par leur faute, et dans ce cas la charité est un
devoir. On doit la faire aussitôt qu'on en connait le vrai besoin ; l'assistance est légitime partout où elle est nécessaire et pas ailleurs. Celui
qui n'a pas de cœur s'habitue vite à recevoir. Tout ce qui dispense
l'homme de vouloir, le dégrade et l'appauvrit, s'il prend l'habitude de
demander lorsqu'il peut travailler, il faut cesser de lui donner, ce sera
un moyen plus sûr de détruire la mendicité meilleur que les affiches. A
l'homme qui peut le faire, ce qu'il faut lui donner, c'est du travail et
pas autre chose.

La force que l'homme peut puiser en lui-même est un trésor qu'il ne
doit pas négliger car c'est la première et la plus grande richesse ; c'est
le help your self des anglais et des américains. C'est notre aides-toi toi-
même et le Ciel t'aidera.

Aides-toi toi-même, là tu trouveras le plus puissant des secours, c'est
dans l'énergie et la volonté de l'action qu'on trouve la plus précieuse
source de ressources utiles ; les idées justes, la force morale sont de
précieux auxiliaires qui peuvent influer sur l'avenir de leur famille et le
leur ; cette tache lui sera bien facilitée s'il sent qu'il a une âme, croyez-
le bien, ce n'est pas un vain mot, c'est un sentiment indispensable à la
perfection de l'homme, c'est le sentiment qui ennoblit le plus son esprit
et sa pensée. Aujourd'hui l'homme pense, il y en a qui s'en affligent,
mais si sa pensée est juste, il faut s'en réjouir, il faut qu'il pense juste,
et il obtiendra la toute puissance de la raison. S'il pense faux, malheur
à lui, s'il se laisse séduire et malheur à nous, mais à lui surtout, et
comme lorsqu'un membre souffre tous en souffrent il est du devoir de

la société et de l'intérêt de tous de s'éclairer mutuellement, le bien de
l'un augmente celui de l'autre, c'est l'inverse de ce qu'on disait autres
fois : si je suis gai et bien portant et que je gagne de l'argent, tous ceux
qui m'écoutent profiteront de ma joie et participeront à mon argent. Si
je suis malade, soucieux et ruiné, tous ceux qui m'écoutent seront chagrins et peu favorisés de la fortune. Il existe entre les hommes un lien
de solidarité qu'on ne peut pas rompre ; les intérêts s'étendent non seulement à quelques uns mais à toute la famille, à tout le village, de là à
toute la ville, au département, à la nation, au monde entier ainsi que
nous l'a prouvé la guerre de 1870 Sans cette cruelle et immense preuve
générale cette vérité serait peut-être encore contestée.

J'ai dit ailleurs, n'allez pas dans ces grandes villes où le pain qu'on y
mange est si souvent amer. Mais du pain on en a pas toujours eu pendant le siège de Paris, on mangeait sous forme de pain un certain mé-
lange dans lequel ce qu'on distinguait avec le moins de dégoût c'était la
paille. Ce pain tout noir, mauvais, et indigeste qu'il était on n'en avait
pas tant qu'on voulait : la ration était de 300 grammes par personne,
aussi chacun avait maigri ou était mort, il en est mort beaucoup après
par suite d'affaiblissement causé par les privations

A ces maux avons-nous gagné quelque chose ? En 19 ans de république le budget de la ville de Paris qui était de 9 millions est monté
administrativement à 24 millions. Les voleurs des grandes routes n'ont
jamais pesé d'un tel poids sur cette malheureuse ville où les faillites
tombent dru comme grêle. Cela m'est pénible à dire, mais la vérité est
le premier devoir de l'histoire, c'est la plus utile la plus puissante
leçon.

Pendant les monarchies, les fonctions de conseillers municipaux
étaient purement honorifiques et il ne manquait pas d'honnêtes gens
capables pour les remplir ; mais en république, fi donc ; est-ce qu'on
peut vivre avec de l'honneur et du dévouement ? Donnons-nous des
appointements et qu'ils soient beaux : 6,000 francs d'abord et nous
verrons si nous ne pourrons pas le porter à 8.000 fr. plus tard. Et ça y
est. Coût 720 000 francs.

Par qui sont-ils nommés ces conseillers ?

Par la population qui ne paye pas d'impôts, et joyeux de l'abaissement
et de la ruine de ceux qui payent ; son plus grand plaisir est de rire aux
dépens de ceux qui la font vivre soit d'aumônes soit d'un travail ruineux
pour ceux qui les employent. Cette idiote ne prévoit pas qu'avec la ruine
de la société elle se condamne à mourir de faim. En serait-il de même
si, par une juste raison, puisqu'elle ne supporte pas les charges on lui

ôtait le moyen de nuire par son vote ? Quand on est à l'honneur on doit être à la peine a dit Gambetta.

Avec le suffrage universel les élections à Paris ne pourront jamais être honnêtes car les honnêtés gens étant découragés ne se présenteront pas pour voter et la responsabillité incombe aux lois et aux électeurs.

Vous avez bien lu 16 millions d'augmentation d'impôts pour la seule ville de Paris en dix-neuf ans ?

Y a-t-il jamais eu pareille charge occasionnée par les voleurs de profession qui se cachent honteusement ?

Mais les imposés ne votent donc pas ?

Non ou presque non, car ils sont découragés puisqu'ils se savent en minorité.

Il y a à Paris 300 journaux dont 100 au moins ne sont que politiques, c'est de ceux-ci que je veux parler. Je n'en ai trouvé qu'un seul qui soit consciencieux et un qui en approche, je n'ose pas les nommer : je craindrais encore de me tromper tant la classe est sujette à caution, mais pour tous les autres, si on en faisait une hécatombe cela paraîtrait monstrueux et pourtant combien de milliers de victimes on aurait épargnés ; savez-vous comment ils rapportent une nouvelle suivant leur opinion ? En voici un exemple : « Quelques troubles ont eu lieu à Bor-
« deaux, à Guerret, à Vierzon qui ont été immédiatement réprimés, on a
« fait quelques arrestations. Autre version ayant absolument la même
« source.

« De grandes manifestations ont eu lieu à Bordeaux; Guéret et Vierzon
« sont en pleine révolution. Toute la France se soulève, marche vers et
« pour Paris contre Versailles qui sera bientôt écrasé, les soldats font
« partout cause commune avec le peuple. Le Mans a proclamé la
« commune et désarmés les cuirassiers qui avait été envoyés pour
« mettre l'ordre. A Versailles les ruraux (assemblée nationale) ne sont
« soutenus que par les gendarmes et les sergents de ville, qui,
« quelques fois se battent avec les soldats, on dit qu'il y a des
« morts.

Voilà comment on rapporte les nouvelles, reconnaissez-vous y si vous pouvez... Ces derniers excitaient Paris à la résistance, ce qui a coûté plus de monde, de douleurs et de pertes à la France que n'en a coûté la guerre contre la Prusse. Le fait est qu'il n'y a rien eu au Mans ni à Versailles, que c'est par de pareils mensonges qu'on entretien la terreur à Paris et que l'on fait tuer le monde car si Paris n'avait pas compté sur la province il ne se serait pas battu 15 jours, ses bataillons ont été bientôt réduits au quart et ce quart ne voulait plus marcher, n'allait plus au feu que par la force et la faim, c'est-à-dire pour avoir 30 sous par jour et la nourriture.

Il y a surtout un ordre qui commande : sous la monarchie c'est la loi, mais en général c'est le monarque. En république il faut que ce soit la loi. Vous la trouvez mauvaise, mais nous la trouvons bonne. Il faut la refaire ; je ne m'y oppose pas, mais ce n'est pas par la voix du canon qu'on doit la changer : c'est la majorité, avec réflexion, eh bien soyons calmes, mettons les canons dans la remise et délibérons. Voyons où est la majorité, nommons des représentants qui feront une loi nouvelle, je le veux bien, et la majorité fera la loi, quoiqu'il y en ait déjà de trop. Les parisiens me répondrons que la majorité est trop ignorante, mais c'est eux qui sont ignorants ils ne sont pas logiques ; la majorité leur dira vous êtes malades d'esprit ou de la canaille ; vous vous blesserez mutuellement et vous en reviendrez aux canons, cette brutale voix ne doit pas trancher la question, il faut que la minorité se soumette, c'est la loi primordiale, on ne peut pas, on ne doit pas en sortir. Parisiens, vous avez de l'esprit, dites-vous ; tachez de convaincre les ruraux, comme vous les appelez, qu'ils ont tort, ils ne demandent pas mieux que de vous écouter si vous les persuadés, mais il faut les persuader. Vous n'y arriverez que par de bonnes raisons, des raisons positives, naturelles, conciliant les dignités, les intérêts, les amours-propres et non par des raisons comme celles contenues dans le journal l'*Avant-Garde* où la grossièreté et l'injure font le plus bel ornement, qui traite d'imbécile ce que la France a de plus savant, je pourrai dire l'Europe : M. Thiers enfin, je ne suis pas son ami, mais je ne peux pas passer sans condamnation un pareil langage. *Le Père Duchène* ne vaut pas mieux. Les grossièretés et les injures ne sont pas des raisons, elles ne sont appuyées que par des gens ignorants et grossiers et sont la condamnation de celui qui les dit. Ce journaliste qui s'attaque aux cheveux blancs du vénérable vieillard en qui le plus grand nombre a confiance est un bambin de 19 ans dont j'occupais le frère. Est-il assez aveugle, est-il assez ignorant ou assez coupable pour pousser à la guerre civile par conviction ? Les deux premières suppositions, de la part d'un écrivain, ne sont pas admissibles, il n'y a que la troisième d'admissible, il s'est dit : mon journal se tire à 60.000 exemplaires à 5 centimes cela fait 300 francs d'affaires par jour, cela en vaut la peine au risque d'aller en prison d'où je profiterai d'une amnistie. Que les insensés, les crédules, les niais aillent se faire tuer, peu m'importe, pourquoi sont-ils si bêtes ? Pour moi je gagne ma vie, qu'ai-je besoin de m'occuper de la leur ou de ma conscience ? Il y a longtemps que je l'ai vendue. Et quels sont leurs

138

chefs ? Je l'ai dit : ils sont trop bêtes. Leurs chefs sont des étrangers :
des Dombrosky, des Nitzen, des Latesky, des Lobanoff, des Reitzel, etc,
etc., qui ne le sont souvent que par les désordres qu'ils ont commis
dans leurs pays d'où ils sont chassés, condamnés. Nous avons vu à
Marseille sur 500 arrestations il n'y avait que 70 marseillais ; eh bien à
Paris je suis sûr que le nombre de parisiens est encore bien inférieur ;
je parierai que sur 500 arrestations il n'y a pas 25 parisiens. Hé bien, si
ces cosmopolites ne sont pas contents en France qu'ils s'en aillent dans
leur pays, nous n'avons pas besoin d'eux, nous les acceptons à condition
qu'ils se conforment à nos usages, à nos lois, mais nous ne voulons pas
nous laisser mettre hors de chez nous, nous devons leur dire · c'est à
vous d'en sortir, vous qui faites les maîtres.

Les journalistes les épaulent, c'est leur intérêt, ils donnent de bonnes
raisons qu'ils grossissent à volonté, il faut bien qu'ils en donnent sans
cela le peuple qui a le fonds bon ne les suivrait pas, mais ces raisons
on les grossit outre mesure et si l'on voit qu'elles prennent, alors il n'y
a plus de bornes. Ainsi cette révolution de 1871 dont il faut remonter
bien loin pour en voir de pareilles avait pour prétexte le droit d'élire
ses maires. Ce droit est primordial c'est incontestable. C'est le peuple
qui paye, il doit avoir le droit de choisir ses administrateurs, mais seulement celui qui paye et non pas celui qui ne paye pas, et ce droit
vaut-il une guerre d'extermination ? Ce droit, dans une grande ville est
plus funeste qu'utile parce que les gens de mérite ne veulent pas faire
salir leurs noms par les journaux ne se montrent pas par dignité, par
modestie, par scrupule et qu'il n'y a que les effrontés qui se présentent
pour solliciter ou mendier les suffrages. On me répond, on les décou-
vrira, on ira les chercher. D'où vient qu'on ne les découvre jamais ?
C'est bien simple : Ils ne se font pas voir, ils ne se montrent pas ; s'ils
se montraient ils cesseraient d'être modestes. Voilà pourquoi on ne les
trouve pas et qu'on ne les trouvera pas. Il n'en est pas de même dans
les petits endroits : là tout le monde se connaît et chacun connaît celui
en qui il préfère accorder sa confiance.

La révolution, en d'autres temps on a eu des motifs sérieux
de la faire, elle a coûté cher, mais elle avait des motifs, elle a porté
ses fruits.

La morale est le secret de la politique a dit Méternick c'est aussi le
secret du commerce, avec la morale la maison prospère. Si on établit
une hiérarchie entre les hommes elle doit être fondée sur la vertu
qui est au-dessus de tout, ensuite sur les capacités, quant à la force
proprement dite elle n'est presque rien, c'est l'affaire du bœuf ou du

cheval. Tout le monde comprend si bien cela que si les ouvriers forment une association ils prennent le plus intelligent pour les gérer et non pas le plus fort.

On apprend mal la liberté à l'école de la servitude, si depuis 1793 l'industrie a tant progressé c'est qu'elle n'est plus captive ; plus de maîtrise, plus de jurandes, de chefs-d'œuvre pour passer maître. On a beaucoup usé de cette liberté et même abusé, car on ne fait plus que de la camelotte, mais comme une découverte n'est plus un crime mais un mérite, quand on invente on fait généralement du bon tant que la concurrence ne s'en mêle pas, puis on mêle du bon dans du mauvais jusqu'à ce que le mauvais domine.

Dans certaines corporations, aux drapiers par exemple, la maîtrise coûtait 3,240 livres (francs). C'était en plusieurs chapitres. Au roi, à la communauté, à l'église, le banquet confraternel, etc. Si vous regardez la vie de ce temps là (xviiᵉ siècle). Les animaux qui n'avaient pas souci du lendemain étaient plus heureux que l'homme. Les hommes devaient toujours payer : une balle de camelot de 232 livres payait de Paris à Lyon 203 livres 13 sols 3 deniers sans compter la douane 6 deniers par livre. Tout devient fiscalité : le mariage du roi, la naissance d'un prince, la guerre la paix, il n'y avait pas d'événement public qui ne fasse au roi ou au seigneur un prétexte pour rançonner, il était d'ailleurs gêné dans sa fabrication par un amas de règlements confus qui portaient sur la matière, sur les quantités, sur la méthode : dans la vie intime par des lois somptuaires, dans son travail par l'obligation d'avoir un atelier ouvrant sur la rue, d'éteindre sa forge ou sa lumière à heure déterminée, dans sa vente par la marque de fabrique, dans son commerce par le contrôle perpétuel des gardes du métier, du prévot, des échevins, du procureur du roi etc, etc. Il fallait bien sauvegarder les intérêts pour faire face à tout cela ; mais la plus facheuse consé-quence de tout ça, c'est qu'on fermait au pauvre le travail et ses ressources. Tout était cher et pour cette raison on n'achetait rien ou guère de sorte qu'il fallait aller pieds nus car les inventeurs de souliers à bon marché étaient envoyés aux galères.

Si nous parlons du siècle précédent la position de l'ouvrier était encore pire. Sous Louis IX par exemple, l'ignorance était plus grande et la position sociale lui était proportionnée. Cependant Louis IX était un roi bon, mais il ne pouvait pas enfreindre les règlements. Il parta-geait la misère de son peuple, il fut mourir dans le voyage de la guerre sainte et dans le danger il dit : que ses sujets tenaient autant à leur corps que lui au sien.

De nos jours 1889 les grèves produisent un grand rapprochement avec les réglements de ce temps-là, car elles empêchent les ouvriers de travailler aux heures et aux prix qu'ils veulent et pour les chefs d'ateliers qu'ils veulent, c'est au nom de la démocratie et de la liberté qu'on fait de la tyrannie et que la liberté disparaît. Il ne faut pas prendre les grèves pour une plaisanterie anodine : on a battu et même assassiné plusieurs de ceux qui n'ont pas voulu s'y soumettre.

La liberté devait venir, elle est venue, elle viendra, mais non c'est une erreur, elle aime, mais abuse et trompe la vertu. J'en admire la grandeur, la beauté, mais elle est impossible.

Les profonds desseins de la providence sont insaisissables, notre devoir est de les respecter.

On a fait à M. Thiers le reproche de s'être entouré des hommes de l'empire. Il répond : « L'armée est très bien organisée par le choix des
« nobles chefs qui la commandent. Nous ne les avons pas demandés à
« un parti mais à tous les partis, regardant à la loyauté, à la capacité et
« non à l'origine. Je crois qu'un vrai gouvernement doit se montrer con-
« fiant, non pas comme les crédules, mais comme les gens loyaux qui
« croient à la loyauté des autres. En choisissant partout où il y avait
« loyauté, honneur et capacité. Je crois que nous avons donné à l'armée
« le plus noble état-major qu'elle eut depuis longtemps. Nous avons pris
« des hommes qui se sont montrés supérieurs à la fortune et qui ont
« prouvé que s'ils avaient été bien dirigés il nous auraient rendu non une
« France vaincue, mais une France victorieuse. A Tours il y avait un
« gouvernement de trois personnes... je ne le blâme pas ; quand on
« porte le poids des affaires on n'accuse personne.

Fallait-il que M. Thiers ferme l'atelier où se forme les soldats, qu'il ne les occupe que 10 heures par jour et qu'il les envoie se promener après et coucher chez eux ?

Fallait-il qu'il désorganisa l'armée comme on a fait dans les autres administrations?

Tout bénéfice qui dérive de la perte infligée à autrui est mauvais et la source en tarit vite, il faut que le gain de chaque jour et de chacun concorde avec le profit de tous. Le gain de l'entrepreneur ne peut être permanent qu'à cette condition, il faut qu'une heureuse harmonie relie tous les intérêts, ce n'est que lorsqu'ils sont tous satisfaits en même temps que la production peut se développer, c'est pour cela que je vous dirai aimons-nous les uns les autres car nous sommes tous frères.

L'égoïsme à la vue courte, on croit bénéficier parce qu'on éloigne les copartageons, on ne s'aperçoit pas qu'on éloigne les éléments de l'exécution de l'œuvre, rien n'effraye plus les capitaux que le repos, si on le laisse dormir il s'en va et on ne peut pas travailler sans lui, donc si on travaille il revient. Travail, capital, propriété, engins puissants et féconds, ils peuvent tout si on les rapproche et dirige bien : ils ne peuvent rien si on les éloigne. Il faut avant tout que la masse à partager devienne considérable, là où il n'y a rien le roi perd ses droits ; le roi du monde c'est le travail. Là où il n'y a rien on ne peut rien partager, et quoiqu'on fasse on ne doit avoir qu'une part du résultat acquis. Vous gagnez en pouvoir et en influence si vous gagnez en lumière et en vertu. Votre part de souveraineté n'a de valeur que par la manière dont vous saurez l'exercer ; rendez-vous digne de vos droits. Le moyen est dans une éducation consciencieuse ; c'est d'Amérique, c'est de Channing que nous vient cette leçon transmise par J. Simon. C'est un noble langage digne d'un grand peuple qui respecte tous les droits, ne rêvant pas follement la destruction de la propriété.

Dans ce monde tout doit être conquis par la puissance du travail et de l'épargne.

Je bénis l'héritage et cependant non seulement je n'en ai pas reçu mais encore j'ai dépensé plus de 10,000 francs pour ma famille et mon pays. Je me trompe : j'ai hérité de l'intelligence, de l'amour de l'ordre, de la connaissance, du respect du droit, et en travaillant j'ai eu aussi mon droit. Le propriétaire du sol ou des capitaux m'a occupé, nourri et payé, je suis, par une longue suite d'années, devenu propriétaire s'il n'y avait pas eu de propriétaires avant moi je n'aurai pas pu le devenir ; dans les pays où la terre est à tout le monde c'est le pays sauvage, il n'y a de propriété pour personne.

Par quoi l'homme est-il fort ?

Par son intelligence et la bonne volonté à l'aide desquelles il a acquis les instruments dont il se sert ; ce sont des domestiques soumis qui ne mangent rien, il n'y a qu'à les entretenir s'ils boivent, c'est de l'eau cela ne prive personne.

Citons un exemple : Un homme solide, un robuste gaillard peut porter 150 kilogrammes, cela ne l'empêche pas d'obéir à un homme, mais un bon cheval traîne aisément 2,000 kilogrammes, une locomotive traîne 600,000 kilogrammes et obéit également à un homme.

Le pays où l'homme est le plus misérable est celui où il n'y a de sécurité pour personne, ni de propriété, ni de capitaux. La position grandit à mesure que la sécurité avance, il faut que l'ouvrier sache que son maître ne peut bien le payer que s'il travaille bien et que le maître sache que l'ouvrier ne peut bien travailler que s'il le paye bien, pour qu'aucun ne perde il faut que tous les deux gagnent. Le patron qui fournit son loyer, ses outils et qui paye 4 francs par jour à ses ouvriers ne peut vivre que si ses ouvriers lui font pour 4 fr. 50 d'ouvrage et si, quand on lui fait pour 4 fr. 50 il ne veut payer que 3 fr. 50 ou même 3 francs il veut trop gagner, ses ouvriers auront raison de chercher un autre patron. Je fais exception pour les articles nouveaux qui ne durent qu'une saison et qui n'ont pas moins exigé une certaine mise de fonds qui avec 1 franc par jour ne serait pas couverte à la fin de la saison, il faut que l'ouvrier comprenne que l'accroissement de la dépense entraine l'accroissement du bénéfice à faire sur son travail que je ne peux pas préciser. L'ouvrier a donc intérêts à aider le maître à acquérir le capital, c'est pour cela que je vous dirai aidez-vous les uns aux autres car vous êtes tous solidaires et membre de la même famille sociale.

Le salaire élevé est le travail à bon marché car il est donné au travailleur habile.

L'ouvrier habile est recherché en ce que le salaire récompense un travail plus actif et plus intelligent et procure les produits à bon marché. C'est lorsque l'ouvrier est content qu'il ne gaspille pas son temps ni son ouvrage ou matières premières, qu'il s'associe de cœur à ce qu'il fait que le travail revient à bon marché. Un ouvrier fait l'ouvrage de quatre et quelques fois davantage, j'ai même constaté l'ouvrage de dix. Quelques ouvriers font l'ouvrage de quatre et sont contents d'être payés comme deux, donc c'est sur ceux-là que le patron gagne beaucoup tandis qu'il perd sur les mauvais ouvriers qu'on occupe souvent par pitié. Ce sont de ces natures revêches qui détestent et se font détester de tous, qui épuisent leurs forces à des plaisirs grossiers, qui n'aiment ni le bon, nit le beau, ni le grand, qui n'ont aucune dignité, aucune complaisance, aucune générosité, aucune vertu, aucun bon sentiment, ou qui en manque beaucoup, qui ne cherchent qu'à nuire au patron, à noircir, à gêner, qui s'offensent de tout ce qui est vertu qu'ils qualifient de bêtise. Hélas ! les insensés ! Qu'ils ouvrent les yeux ! Qu'ils examinent l'isolement où ils sont et ils verront par là où est la bêtise. Je n'hésite pas à dire qu'elle est de leur côté.

Et pendant la domination de l'anarchie quand on voit des magistrats mettre des affiches telles que celle ci: « Nous n'aurions pas pu payer » les maîtres d'école, nous avons préféré ne pas payer les frères, nous » espérons que nos administrés nous approuveront. »

Le plus sot campagnard aurait-il mis une affiche pareille ? Voulant que l'instruction se répande on doit payer tous ceux qui la donnent et commencer par ceux qui la donnent à meilleur marché, avec le plus de dévouement, surtout quand l'argent est insuffisant.

Quelle différence y a-t-il entre les maîtres d'école et les frères des écoles ? Ces derniers ne sont-ils pas maîtres d'école, humbles, modestes et aussi dignes d'intérêts que les autres ? Sur le champ de bataille, devant le feu de l'ennemi, aux ambulances n'ont-ils pas prouvé leur dévouement à la patrie, à l'humanité en 1870, où l'un d'eux a été tué ? S'il y a une différence, et il y en a une, n'est-elle pas en leur faveur ? Notre budget est trop lourd pour l'augmenter encore, et pour se priver des frères parce qu'ils instruisent à bon marché, c'est vouloir se priver des raisins parce qu'ils sont noirs ou blancs et leur préférer les cerises parce qu'elles sont rouges. Cependant il y avait du bon, car il diminua de deux tiers les dépenses de la mairie et les écritures étaient à jour mais le diable s'en mêla, car ce maire allait fouiller et voler les morts prussiens, le métier était lucratif, mais il fut dénoncé, arrêté, jugé et condamné durement.

J'avoue que j'aime bien les cerises, mais j'aime aussi les raisins, il ne faut pas choisir, il faut tout utiliser, mais si l'on choisit, les cerises resteront en affront j'en suis convaincu.

Je trouve que les journaux ont fort mauvaise grâce à nous vanter la laïcité, lorsque nous savons que c'est la laïcité qui nous a amené la guerre de Paris et fait la Commune. Qu'ils ne viennent donc plus reprocher l'ignorance du paysan, mais qu'au contraire ils voyent l'aveuglement des citadins et on sera bien plus près de la vérité. Ces hommes étiolés, usés, pâlis et ne possédant pas de quoi vivre deux jours, peuvent-ils se prétendre plus raisonnables que ceux qui savent se conserver robustes, forts, et avoir du pain pour l'année ou au moins pour la saison ? Qu'on ne vienne pas en donner tout le tort au climat, ce serait une fausseté, le climat ou plutôt l'air y est pour quelque chose et le genre de vie fait le reste, il est facile de s'en convaincre en examinant les habitudes que chacun a conservées ou prises : ceux qui ont conservé les habitudes de leur village ont en général conservé leur santé, leur fraicheur, ceux qui ont pris les habitudes parisiennes en ont pris la pâleur, s'ils ont des enfants, ces enfants se sentiront des mœurs des parents et pour peu qu'ils soient dirigés dans les mêmes principes, ils dégénéreront encore. Et voyez les enfants du charbonnier, du porteur d'eau, ils les élèvent comme dans leur pays, ils ont la même mine que dans leur pays, tandis que ceux des locataires de la même maison sont blêmes, pâles, étiolés.

On proteste contre les parents qui mettent leurs enfants en nourrice, il est évident qu'une nourrice ne peut pas allaiter d'aussi bon cœur un nourrisson que son enfant et que par ce sentiment le lait peut se trouver un peu altéré tant qu'elle ne s'attache pas à l'enfant, malgré cette altération ce lait est encore moins débile que celui de la mère citadine qui souvent ne met son enfant en nourrice que parce qu'il l'empêcherait de prendre du plaisir. La campagnarde est moins avide des plaisirs et si elle soigne suffisamment l'enfant, celui-ci n'aura rien perdu au change, même il pourra y avoir gagné, seulement il y a des nourrices mercenaires qui prennent jusqu'à trois ou quatre nourrissons à la fois, il est évident que dans ces conditions, ils seront mal soignés et que par leur mère il leur aurait été difficile d'être pire.

L'air de la campagne a une valeur qu'il ne faut pas méconnaître, mais si c'était l'air seul qui fit la différence pourquoi donc que les enfants du charbonnier de la ville seraient-ils plus robustes que ceux des bourgeois de la même maison? Cependant le fait est incontestable. C'est tout simplement parce qu'il élève ses enfants comme il a été élevé lui même, ni plus ni moins sobrement, tandis que les bourgeois affaiblissent, amollissent les leurs par trop de complaisances de prévenances, de faiblesses, de friandises, voir même du café au lieu de soupe et croient surtout bien faire en leur donnant un bon verre de vin et un peu de liqueur, très peu d'abord et on dit: oh, il y en a si peu que cela ne peut pas lui faire du mal. Mais puisque vous savez que ça ne peut lui faire aucun bien pourquoi lui en donner si un peu plus peut lui faire du mal? Ne réfléchissez-vous pas qu'en leur en donnant l'habitude, plus tard ils en voudront un peu plus? Vous répondez une fois n'est pas coutume; mais toute coutume a commencé par une fois. La première fois qu'un enfant prend des liqueurs, au milieu d'une affreuse grimace il dit pouah que c'est mauvais, les parents rient de la grimace. L'enfant ne doit pas être un jouet, lui se dit: papa en boit donc ça doit-être bon, une autre fois il trouvera tout aussi mauvais, mais il mettra son amour-propre à ne pas faire la grimace, le père en sera flatté et dira Jules le boit bien maintenant et il ne fait plus la grimace. L'enfant très flatté aussi se gardera bien d'en faire et pour le prouver voudra boire. C'est absolument comme pour la pipe, on sait bien qu'elle fait du mal. Rochefort s'est corrigé dès la première fois, mais il y en a peu comme lui et ayant une pipe ou un cigare, en fumant on se croit avoir l'air d'un homme et on fait pitié. On s'en va avec un air de crânerie semblable à un perroquet qui a dit une grossièreté à quelqu'un. Ne l'oubliez pas: c'est le périclitement de la mémoire, de la force, de la raison, de la tempérance, de la santé, du jugement, de la conduite, de l'ordre et de l'économie. C'est la source du périclitement général de toutes les facultés ; ajoutez à cela qu'ils se lèvent trop tard et vous aurez le complet étiolé.

Le vin a dit un médecin, avant dix ans on ne doit pas en donner aux enfants à moins que ce soit pour rougir l'eau si elle est mauvaise.

On trouve quelques fois, dans les enfants, plus de raison que dans les pères · on disait à un enfant de quatorze ans : Et toi, tu ne fume pas ? Pas si bête de dépenser mon argent pour me faire du mal.

Le corps ne peut dépenser qu'une certaine quantité de force, on peut-être amené à l'état de débilité par l'excès de travail. Pascal ce grand homme du premier devoir fut de ce nombre, mais combien sont rares ceux qui y sont amenés pour cette cause. La force dépend beaucoup de la nourriture que l'on prend, elle peut-être dépensée de différentes manières... En ayant parlé ailleurs je ne le répèterai pas ici.

La négligence est un vilain défaut, beaucoup d'athés se basent sur Voltaire et préfèrent rester incrédules que d'examiner les faits, mais ils n'ont pas lu Voltaire car il reconnait parfaitement l'existence de Dieu qu'il appelle le grand fabricateur (voir page 124), voir aussi mes loisirs de voyage (page 89) avec qu'elle profonde vénération il en parle.

Voltaire a été élevé par les jésuites et s'il y a des élèves qui conservent de bons souvenirs et aiment à donner des éloges à ceux qui les ont élévés, d'autres au contraire se font un vilain plaisir, le plaisir des ingrats, de dénier leurs services et font comme un de mes commis qui a dit que j'étais mort pour pouvoir plus facilement prendre mes clients et me faire concurence. Les jésuites ni leur doctrine ne sont pas plus morts que moi et ont rendu à Voltaire la monnaie de sa pièce en disant qu'il était athé. Voilà ce qu'il a gagné à être ingrat, mais en le qualifiant ainsi, les jésuites ont été trop loin et ont rendu faute pour faute. Je me suis bien gardé de suivre leur exemple vis-à-vis de mon commis, qui n'en est pas à son premier repentir, ainsi qu'il me l'a prouvé depuis.

Voltaire était d'ailleurs très riche et très intéressé et ne put pas supporter gaiement l'impôt énorme 300,000 francs que lui a fait supporter l'abbé Dubois étant ministre, de là il se vengea sur tous les prêtres. Cependant les hauts prêtres eux-mêmes n'étaient pas épargnés dans l'impôt et un archevêque lui dit : Mais Monseigneur c'est comme si vous le preniez dans nos poches. L'abbé Dubois ne se cachait pas, il répondit : où voulez-vous que j'en prenne ? C'était sous Louis XV et déjà on préparait la mort qu'eut Louis XVI qui n'était pas encore au monde, il expia pour sa famille.

Or si Dieu existe il faut bien des hommes pour propager sa loi, sa grandeur, sa puissance, sa bonté, sa justice, sa miséricorde, appelez ces hommes prêtres, ministres, rabbins, popes ou autres noms cela ne change rien à la chose, et pour mieux comprendre, il vaut mieux ne rien changer du tout et les appeler prêtres, et ces prêtres, croyez-le bien en général, ont la foi, car s'ils ne l'avaient pas, ils se mettraient journalistes ou avocats, ils y gagneraient plus d'argent et auraient une vie plus commode, mais ils perdraient l'estime et le bénéfice de la vie future ; ils font leur état par dévouement ; autrement ils se mettraient hommes de lettres, professeurs, ce sont des ouvriers assez exercés à la volubilité de la parole pour être avocats. Eh bien non, ils sont et veulent rester prêtres, modestes prêtres ; je leur trouve pour cela, un grand mérite : celui de contribuer à former d'honnêtes gens, surtout ceux qui joignent l'exemple à la parole ; il faut savoir vivre avec peu pour se contenter comme eux. Dans les villes il y a peu d'ouvriers qui voudraient se contenter de vivre avec si peu de chose et d'être si peu libres surtout, mais le prêtre, pour tous ces sacrifices espère la récompense céleste, le public ferait bien d'en faire autant, il y gagnerait pour les deux vies et ce n'est pas à dédaigner.

C'est un prédicateur qui le premier a eu dans la bouche le mot démocratie, c'est Massillon en 1718, devant Louis XV alors enfant de huit ans. C'est Massillon qui sans s'en douter jeta les bases de la révolution qui mûrit pendant soixante-neuf ans avant d'éclater, cette révolution était juste, elle est due à un prêtre et aujourd'hui les révolutionnaires, ne veulent plus de prêtres : ils sont donc bien ingrats ou bien injustes ? Le petit carême de Massillon fut sur le bureau de Voltaire pendant quarante ans ; Voltaire y puisait souvent. D'où vient que les voltairiens ne veulent pas de Massillon ? Faudra-t-il faire une révolution pour ramener les gens à la raison au sens commun ? C'est inutile, Tacite dit que la postérité mettra chacun à sa place ; mais Voltaire dit : j'ai toujours espéré que quand une grande calamité arrive je verrai les Français raisonnables au moins pendant six semaines je suis vieux mais je n'ai pas encore pu voir cela.

Pendant un demi siècle le petit carême de Massillon a été sur le bureau de tous les gens à la mode. Les modes ont donc bien changé ?

Oh ! peuples et rois instruisez-vous ! Juges de la terre, Maîtres, ensevelissez-vous dans votre propre gloire ! Pères et mères élevez vos enfants pour vous et pour le monde, le prix vous en sera payé par une satisfaction éternelle. Les bons principes qu'on donne aux enfants sont toujours leur règle de conduite. Ne leur donnez pas un maître qui ait des principes opposés aux vôtres, cela ne manquerait pas de jeter du désordre dans leurs idées, et comme on croit plus facilement le mal que le bien ils inclineraient fatalement au mal. Plus avancé en âge, en science, s'il faut aussi qu'ils apprennent le mal, ce n'est qu'afin de pouvoir mieux le combattre. Un jour un enfant d'une douzaine d'années me disait toute sorte de grossièretés sur les prêtres, il était si bien ferré là-dessus qu'il en savait plus que tout le monde. Je dus lui répondre : Vos parents ne sont donc pas d'honnêtes gens pour vous élever dans de pareilles idées ?

Une autre fois je me trouvais à table d'hôte avec un homme brun, barbu, chauve, bien mis, parlant avec facilité et assez de logique, mais peu d'honnêteté, nous discutâmes en termes courtois pendant tout le temps du diner, puis nous nous séparâmes sans nous être mutuellement convaincus. Le lendemain à sa place il y avait un blond, barbu, plus jeune, me tenant le même raisonnement que le brun de la veille, avec la même logique mais encore moins d'honnêteté. Ils avaient de l'instruction tous les deux. Je me suis dit ce doit être le frère du brun. C'était les deux frères en effet, ils étaient négociants associés et avant six mois ils ont fait faillite, et comme les créanciers les avaient vus à l'œuvre ils n'ont pas accordé de concordat. Ces frères étaient ruinés et obligés de se placer chez les autres, c'était pour eux le cas de répondre comme Georges, M. George est-il votre parent, vous portez le même nom ? C'est un parent éloigné, c'est le neuvième fils de mon père dont je suis l'aîné.

Ces deux frères citadins ne manquaient pas d'accuser les ruraux d'ignorance, c'est vouloir se complaire dans l'erreur ; les paysans n'ont que l'air de bête, ils ont l'esprit pratique, ils savent ce qu'ils veulent, ils veulent ce qu'il faut. Ils savent qu'il faut du temps à tout, ils savent qu'ils ne peuvent pas récolter huit jours après avoir semé, ils savent qu'il faut donner au germe le temps de se produire, d'être échauffé par le soleil, mouillé par la pluie, de mûrir et attendre le temps nécessaire pour récolter ; ils savent que pour récolter il faut d'abord avoir semé, ils savent qu'ils ne doivent récolter que sur leur champ et n'essayent pas de récolter dans le champ du voisin, ils savent que sans les connaitre on ne peut pas leur accorder plus de confiance qu'ils n'en accordent aux autres, enfin quand ils sèment ils veulent être sûrs que ce n'est pas les autres qui récolteront pour eux, si les citadins savaient tout cela et surtout s'ils le pratiquaient on éviterait bien des maux et des révolutions, de quel côté sont les ignorants ?

Il ne faut pas croire qu'on est plus intelligent parce qu'on a des souliers plus fins, le chapeau sur l'oreille, l'air plus tapageur, l'œil plus riant, la bouche plus parlante, la langue plus voluble ; le perroquet aussi parle, cela ne veut pas dire qu'il pense, surtout mûrement. C'est le peuple qui laboure, qui ensemence, qui aménage, il faut qu'il emmagasine et qu'il profite.

Des hommes comme Félix Pyat parlent et écrivent bien assez; de combien de malheurs ne sont-ils pas la cause ?

Sans parler des ruines, des préjudices, des meubles cassés, brûlés, des immeubles détruits; leurs victimes se comptent par milliers, cependant ce sont des brillants parleurs; mais ils n'ont pas l'ombre du sens commun, ou bien ce sont des infâmes brigands, ce sont des animaux féroces les plus dangereux et pire que cela, car quel est l'animal féroce qui a fait de millier de victimes parmi les hommes ?

Le premier principe de la bible dit : aimez-vous les uns les autres, le second dit : aidez-vous et quand on possède ces deux qualités on doit se trouver heureux.

Le secret des victoires de notre première république le voici : ni feu, ni pain ! elle n'avait que des hommes. On lui doit le soleil, la justice et la liberté.

Plus un homme s'élève, plus il a des devoirs. La liberté est une des premières conditions du bonheur et c'est pour cela qu'on ne peut pas rendre les hommes heureux malgré eux.

Faut-il citer la fable du loup et du chien ? La voici : Il y avait une fois dans une basse-cour, un gros chien bien gras, bien dodu, il rencontra un loup maigre comme un échalas et lui dit: mais que fais-tu donc pour être si maigre ? Regarde-moi comme je suis gras. Est-ce que tu ne voudrais pas être comme moi ? Et si tu le veux, je te présenterai à mon maître, il te prendra, l'ouvrage n'est pas difficile : je n'ai rien à faire qu'à garder la cour, et pour cela je suis bien couché sur de la bonne paille, je suis à l'abri de l'intempérie des saisons et bien nourri. Le loup répond : Ta proposition est acceptable et je m'empresse d'y souscrire, mais pourtant dis-moi auparavant qu'est-ce que tu as autour du cou ? C'est le collier par lequel on m'attache. Le loup dit : Ah ! l'on t'attache, alors bonsoir. et il se mit à courir.

Pour acquérir et conserver la liberté il y a un moyen qui paraît bien simple et qui l'est en effet quand on le connaît ; c'est de ne pas en abuser comme fait actuellement (1888), le conseil municipal de Paris. C'est aussi l'épargne, avec l'épargne on peut obtenir avec une moindre somme d'argent la même quantité de bien être en payant comptant, en n'achetant que ce dont on a un besoin immédiat réel. On épargne pour se garantir contre les tristes effets du chômage, de la maladie, de la vieillesse et échapper, grâce à un certain avoir, à la dépendance.

L'épargne est l'opposé de la prodigalité, c'est une qualité simple et vulgaire qu' s'ennoblit quand elle est amenée par le dévouement à une grande cause ou à des êtres aimés, ce n'est pas de l'avarice ; c'est de la générosité, s'est s'oublier pour autrui, c'est placer une force dans des mains où elle peut grandir, c'est abdiquer au profit de la majorité, c'est la source de la liberté et de la libéralité. L'alliance de l'économie et de la générosité sont fréquentes, mais il n'y a pas danger qu'elles le soient trop. Les belles pensées partent du cœur.

L'économie est une sagesse, on peut la recommander même aux riches, c'est une leçon pour les rois, elle est un devoir pour les pauvres qui privent leur famille du temps et de l'argent que leur prodigalité ou leurs plaisirs lui coûtent. La bonne volonté est un remède suffisant, elle pousse ou elle retient. Pousser, marcher, prospérer, n'est pas plus difficile que de demeurer. Vouloir est plus beau que pouvoir et pour pouvoir il faut d'abord vouloir a dit Risoul. Il ne suffit pas de baser la dépense sur la recette, il faut prévoir la maladie, la mort même si on laisse une famille après soit ou quelqu'un ou quelque chose à quoi ou à qui l'on tienne. L'économie doit donc s'augmenter se compléter, c'est le seul moyen accessible pour les pauvres, il y a toujours moyen d'épargner quand on n'est pas forcé de tout dépenser. Epargner le nécessaire serait déraisonnable, ce ne serait pas épargner, car pour avoir la force de travailler il faut d'abord se nourrir, non seulement de légumes et du laitage, mais il faut aussi de la viande et des boissons fermentées : manger le nécessaire est aller au-devant de la maladie, même de la mort. Bien se nourrir, mais sans excès, est un moyen de pouvoir bien travailler. Un homme bien nourri fait l'ouvrage de deux qui le sont mal.

Le riche n'est pas tenu au même stricte nécessaire que le pauvre et s'il dépense davantage son luxe fait vivre, il est bon qu'il use suivant ses moyens, mais pas plus.

La caisse d'épargne a donné à l'ouvrier le moyen de se contenir, ce qui vaut mieux que 300 francs de rentes ainsi que je le disais à vingt ans à un camarade qui comptait sur cette succession mais non pas sur cette qualité personnelle et le résultat auquel nous sommes arrivés tous les deux a confirmé ce que je lui ai dit.

La pièce de 20 francs que l'ouvrier a devant lui est le talisman qui le dispense de ramper devant un maître.

Il y a peu de riches qui auraient le moyen d'être pauvres. C'est-à-dire de pouvoir dépenser autant que les pauvres pour obtenir les mêmes quantités en payant aussi cher qu'eux, mais en faisant des provisions, en choisissant les saisons les plus avantageuses, ils perdent moins de temps parce qu'ils se dérangent moins souvent pour acheter et payent moins cher, double profit.

Une économie de 10 centimes par jour n'est rien dit on. Qu'est-ce qu'on peut faire avec deux sous ? Cependant au bout de l'année cela fait 36 fr. 50 qui ont déjà produit et permis de mieux acheter. C'est le tabac moins les pipes qui font souvent 50 centimes par jour et une heure et demie de travail perdu en se derangeant à chaque instant pour l'allumer à 30 centimes l'heure c'est encore 45 centimes et les allumettes le journal et la petite goutte le matin 15 centimes, toutes ces bagatelles inutiles, mêmes nuisibles, ne paraissent rien cependant vous dépassez 300 francs par an sans compter les extra, mettez les à 50 centimes par dimanche et fêtes vous arrivez à 340 francs par an. Pensez-vous qu'avec cela on ne puisse rien faire ? Qu'on ne puisse pas faire bien de petites provisions qui donneront encore une économie ? Et j'en ai connu qui dépensaient bien davantage à ces bagatelles, J'ai vu un vieillard qui me disait qu'entre son père et lui ils avaient dépensé 50,000 francs en fumée sans exagération , il était au dessous de la vérité.

De ces économies il en nait d'autres qui donneront le jour à d'autres encore ; il n'y a pas de petites économies quand elles se répètent tous les jours.

. Les susdites économies ne vous ont privé de rien du tout et ont augmenté votre force et votre santé et vous ont permis de faire des provisions dont l'économie, si vous êtes en famille, est bien au moins de 160 francs, c'est donc 500 francs de gagnés dans l'année qui ne vous ont pas coûté le moindre dérangement ; voilà donc 500 francs à placer, vous voilà rentier.

Prenez garde, faites attention aux centimes et aux décimes, quand aux francs et aux louis ils se garderont tout seuls.

Toute réforme doit commencer par la réforme morale. Il n'y a pas d'ennemi pire qu'un ami ignorant ; savoir et pratiquer franchement la fraternité est un acheminement sûr vers l'aisance, on y arrivera par l'association, non pas comme à Paris : s'il y a eu quelques ouvriers loyaux la majorité ne l'était pas, de sorte que les premiers ont été exploité par les derniers, les premiers devaient s'en apercevoir et s'en aperçurent trop tard, enfin les sociétés à Paris ont sombré faute de morale, faute de loyauté.

J'ai souvent entendu vanter les associations et les ai vantées après d'autres quoiqu'elles n'aient pas réussi à Paris, mais en examinant de nouveau je n'ai pas trouvé le même bénéfice à faire que j'avais trouvé d'abord. Je vois des commerces très bien conduits par deux femmes, on sait que quand elles veulent les femmes elles excellent en économies et il n'y a pas à leur en remontrer ; j'en connais entr'autres un modèle qui en vingt ans a donné 10,000 francs de bénéfices en marchandises qu'il ne faut pas confondre avec des espèces, cela leur fait donc 5,000 francs chacune qui transformé en espèces ne fera que 3,000 francs chacune en vingt ans. Une association qui est obligée à des tenues de livres, à des frais d'employés, de gérance, des réunions, des lettres de convocation, même de malversation, à des entraves dans ses achats aura bien cette somme à peu près en faux frais, donc bénéfice à peu près nul ; il y a des quantités de négociants qui sans être modèles ont cependant de l'ordre et qui sont loin d'arriver à un si beau résultat et les sociétés ne pourront pas avoir plus de bénéfices qu'eux, si elles n'ont pas plus de clients, mais le bénéfice vient de ce qu'elles ne font pas de crédit et qu'en se soutenant tous elles n'ont pas de concurrents.

Il y a des pays miniers où tous les habitants sont de la société, les employés sont payés comme les ouvriers mineurs, la société ne fait pas de crédit par là pas de perte, on arrive à un bénéfice mais il est restreint.

Le cabaret est le plus grand ennemi du progrès matériel et moral ; il détruit la force physique et morale de l'ouvrier, c'est la source de tous les vices. L'eau-de-vie est une source d'idiotisme et d'imbécilité. Les ivrognes engendrent des enfants idiots, de sorte que la punition se poursuit de génération en génération.

L'homme ne peut pas subir d'oisiveté, il faut que tout son temps soit employé, il y a quatre manières de l'employer : le travail manuel, le repas, le sommeil et le travail intellectuel.

On a pris prétexte de ce dernier pour faire réduire à Paris, la journée à 10, 11 ou 12 heures au plus. Eh bien quel est le nombre d'ouvriers employant ces heures de loisir à ce travail intellectuel : Pas quatre sur cent. Ils vont employer ces heures au cabaret où ils se démoralisent, de là ils vont démoraliser les femmes en leur racontant les propos qu'ils viennent d'entendre, donc il vaut mieux pour leur santé et pour leur bourse qu'ils fassent une journée plus longue. Le règlement qui nous empêche de gagner notre vie, a comme les grèves, le défaut d'être un lent assassinat.

L'ouvrier qui fatigue beaucoup a besoin de dormir sept heures, une heure pour se rendre et revenir de son ouvrage, deux heures pour ses trois repas, il doit donc travailler quatorze heures, sans cela n'espérez pas en faire un honnête homme qu'exceptionnellement. Il vaudrait même mieux pour la morale qu'il couche dans la maison où il travaille et qu'il travaille quinze heures, mais comme il ne prendrait pas assez l'air, la santé pourrait en souffrir.

Les femmes sont la fortune ou la ruine d'une maison, non seulement par leur ordre, leur travail ou leur négligence et leur dépense, mais encore par leur influence sur la famille et les principes qu'elles donnent aux enfants, en même temps qu'elles donnent la nourriture matérielle elles incarnent aussi la nourriture intellectuelle, et c'est sans ce rapport qu'elles sont admirables ou redoutables, cette tâche est ensuite partagée par les pères, et voici ce que je viens de lire :

FUNESTES EFFETS DU TABAC

« Oh vous! Pères, Mères, Instituteurs, Industriels, Philantropes,
» Législateurs qui assistez chaque jour à la ruine de tant de jeunes or-
» ganisations produite par l'usage de plus en plus répandu du tabac
» chez les enfants, ne tenterez-vous aucun effort pour arrêter, dans sa
» marche rapide ce fléau qui détruit le plus souvent la santé et qui
» altère toujours leur intelligence. Quand l'enfant fume le besoin de
» boire se fait généralement sentir chez lui ; il boit d'abord du vin, puis
» de l'eau-de-vie, puis de l'absinthe déciment plus la société que les
» ravages des grands capitaines et que les plus terribles révolutions.
» Une association française contre l'abus du tabac s'est formée à
» l'effet de combattre ce fléau. Placée sous la protection des plus émi-
» nents médecins, elle publie des mémoires, des brochures, des bulle-
» tins périodiques, elle fait des conférences dans les ateliers et partout
» où son concours est réclamé, elle a déjà fait quelque bien, mais que ne
» lui reste-t-il pas à faire ? Malheureusement ses ressources sont très
» limitées ; aussi fait elle appel à toutes les personnes qu'une telle ca-
» lamité peut émouvoir, aux mères surtout pour leur venir en aide.
» Les moyens de contribuer à cette bonne œuvre sont reçus au siège
» de la Société, rue Saint-Benoit 3, à Paris. »

Combattre ce fléau n'est-ce pas rendre service à l'homme ?

Pour ma part, je l'ai combattu dans tous mes écrits et par tous les
moyens en mon pouvoir et d'abord aucun de mes employés, de mes ouvriers, n'a été autorisé à fumer chez moi ; c'est une condition que je
leur posais avant d'entrer, en outre de se rendre désagréable et gênants
pour leurs voisins, de ruiner leur bourse et leur tempérament ne
s'approchent-ils pas volontairement de la misère ?

Il y a des gens qui se figurent que 20 francs et vingt ans dureront
toujours.

Un jeune homme prétendait qu'on faisait mieux maintenant que ceux
qui les ont faits et la preuve dit-il, c'est que nous fumons. M Barri lui

répondit : les étronds aussi fument, cela ne prouve pas qu'ils valent mieux que ceux qui les ont faits.

Un jour un de mes amis me reprochait de n'aller pas plus souvent le voir, je répondis : je ne peux pas y aller plus souvent, je suis gêné chez vous par votre fumée, et si parce que je suis chez vous, vous devez vous gêner, alors le déplaisir est changé de personne, ce n'est plus moi qui l'ai, mais c'est vous, donc pour éviter ce déplaisir il vaut mieux que je ne vous voie que rarement.

Cette conversation était passée, depuis une demi-heure on parlait d'autre chose, lorsque faisant une revue sur nos compatriotes contemporains il me dit : De tous nos compatriotes, c'est moi qui suis le moins avancé. Je lui répondis : c'est parce que vous êtes le seul qui fume, et c'était vrai. Et depuis au lieu de monter il est descendu, il approchait la cinquantaine, à cet âge à moins d'avoir les pieds solides, sans cela on ne monte plus, un revers qui aurait été supporté par n'importe lequel des compatriotes était trop lourd pour lui, il n'a pas pu le supporter, il s'est replacé commis, il est mort malheureux à l'âge de soixante-sept ans.

Alphonse Karr raconte qu'un jour en chemin de fer, dans un compartiment de deuxième classe, un monsieur était seul, peu de temps après il monte un autre monsieur, et à peine assis il tire sa blague pour faire une cigarette, le premier monsieur lui dit : est-ce que vous allez fumer? Réponse. Est-ce que cela vous gêne? Non mais... A c'est que je vous aurait dit de changer de compartiment à la première station. Alors, au petit bonheur. Une heure après ce monsieur était à son troisième cigare ; on approche d'un tunnel le premier monsieur fait entendre un coup de sifflet, un sifflet du dehors lui répond, alors il dit pardon monsieur, et tire deux sacs d'entre les jambes du second et les jette par la fenêtre, puis arrivé à la première station il descend et dit : Si je vous ai fait des observations, ce n'était pas pour la fumée : c'est parce qu'il y avait 20 kilogrammes de poudre entre vos jambes ; le deuxième monsieur allait répondre lorsque le premier dit : que voulez-vous, la poudre est si peu chère. Bonjour monsieur et il s'éloigna comme le train partait. On suppose que le second n'a pas continué de fumer.

Une autre fois, un journal raconte, c'est en 1872. il donne le nom des personnes et celui du pays. Deux hommes voyageaient en char à banc couvert et ayant de la paille au fond. Trois jeunes filles qui connaissaient les hommes et savaient où ils allaient, voyant qu'il y avait de la place dans la voiture, demandent à y monter, ce qui est facilement accordé, puis la voiture part, le fils allume sa pipe et jette son allumette, il était sans doute tombé un brin de tabac allumé dans la paille et l'air attisant le feu, bientôt la paille est enflammée, les hommes alors cherchent à éteindre le feu mais ce n'était pas possible. On veut du moins sauver les jeunes filles, l'une d'elles étant devant les autres en a été quitte pour ses vêtements et quelques brûlures mais les deux autres qui étaient au fond de la voiture, elles étaient dans un état affreux, un état désespéré. Je n'en finirai pas si je voulais raconter tous les accidents occasionnés par la pipe, cependant je ne peux pas passer sous silence le fait suivant : Un jour en chemin de fer, dans un compartiment de première classe il y avait un monsieur tout seul installé bien à son aise, mais bientôt deux freluquets, le lorgnon sur le nez entrent dans le même compartiment, il faisait froid, ils se mirent à fumer. Le premier monsieur ouvre la fenêtre, les seconds la ferment, le premier la rouvre, les seconds la referment, le premier la rouvre et dit que s'ils ne la laissent pas ouverte il cassera la vitre à moins qu'ils cessent de fumer. Bref, on se querella tout le long du chemin. Ces messieurs durent subir le froid ne voulant pas cesser de fumer ; mais avant d'arriver à destination, quoi qu'ils fussent dans leurs torts, désiraient obtenir des excuses et sachant l'effet de l'épaulette sur le vulgaire, donnèrent leur carte à ce monsieur. C'étaient deux sous-lieutenants de vaisseau qui allaient prendre possession de leur emploi. Ce monsieur reçut leur carte et dit : j'en suis bien aise : Voici la mienne. Ce fut un coup de théâtre : ce fut eux qui tombèrent le chapeau à la main et se confondirent en excuses, car ce monsieur était le vice-amiral sous lequel ils venaient prendre possession de leur emploi. Il est d'usage que lorsqu'un subordonné entre en fonctions il rend visite à ses chefs et dans cette prévision le vice-amiral défendit chez lui de les recevoir et ordonna une suspension de solde de trois mois. Il est probable que dans cette intervalle ils auront eu moins envie de jetter leur argent en fumée.

Mères réfléchissez ! pensez que votre filiation peut s'étendre longuement et nombreusement dans les siècles, faites que votre mémoire soit vénérée, respectée ; à votre heure dernière, votre plus grande félicité sera de voir vos descendants dans le chemin de la vertu et à l'abri du besoin, votre âme se reposera sur votre famille attachée au devoir avant de paraître devant Dieu qui vous rendra responsable de ces fautes, parce qu'elles seront issues de votre faiblesse ou de votre négligence. Jeunes filles, vous deviendrez mères, il faut l'espérer, instruisez-vous de vos devoirs de fille, d'épouse et de mère, votre main douce est pour l'homme un bonheur, augmentez-en le prix en sachant l'ouvrir à propos. Vous nous soignez au berceau, dans toute la vie, jusqu'au tombeau, les leçons de la mère ne s'oublient jamais, apprenez nous dès notre enfance à vous honorer, à vous apprécier, à vous chérir et pour cela commencez à vous honorer vous-mêmes ; vous ne pouvez pas transmettre une vertu que vous n'avez pas ; travaillez à vous corriger de vos défauts personnels, ce sera le meilleur moyen de corriger les défauts des autres ; il faut prêcher par la parole et par les actions; si votre exemple se joint à vos conseils vous serez doublement sûres de faire d'honnêtes gens. Mais soyez, paraissez ce que vous êtes extérieurement, ne vous maquillez pas par de fausses couleurs, pas de peinture sur vos visages, pas de faux corsages, rien de faux. Ne prenez pas la crinière de vos chevaux, ni la queue de vos vaches, pour vous faire de faux cheveux. N'oubliez pas que la plus belle parure c'est la vertu, la douceur, la candeur, la vérité, la franchise, la modération ; que ces parures vous accompagnent partout, vous servent d'escorte angélique et de protection.

Vos enfants seront les hommes de l'avenir, la nation nouvelle, la France renouvellée, l'humanité renouvellée. C'est bien plus que la France ; c'est toute la terre renouvellée, et vous jeunes filles vous contribuerez pour votre part à ce renouvellement; figurez-vous toute une longue suite de postérité à laquelle vous avez donné le jour, qu'elle est celle de vous qui veut que ses enfants soient repoussés, condamnés, rejettés des hommes et maudits de Dieu ? Dites à vos futurs que vous ne pouvez pas les aimer s'ils fument et bientôt pas un ne fumera car ils veulent vous plaire leur santé y gagnera, leur bourse aussi, ce sera un double bienfait duquel vous profiterez. Vous avez plus de pouvoir sur l'homme que vous ne croyez quand vous êtes parées de toutes les vertus.

> La politesse est à l'esprit
> Ce que la grâce est au visage ;
> De la bonté du cœur elle est la douce image
> Et c'est la bonté qu'on chérit. (V.)

En perdant la vertu vous perdez votre pouvoir. Je ne parle pas ainsi qu'aux pauvres. Je le dis aussi aux riches.

Quel est le plus beau meuble d'une maison ?

C'est une femme charmante ; mais combien de fois a-t-on mal réussi dans le choix de son épouse ? Combien de fois a-t-on été trompé ? Combien de fois quand on a cru d'obtenir le beau meuble on n'a obtenu qu'un bahut ? Les plus fins connaisseurs y sont trompés. Je n'ai pas dit jolie, j'ai dit charmante, la beauté disparaît sous les qualités, la bonté, l'esprit. Quand la beauté y est jointe, le meuble n'en vaut que mieux, mais combien de fois cette beauté n'est-elle pas gâtée par trop de prétentions et ne sert qu'à amoindrir les qualités.

Un enfant duquel on n'entend que le babil ce n'est pas beau, il ne faut pas leur permettre d'interrompre les grandes personnes qui parlent mais n'allez pas lui imposer un silence absolu, continuel, ce serait lui inculquer une timidité qui ne m'a pas encore quitté malgré mes 73 ans ; et lorsqu'ils vous demanderont des explications sur quelque chose que ce soit, dites leur ce que vous savez et si vous ne savez rien ne craignez pas de le leur dire afin qu'ils osent le demander ailleurs. N'allez pas leur faire cette réponse que me faisait ma mère : Tais-toi, petit bestiol. Vous ne sauriez croire combien cette réponse a retardé mon jugement pendant des années sur certaines choses que je n'osais pas demander ailleurs, de crainte qu'on se moque de moi, tandis que j'aurai pu le faire si j'avais su qu'elle ne le savait pas. Soyez polies envers vos enfants pour leur apprendre à être polis envers vous et envers le monde, soyez leur amie sévère, mais n'ayez que la sévérité qu'il faut pour être leur meilleure confidente et le guide de leur conduite, enseignez leur la vérité. Une fausse politesse fait enseigner à mentir et tôt ou tard on sera puni par où on a péché : une maman fait à la petite Yvonne la recommandation suivante : Quand il y aura du monde et que tu auras besoin d'aller au cabinet, ne le dit pas, mais demande moi la permission d'aller au jardin cueillir une rose. Bien maman. Deux jours après grande réunion chez les parents et au milieu du diner Yvonne demande la permission d'aller cueillir une rose au jardin, la maman dit : va ma fille, je le le permets. Oui maman, mais c'est que je n'ai pas de papier...

» La femme est ici bas l'ange de l'espérance
» Que le Ciel nous envoie pour soulager nos pleurs.
» Pour consoler notre âme en sa longue souffrance
» Et l'affermir dans les malheurs ;
» C'est elle qui veille au berceau du jeune âge.
» Entretien de nos jours, le vacillant flambeau,
» Et qui, nous ayant aimés dans le voyage,
» Nous aide à descendre au tombeau.
» C'est elle qui, par une humble prière
» Dans nos jours de discorde, apaise le vainqueur.
» Elle qui fait descendre la paix sur la terre
» Et la justice dans les cœurs......
» Travaille donc, grandit, observe, pense,
» Tu le peux sans jamais faillir a ton devoir,
» Tu trouveras bientôt la juste récompense
» Dans les sains conseils du savoir.
» Riche, il te dira : Gardes ta pureté d'ange,
» Tes projets d'avenir et les rêves divins ;
» N'accorde à nul le droit de vendre, en échange
» D'un tas d'or ou de titres vains.
» Puis il te dira : Mère, élève la famille,
» Préserve tes enfants de toute impureté,
» Fait naitre dans le cœur de ton fils, de ta fille,
» La justice et la vérité.
» Parmi tous les plaisirs que ce monde renomme,
» Le seul dont tu puisses jouir avec fierté,
» Ce sera de donner une compagne à l'homme,
» Un homme à la Société.

» Enfin, il te dira : Toujours avec courage,
» Sache être de ton sexe l'exemple et l'appui,
» Et ne permet jamais qu'on t'insulte ou t'outrage,
» Car c'est toi qu'on outrage en lui.
» Garde ton honneur de fille,
» Car lorsqu'on n'a plus d'honneur on n'a plus de famille. »

(Jacques BORNET)

Ce sentiment enthousiaste part de l'homme pour aboutir à Dieu. Me dira-t-on que :

Pour payer un seul de ces nobles transports,
Nos riches sont trop pauvres malgré tous leurs trésors.

En mariage on fait une affaire d'intérêts ; soyez plus nobles, mes demoiselles et repoussez tout homme qui, en vous recherchant, n'aurait pas des vues plus élevées, l'homme que vous aurez ainsi repoussé, en s'éloignant vous vénèrera, vous estimera. Vous devez, par votre conduite et par votre mérite, être l'égale de l'homme, le signe distinctif du mérite, c'est la considération acquise par votre conduite, votre dépense réglée, par votre gain ou votre fortune sans dépasser vos moyens. Chacun doit chercher à corriger ses propres défauts, c'est déjà très difficile, puis les défauts de ses amis, c'est encore plus difficile, cependant il ne faut pas y renoncer ; la difficulté de la tâche en augmente le prix. La pauvre humanité n'est pas parfaite, il s'en faut, mais à quelque chose malheur est bon et les dures leçons qu'elle a reçues par la guerre de 1870, devront porter leurs fruits.

La parole c'est la monnaie de l'esprit, elle en fait ressortir l'ornement, mais la pensée est l'or ; la conduite est son horloge : c'est elle qui marque au cadran de la vie, que tel jour, à telle heure, vous avez fait telle chose, bonne ou mauvaise. Bien entendu, si la pensée est bonne et bien exprimée, elle est à la fois l'or et la monnaie ; si on n'a pas su l'exprimer, elle n'est qu'un assignat, un billet qu'on n'a pas su payer ou pas pu payer quand il avait son cours. La dignité est incompatible avec les plaisirs ; il en résulte que les grandes fêtes ne sont que d'ennuyeux amusements.

Quels sont les hommes les plus malheureux parmi ceux qui ont de quoi satisfaire leurs besoins ?

Ce sont d'abord ceux qui sont incapables de faire le bien, ce sont ensuite ces espèces d'ignorants qui croient tout savoir parce qu'ils savent lire et écrire et compter, et que pour cette raison ils ne veulent voir qu'hypocrisie et mensonge de toute part, parce qu'étant menteurs eux-mêmes et jugeant les autres d'après eux, n'ont confiance ni aux hommes ni à l'écriture sainte, ne savent pas qu'il vaut mieux être trompé quelquefois que de se méfier toujours, ne veulent rien faire pour les autres, n'espérant pas que les autres fassent quelque chose pour eux. Tels sont : V., L., T., M. et bien d'autres qui n'ont aucune espérance de la vie future et croient que le bien qu'ils font est perdu et, s'ils en font, ce n'est que par orgueil. Eh ! bien, avec de tels sentiments, ce serait une erreur que de se croire civilisés. C'est pour eux qu'a été écrite cette phrase d'un ministre de Louis XIV, Colbert. La meilleure manière de tromper la Cour, c'est de dire toujours la vérité.

Celui qui vous dira qu'il n'a besoin de personne, ne le croyez pas, nous avons tous besoin les uns des autres, et plus on est riche, plus on a besoin de se faire aider. L'ouvrier a besoin de gagner l'argent du riche, mais le riche a besoin du travail de l'ouvrier. Celui qui a le moins besoin des autres et de se faire aider, c'est l'ouvrier d'ordre, car c'est l'ouvrier aisé, il aura toujours de l'ouvrage de préférence, parce qu'on sait qu'il peut attendre la quinzaine pour être payé.

La civilisation commande l'aide mutuelle, elle fait plus : elle l'ordonne, et c'est sous ses auspices que l'homme grandit en puissance, or, l'aide mutuelle ne peut pas exister sans confiance, et la confiance est un précepte de foi qui fait agir par conviction, ce qui est assez doux. La civilisation l'ordonne, or, si on n'obéit pas par conviction, il faudra obéir par force, ce qui est dur et ressemble à l'esclavage ; si on n'obéit pas par la peur du fouet, on obéit par la peur de l'amende ou même de la prison, c'est toujours la peur, ils sont opiniâtres ; l'opiniâtreté est le privilège des sots, c'est leur signe distinctif, ils perdent leur propre estime d'abord, et celui du monde ensuite. Voilà leur plus grand malheur. On n'a pas de pire ennemi qu'un ami maladroit, on est soi-même son propre ennemi.

Toujours des parasites, il faut les détruire dans leur source, c'est par la morale des pères, mères, instituteurs, maîtres, prêtres, pasteurs qu'on peut en venir à bout, il y a un âge pour cela. La fin de cet âge n'est pas précisément limitée, mais on peut approximativement l'indiquer : c'est 14 ans. C'est par les notions que m'a donné à cet âge, mon maître d'apprentissage, à Lyon, M. Perret, que j'ai écrit mes ouvrages. C'est la lecture de mon programme qui a dicté à Alamir Cossard, l'admirable lettre qu'il m'écrivait 6 ans après et que j'ai insérée, page 84, de mes loisirs de voyage. Il me considérait, non seulement comme un maître mais plus qu'un père. Le père qui élève mal ses enfants, est plus malheureux que celui qui n'en a pas.

Je viens de voir une affiche qui a pour titre : *Les révélations d'un curé démissionnaire.* Je n'ai pas lu cette affiche dont le titre m'a répugné ; il est probable que ce curé étalait au grand jour les fautes de ses confrères. Cela me rappelle que dans mon adolescence, un beau jeune homme, aussi libertin qu'instruit, me disait: Ah! vois-tu, il ne faut pas faire comme moi, il ne faut pas faire comme moi; il avait en effet fait plusieurs fautes et donné beaucoup de tourments à sa famille. En parlant ainsi, on devait croire qu'il s'était corrigé, cependant sa conversion n'était pas complète, il savait faire de jolies phrases, de jolies lettres, mais ne savait pas mieux se conduire que les mauvais curés. On avait dit: c'est un bon cœur; il l'avait peut-être cru lui-même, puisqu'il avait remboursé sa famille, mais pour boucher ce trou, il en avait fait un plus grand ailleurs qu'il ne boucha jamais. Était-ce un bon cœur? Non. C'était un voleur, car s'il avait été bon, il n'aurait fait de tort à personne pour s'enrichir ou le dépenser follement, ce qui ne vaut pas mieux. Quand on emprunte dans la vue de faire un bon usage de l'emprunt, de gagner sa vie honorablement et de payer fidèlement à l'échéance, cet emprunt est louable, il prouve qu'on a bon courage, bonne envie de faire bien et la confiance, et qu'on espère bien ne pas la perdre, mais s'il arrive que vous vous cassiez une jambe, que le feu brûle votre maison, que sans imprudence vous fassiez une perte au-dessus de vos moyens, et que malgré votre bon vouloir, malgré un ordre sévère dans la gestion de vos affaires, malgré la plus parcimonieuse économie, malgré la persistance au travail vous ne puissiez pas payer à l'échéance; c'est bien fâcheux, sans doute, mais il y a un proverbe consolant, qui dit: qui fait ce qu'il peut, fait ce qu'il doit; seulement vous payerez aussitôt que vous le pourrez et, à cette condition, vous êtes toujours aussi méritant, personne ne vous en voudra. Mais abuser du crédit pour le gaspiller ou pour s'enrichir, non seulement ce n'est pas beau, mais c'est atroce et barbare. C'est n'avoir ni honte ni respect, c'est impitoyable et assassin; c'est tous les défauts réunis sur la même tête. Les mauvais prêtres sont-ils plus mauvais que cela? Voilà la question que j'adresse à ceux qui nous les jettent sans cesse à la tête.

Mon libertin est mort après avoir fait une grosse faillite par inconduite. L'eut-il faite s'il avait eu de bons et solides sentiments religieux? On m'opposera les hypocrites, mais ceux-là je les blâme comme vous et peut-être plus que vous, car ils font le plus grand tort à la cause que je défends.

La religion et la philosophie se donnent la main et s'appuient mutuellement sans jamais se combattre; la religion est appuyée sur l'austérité, la saine raison, la morale, elle est l'assemblage, la réunion des lois de la perfection et de la sagesse; sous sa protection l'innocence est à-couvert, le père, l'époux, le maître respecté, le faible, le domestique, l'ouvrier, le malheureux protégé, récompensé, le vice réprimé, le coupable reconnu puni : elle commande aux peuples comme aux rois, aux bons comme aux mauvais ; elle punit par des regrets douloureux et purifie la vertu dans sa source, elle éloigne le soupçon, supprime le caprice, elle sauvegarde la société et donne la paix à l'âme ; avec son aide la révolte et la haine sont désarmées par la sagesse et la sublimité des sentiments ; sous ses bienfaisantes lois, les erreurs et les doutes sont préservés, les passions sont limitées, restreintes, surmontées, c'est la source du bonheur et tout cela sans sacrifices, car elle autorise tous les plaisirs raisonnables, c'est le don le plus précieux que Dieu ait fait aux hommes.

Un jour, sur les boulevards de Paris, j'ai rencontré un tireur de sous comme on en voit tant, afficher en gros caractère, qu'il vendait pour deux sous, un moyen d'avoir son portrait mieux fait que par le meilleur photographe, or, comme je suis photographe, je suis bien aise de savoir ce nouveau moyen de faire les portraits. Pour deux sous on n'en meurt pas, j'achète le papier, voici ce que j'y trouve : Horoscope, le dix de cœur. Vous n'êtes pas assez entreprenant. On m'a souvent reproché de l'être trop, mais passons. « Vous doutez trop de vous-même, de vos » propres forces, cependant vous devez être encouragé par votre réus- » site. Le destin doit continuer de vous être favorable, profitez donc » amplement de ses faveurs. Il doit vous survenir une grande joie, car » sans aucun effort, vous triompherez de vos ennemis. Vous aimez à » rendre service et vous n'en serez pas toujours récompensé, que cela » ne change rien à vos loyales habitudes et à votre manière de voir, le » ciel vous dédommagera des ingrats. Le sort le plus fortuné sera votre » récompense.

La lecture finie, je dis : eh bien ! il m'a volé mes deux sous. S'il y a des choses vraies, elles sont générales, elles auraient été tout aussi vraies en tombant dans la main de mon lecteur ; il y a des choses qui sont fausses et qui m'ôtent la confiance du reste. Il doit vous survenir une grande joie. Il y a trente-trois ans que je l'attends, elle n'est pas encore venue. Vous triompherez de vos ennemis ; c'est impossible, je n'en ai pas. Le sort le plus fortuné sera votre récompense ; j'ai perdu le tiers de ma fortune. Quant à ne pas changer mes habitudes, la recommandation est inutile, car avant de les prendre, je les ai mûrement pesées, je les ai conformées à ma position, je les ai prises, parce qu'en me servant, elles ne gênaient personne.

Enfin, ceux qui m'ont fait perdre cela ne leur a pas profité, car ils sont plus malheureux que moi ou ils sont morts. Cependant cela se termine par un bon conseil à donner, à suivre, le voici :

> « Respectez vos amis, et que leur complaisance
> » Jamais ne les expose à de fâcheux regrets,
> » Ne leur demandez rien contre leurs intérêts,
> » Et n'exigez rien d'eux contre leur conscience. »

ce n'est pas un portrait, mais c'est une leçon qui vaut dix centimes, et par-dessus le marché il y avait encore ceci :

> « Pour juger votre cœur, descendez en vous-même
> » Examinez-vous bien avec un soin extrême
> » Et, par cet examen, sans cesse répété
> » Votre cœur aux vertus sera toujours porté.

» Plus on vous humiliera, plus vous élèverez, évitez la colère comme » un aveuglement. Gardez-vous d'être haineux ; la haine déchire le » cœur, soyez humble, modérez vos passions ; donnez croyance aux » bons avis et vous vous élèverez réellement, non seulement en posi- » tion, mais en considération. La vie est un pèlerinage, le but est l'éter- nité.

» Qu'est-ce que se résigner ? C'est mettre Dieu entre soi et la douleur. » N'oubliez-pas cette grande vérité. »

Celui qui ne veut pas reconnaître la religion, c'est parce qu'elle lui reproche ses fautes, sa vie dont il ne s'est pas corrigé et qu'il ne veut pas en convenir, il préfère donner ses défauts aux autres et se sous- traire au pénible devoir de la confession, il prétend que le confesseur est là par curiosité. Quel plaisir peut avoir un vénérable prêtre à en- tendre la confession de cinquante vieilles femmes ? N'est-ce pas mettre sa patience à la torture ? Ces confessions ne se ressemblent-elles pas toutes et n'aimerait-il pas mieux s'en dispenser s'il n'avait pas la foi de faire le bien, de donner de bons conseils, de préparer au repentir, de corriger les défauts, d'ordonner le pardon, l'oubli des injures, la paix du ménage par le redressement des erreurs, de rappeler à Dieu ? Un confesseur déjà très fatigué, sortit du confessionnal, et voyant qu'il y avait encore beaucoup de monde, dit qu'il ne confesserait plus que les hommes ; les femmes sortirent excepté cinq ou six, il répéta ce qu'il venait de dire, elles partirent excepté une. Il lui demanda combien il y avait de temps qu'elle ne s'était pas confessée ; elle répondit quinze ans. Alors restez, vous valez un homme.

Les athés, les incrédules sont bien à plaindre et bien malheureux de n'avoir aucune de ces ressources, de ces consolations, ils sont inca- pables des grandes actions qui dépendent de la grandeur d'âme, puis- qu'ils comparent leur âme à celles des bêtes, ils n'ont pas l'espérance de la vie éternelle. C'est affligeant, mais c'est inutile de les plaindre, cela ne les corrigerait pas.

Boileau disait : le vrai peut quelquefois n'être pas vraisemblable. La médisance, les mauvaises suppositions ont beaucoup nui à la religion comme aux hommes les plus éminents ; ainsi ne voit-on pas Voltaire qui était un grand homme, oser faire des suppositions injurieuses à la probité de Turenne qui était plus grand que lui et avancer, qu'il ne s'était fait catholique que par intérêt. Ceci m'oblige à raconter quelques faits de la vie de Turenne, qui prouvent que ce grand homme n'avait d'autres intérêts que le respect de la vérité et de la parole donnée.

Une fois il fut arrêté par un voleur, il lui dit : Je vais en soirée, je suis attendu, je ne peux pas vous donner ce que j'ai sur moi, j'en ai besoin, mais venez me voir demain, chez moi, et je vous donnerai 2,000 francs. Le voleur connaissant l'inviolabilité de la parole de Turenne, le laissa aller, et le lendemain fut chercher les 2,000 francs qui lui furent remis. On observa à Turenne qu'il aurait pu le faire arrêter ; il répondit, cela aurait été une indélicatesse et je ne voulais pas m'en rendre coupable.

Une autre fois, il se dirigeait avec son armée victorieuse sur un point connu de l'ennemi ; son chemin le plus court était de passer par une ville qui ne pouvait pas s'opposer à son passage ; la municipalité vint le prier de vouloir bien prendre une autre route et pour cela lui offrit 300,000 francs. Il répondit : Gardez vos 3C0,000 francs, car mon intention n'est pas de passer par votre ville,

Un pareil homme ne change pas de religion par intérêts. Le ciel a imprimé la noblesse sur son front.

Dans ce monde, chacun a ses croix : il en est des croix comme de la mort.... « En effet, se donner la mort par désespoir, est un crime, la » souhaiter par accablement de chagrin, est une faiblesse ; s'y préparer » par zèle de son devoir, est une vertu ; s'y dévouer pour Dieu, est un » acte héroïque de religion. » (Bourdalou).

Un mari fut se plaindre au curé, de sa femme qui était insupportable par ses criailleries. L'homme de paix lui dit qu'il fallait porter sa croix avec patience. Le mari se dit : ma croix, c'est ma femme, elle est très petite, je suis gros et fort, je dois pouvoir la porter, et à la première criaillerie il prit sa femme dans ses bras, les cris augmentèrent, et pourquoi me portes-tu ? Lui, le lui dit et la porta jusqu'à ce qu'elle se tut, alors il la posa, mais ce ne fut pas pour longtemps : bientôt elle recommença, lui la reprit, et se promena avec elle sur les bras, elle se tut plus vite, il la posa, mais le lendemain elle recommença de crier, lui, de la porter, elle se tut presque aussitôt et ne recommença pas.

Le manque de confiance a souvent causé de grands malheurs, et cette délicieuse chose ne peut pas s'acheter. on ne l'accorde en général qu'à des gens désintéressés et encore pas toujours. Les hommes investis de

164

la confiance conduisent le monde avec une grande facilité, mais s'il
trompent, malheur à eux. Cependant, souvent on croit être trompé
quand on ne l'est pas, alors la position devient très difficile. les un
vous veulent encore, les autres ne vous obéissent plus, et de là on se ré
volte. La révolution du 4 septembre 1870 avait été trop belle : elle n'
pas coûté une goutte de sang, les hommes honorables qui l'ont conduit
ont eu à cœur de l'éviter le plus possible, et dans ce but, ils tolérèren
trop ; il se forma un Comité d'une vingtaine d'audacieux se disant nom
més par la Garde nationale qui n'en savait rien, ils se grossirent rapide
ment sous ce nom, au point qu'ils se crurent une force respectable ; il
déclarèrent alors ouvertement, que si l'Assemblée future, issue du suf
frage universel, ne lui convenait pas, ils ne s'y soumettraient pas, e
osèrent se révolter contre la majorité de la Nation. Bientôt ils accusè
rent de trahison les députés qu'ils venaient d'élire. Les prussiens fai
saient encore entendre leurs canons dans nos forts, cela n'empê
chait pas leComité d'ordonner des fusillades dans les rues. Si je vou
tutoyais, je vous dirai Lustucru (l'euses tu-cru)?

L'audace fit leur force. La force prima le droit. La raison et l'huma
nité durent s'incliner, s'humilier et céder devant la brutalité comm
étant l'unique moyen d'épargner le sang. C'est en méprisant les lois qu
ces nouveaux despotes espéraient les fonder. Cependant ils n'abusèren
pas de suite de leur position. Tout commença par se passer avec ordre
les voleurs furent d'abord rigoureusement surveillés, un vol était pun
de mort ; les propriétés et les églises furent généralement respectée
jusqu'au 25 mars, leur dernier jour où ils apposèrent l'affiche suivante
empreinte d'une grande sagesse ; la voici textuellement :

« RÉPUBLIQUE FRANÇAISE
» ÉLECTIONS À LA COMMUNE

» Notre mission est terminée, nous allons céder la place dans votr
» Hôtel-de-Ville, à de nouveaux élus, à vos mandataires réguliers
» Aidés par votre patriotisme et votre dévouement, nous avons pu me
» ner à bonne fin, l'œuvre difficile, entreprise en votre nom. Merci d
» votre concours persévérant ! la solidarité n'est plus un vain mot, l
» salut de la République est assuré.

» Si nos conseils peuvent avoir quelque poids dans vos résolutions
» permettez à vos plus zélés serviteurs de vous faire connaître, avant l
» scrutin. ce qu'ils attendent du vote d'aujourd'hui.

» Citoyens,

» Ne perdez pas de vue que les hommes que vous choisirez parm
» vous, vivants de votre propre vie, souffrent des mêmes maux.

» Défiez-vous autant des ambitieux que des parvenus, les uns comme
» les autres ne consultent que leurs propres intérêts et finissent tou-
» jours par se croire indispensables.

» Défiez-vous des parleurs incapables de passer à l'action ; ils sacri-
» fieront tout à un discours, à un effet oratoire, à un mot spirituel, évi-
» tez également ceux que la fortune a trop favorisés, car trop rarement,
» celui qui possède la fortune, est disposé à regarder le travailleur
» comme un frère.

» Enfin, cherchez des hommes aux convictions sincères, des hommes
» du peuple résolus, actifs, ayant un sens droit et une honnêteté recon-
» nue. Portez votre préférence sur ceux qui ne briguent pas vos suf-
» frages ; le vrai mérite est modeste et c'est aux électeurs à connaître
» leurs hommes et non à ceux-ci à se présenter. Nous sommes con-
» vaincus que si vous tenez compte de ces observations, vous aurez
» enfin inauguré la véritable représentation populaire, vous aurez
» trouvé des mandataires qui ne se considéreront jamais comme vos
» maîtres.

» Hôtel-de-Ville, 25 mars 1871. »

Suivent 25 signatures.

Cependant, les élections faites, le Comité ne se retira pas. Ceux qui ne
sortirent pas de l'urne ne furent pas content, ils avaient menti dans leur
belle proclamation, ce fut un pouvoir nouveau, un de plus, un gouvernement de plus composé des rebuts, ce fut au contraire les nouveaux
élus qui, de jour en jour, donnèrent leur démission ; en moins de trois
semaines, leur nombre de quatre-vingt-dix était réduit à cinquante-
neuf. Les honnêtes gens voyant qu'ils étaient en minorité ; s'étaient re-
tirés ; alors on voulut se recompléter ; on procéda à de nouvelles élections, mais les électeurs s'abstinrent à tel point, que sur 31 candidats,
pas un seul n'obtint le huitième des voix exigé par la loi. C'est le meilleur moyen de protester en masse. Dès lors, la commune était condam-
née, mais elle résista ; on passa outre la loi, on valida ceux qui avaient
obtenu le plus de voix, et dès ce moment commencèrent les désordres
innombrables. Depuis le 19 mars, les trophées de la populace de Lyon
empêchaient de dormir celle de Paris. Lyon avait assassiné un commandant de la Garde nationale. Paris, comme capitale, voulait faire quelque
chose de plus, s'il s'était trouvé le moindre roi, bon ou mauvais, on lui
aurait fait passer la barque à Caron, mais faute d'un Louis XVI, on
pensa que deux généraux pouvaient bien valoir un roi et on assassina
deux généraux ; l'un, père de six enfants, Lecomte, n'était pas connu à
Paris, il n'arrivait que depuis quelques jours, c'était un vaillant soldat.

L'autre, Clément Thomas, était un républicain dévoué et éprouvé qui avait passé sa vie en captivité ou en exil pour la liberté; qui fit preuve de cœur et de courage, c'était un homme de bien et tous les deux furent mis à mort sans jugement et leur corps mutilé à coups de baïonnettes.

Depuis vingt ans, Paris n'avait pas eu de barricades, ce n'est pas possible de rester plus longtemps sans s'amuser un peu, Paris serait donc devenu raisonnable? Hélas? non! Ce n'est pas que l'envie lui en eut manqué, les doigts lui démangeaient. Aussi, tout d'un coup en a-t-on fait dans tous les quartiers gratis et avec entrain, c'est la seule chose qu'on fasse gratis, cela gêne la circulation et ça l'amuse. Le parisien aime beaucoup à être amusé, il n'a quelquefois pas de pain et il va au théâtre, il a la mort dans l'âme et le diable au corps.

Ici, le théâtre est nouveau, raison de plus pour l'adorer : c'est la barricade, il n'a que plus d'attraits, des gamins de 10 à 15 ans y suent à grosses gouttes pour y porter des pièces de bois, des pavés, des charrettes, des tonneaux qu'en remplit de pierres, des chevaux morts, tout est bon pourvu que cela fasse obstacle, et là il s'y intrônise tout de suite des chefs, il ont pour but avoué de chasser les autres, on y travaille sans s'apercevoir qu'on en accepte de nouveaux et quels chefs ??? Peut-on être si avide d'un pouvoir, même éphémère, pour commettre tant d'atrocités, et trouver encore 100,000 personnes pour vous aider? Qu'est-ce que ces hommes?

Peut-être des aveugles, des abrutis, des orgueilleux ou des brigands, il y a de tout. Il y a des crédules, des égarés, des bonnes bêtes sachant lire et écrire, et pour cela se croyant de tout savoir; ils ont lu les journaux et les affiches menteurs et ont eu la simplicité de les croire; une bonne femme me disait : il faut bien que ce soit vrai, puisque c'est affiché ; je dus répondre : c'est justement pour cela que je ne le crois pas.

Il s'agissait d'une pension de jeunes filles de Neuilly qui avait été mitraillée, écharpée par les Versaillais. Une pensionnaire peut être atteinte comme tout autre personne qui se trouve dans la rue, mais il y a une différence entre une pensionnaire et une pension mitraillée, écharpée.

Il y a des gardes nationaux tout aussi crédules que cette bonne femme, il y en a de généreux et enfin quelques-uns, les malheureux, et ils sont nombreux, qui vont se faire tuer pour vivre, parce qu'on leur donne trente sous par jour et la nourriture, et qu'avec cela ils alimentent leur famille.

Deux enfants de 15 ans ont, l'un un bras cassé, l'autre une jambe traversée par une balle, ils pleuraient, les pauvres enfants, on leur dit :

mais à votre âge, est-ce qu'on va se battre? Réponse : C'est pour les trente sous.

Voilà un de ces terribles exemples du mal que peut faire l'aumône, car vous n'avez pas oublié que ce n'était que les nécessiteux qu'on payait et on admettait dans les rangs tous ceux qui en faisaient la demande sans égard à l'âge.

Confiance, mensonge ; deux grands mots qui ont été tour à tour beaucoup trop employés ; combien de maux, de souffrances, de sang, de chagrins on aurait pu épargner si on ne les avait toujours employés qu'à propos ? Comment peut-on avoir confiance à des gens qui ont menti, ne fut-ce même qu'une fois ? Le mensonge nous coûte aussi cher qu'aux Chinois. Comment se fait-il que nous n'ayons pas encore trouvé à mettre à notre tête des hommes n'ayant jamais menti ? Sommes-nous donc assez pauvres d'honnêtes gens pour n'en plus trouver ?

Le menteur est synonyme de voleur; oh! ne vous défendez pas ; fouillez bien votre conscience, vous ne mentez que pour obtenir quelque chose qui ne vous appartient pas ou pour la faire obtenir à celui qui, à votre préférence, donc c'est un vol, vous ne sortirez pas de là. Vous mentez, vous êtes capable de voler : le mensonge conduit au vol, or, le menteur est voleur, s'il n'a pas volé c'est que l'occasion lui a manqué ; or, si le menteur est voleur, comment se fait il que nous nommions des menteurs pour nous représenter ? Parce que nous espérons qu'ils ne mentirons plus. Espérer que l'eau ne coulera plus, est une illusion. Espérer qu'elle ne coulera que dans notre intérêt, nous devrions lui barrer le passage, car si elle dévaste le champ du voisin pour nous apporter sa terre, nous ne voulons pas en profiter, parce que nous ne voulons pas vivre d'un pain aussi noir, aussi mauvais, et que d'ailleurs, si aujourd'hui elle nous apporte la terre du voisin, parce qu'elle y trouve son profit, demain elle portera ma terre sur le champ du voisin, parce que son profit pourra avoir changé. Donc, plus de voleurs, plus de menteurs, alors nous pourrons avoir confiance les uns aux autres. La persistance de la Révolution actuelle ne repose que sur deux mots : mensonge et confiance et d'un troisième qui en est la conséquence ; trahison.

Dans les deux camps on veut la même chose : la République (1871), mais dans les deux camps on a menti et il n'y en a pas un qui puisse avoir confiance à l'autre, et on se bat, on se tue des deux côtés pour la fonder. Fondée sur le mensonge, sera-t-elle soutenable? Hélas ! non, il lui faut de grandes vertus, il faut qu'elle soit pure, digne, généreuse, juste, large, grande et forte ; forte de toutes les vertus ou bien elle

mourra. Or, la vérité est la première vertu. La vérité est une partie de
Dieu. Le mensonge et l'imposture sont de l'enfer, sont avec l'ingratitude les plus bas de tous les vices. Je ne parle pas, bien entendu, des
mensonges inoffensifs, des plaisanteries. des fables qui n'ont d'autre but
que d'établir plus clairement une comparaison, je parle du mensonge
qui est dit pour tromper, celui-là est un vice horrible.

Si l'un des deux pouvoirs n'avait jamais menti, on aurait été forcé de
le croire, et si l'autre ne veut réellement que la République, il n'aurait
qu'à se retirer ; mais comment avoir confiance s'ils ont menti tous les
deux. La République, c'est bien, mais des places, c'est mieux.

17 Avril. Il y aura demain un mois que la Révolution a commencé
ouvertement, pour manque de confiance, et le canon gronde continuellement. Je viens de voir les journaux et les affiches, les uns et les autres
me désespèrent par leurs continuels mensonges. Si nous ne trouvons pas
d'honnêtes gens pour mettre à notre tête, c'est, qu'en effet, il y a scrupule et dignité à ne pas se présenter pour ne pas voir son nom salit par
les journaux ; ils ne peuvent pas se présenter eux-mêmes. Si on les présente, leur patriotisme leur fera un devoir d'accepter, dussent-ils,
comme Bailly, porter leur dévouement jusqu'à l'échafaud. La tâche leur
sera facilitée s'ils ont confiance que le peuple veuille s'améliorer, dans
le cas contraire, ils refuseront. Il faut que le peuple s'améliore. La position n'est plus tenable ; si on ne peut pas éviter la guerre civile. la
canaille pourra avoir un moment le dessus, car les plus audacieux sont
de son côté, mais elle se brouillera bientôt, se tuera, et son sang lavera
la terre de ses souillures. Alors le ciel se rasséréna, son courroux s'a-
paisera, l'honnêteté reprendra le dessus, mais quel déluge de maux les
doctrines perverses auront occasionné en passant par toutes ces péri-
péties ?

On voit aujourd'hui surgir de tous côtés des hommes assez perverses,
assez téméraires, pour faire des inventions théologales, leur nombre
domine dans la Commune de Paris, ce qui leur a valu le placet suivant :

« Oh ! Commune maudite, quel est le père qui t'a engendrée, qu'elle
» est la mère qui t'a mise au monde, qu'elle est la marâtre qui t'a élevée,
» quel lait as-tu sucé, quel principe, quel cœur t'ont-ils instruit pour
» produire un monstre tel que toi ? Assassin. incendiaire, support de
» Satan qui t'appelle au crime. Tu vas subir par l'exécution la longue
» suite de tes fautes et de celles de tes indignes parents. tu vas payer
» de ta vie ; que ça serve de leçon à tes survivants. Un monstre
» va finir, peuple, réjouis-toi ! »

Et les parents des hommes qui ont inventé ces nouvelles lois théologales étaient-ils d'honnêtes gens ?

Eh bien ! franchement, je ne le crois pas, sans cependant pouvoir l'affirmer, car un mauvais fils a pu quelquefois avoir un bon père, la nature se plait quelquefois à ces sortes de transformations, et si cela se trouve dans les familles à plus forte raison, ça pourra se trouver dans l'église, quoique les mêmes principes y soient donnés, ils ne sont pas toujours suivis avec le même respect.

Qu'est-ce qu'un mauvais prêtre ?

C'est un homme n'observant pas les lois théologales ; c'est un laïque en soutane, c'est un homme ayant les dehors d'un prêtre, mais n'en ayant pas le fonds, et quoique la campagne ne soit pas exempte de tâches c'est un homme élevé le plus souvent à la ville, en possédant les défauts et n'ayant pas eu le mérite d'acquérir les vertus sacerdotales ; c'est un prêtre de nom et non de fait.

Le cardinal Richelieu qui en savait bien autant que vous et moi, avant de mourir, a voulu se confesser Pourquoi aurait-il voulu le faire s'il n'avait pas cru que ce fut nécessaire s'il n'avait pas cru en Dieu ? Dans le public, on entend souvent mal le devoir du prêtre ; j'entends quelquefois dire : celui-là est un bon enfant, bon vivant, il ne prêche guère, il mange bien. On croit par là le flatter. Je trouve que c'est des reproches. La sobriété est commandée par le devoir, par la santé et par le respect de soi-même ; il ne doit pas faire un Dieu de son ventre, il doit prêcher et pour donner plus d'autorité à ses paroles, il doit donner l'exemple. Je blâme Victor Hugo comme tout autre, de dire : je parle pour la République et je la défends, mais je suis monarchiste. C'est mentir à sa conscience, c'est ne mériter aucun crédit, aucune confiance, c'est vil et méprisable. Un prêtre qui dirait : dis-donc petit peuple, tu feras bien de croire en Dieu, c'est bon pour toi, mais moi, je n'y crois pas, ce prêtre serait indigne de l'être, ni même d'être laïque, personne n'est né prêtre, on a embrassé cette profession, les uns par goût, ce sont les bons, les autres par intérêt, et pour se soustraire au service militaire et dans ce nombre plusieurs sont mauvais, ils auraient été mauvais soldats, les intérêts n'ont pas toujours répondu à leur espoir, j'en ai connu qui avaient plus de 50 ans et gagnaient moins de 1,800 francs dans de grandes villes, avec cela il fallait payer un loyer et une bonne. Quel est l'homme qui, ayant leur instruction, soit aussi peu rétribué à cet âge ? A cet âge, si on appartient à l'État, on a une retraite, on peut vivre en pension, on n'a pas besoin de bonne, mais la retraite du prêtre, 400 francs, avec cela peut-on subvenir à ses besoins ? Chez eux, le luxe est exclu, quelques mètres de drap suffisent pour l'habiller, mais il n'est pas moins vrai que leur position n'est pas enviable.

Je ne recommande pas une religion qui fasse passer tout son temps en prières ; il y a une loi supérieure qui commande le travail ; tu gagneras ton pain à la sueur de ton front : on ne doit donc prier qu'aux heures de repos et aux jours de repos, et même certaines raisons majeures peuvent commander le travail les jours de repos. Dieu n'en sera pas offensé. Celui qui passerait tout son temps en prières, serait bien exposé à être traité d'inepte ou d'hypocrite. Il existait autrefois une prière qu'on ne comprend plus guère : Que Dieu nous délivre des Grecs, des Romains et de ceux qui entendent deux messes par jour ! Les ineptes sont plus dangereux qu'on ne croit : l'assemblée nationale est la réunion des hommes les plus éclairés de tous les partis. La commune que M. Dufaure appelle des brigands, le terme est trop fort, ils n'en sont pas tous. On a dit que Varlin était un parfait honnête homme convaincu, il croit de bien faire. S'il y en a un, il peut y en avoir plusieurs, mais on peut affirmer qu'il n'y en a guère, les autres sont tels que les appelle M. Dufaure et aux malheurs, aux crimes qu'ils ont accumulés sur Paris, je ne connais pas de tribunal qui puisse les absoudre, ni admettre des circonstances atténuantes ; ils ne sont pas les élus, ils se sont imposés, ce sont des audacieux, ce n'est plus la lumière, c'est le cahot, la nuit dans laquelle quelques rayons de lune qu'on a pris pour le soleil, paraissent par moment, puis le cahot se fait, il n'y a plus d'entente, c'est la tour de Babel, on n'y parle pas le même langage, on s'y injurie mutuellement, particulièrement et publiquement. On s'y appelle papillon à lunettes, cléoptère, sauteur, etc., etc. On s'y accuse d'avoir été de la police secrète sous l'empire, d'avoir offert son journal aux d'Orléans qui l'ont refusé, et à l'empire ensuite, qui l'a accepté. Enfin il n'y a pas de bassesses qu'on ne se reproche publiquement. Voilà l'estime et la confiance qu'ils ont les uns pour les autres.

Incapables de construire, ils décrètent des démolitions, les curiosités, les merveilles, les chefs-d'œuvre ne sont pas épargnés, l'église de Bréa, la colonne Vendôme seront démolies, parce qu'avec les débris de cela, on fera de l'argent, c'est du diamant rendu en poussière. Qu'importe ? Les diamants fatiguent les yeux des myopes. Comment se fait-il que la Garde nationale, ou du moins une partie, leur obéisse encore ? Dans cette partie, il y a trois classes : l'une qui est qualifiée par M. Dufaure, l'autre c'est l'inepte, et enfin il y a la nécessiteuse ; celle qui obéit pour 30 sous par jour, mais qui ne demanderait pas mieux que d'avoir un autre moyen de subsistance. Et dire que ces hommes traitent les autres d'imbéciles et d'ignorants, cela fait pitié. Voilà quelques-uns de leurs noms tels qu'on les a trouvés sur un papier roulé sous une de leurs chaises. Renard, Nem, Palais, Poulat, ou Aisne, Aube, Eure, sont des jeux de mots bons pour les écoliers; les communards, dans leur séance, prennent plaisir à les imiter. Voici un de leurs échantillons.

En *Avril* ou en *Ranvier*, quand les *Jourdes* s'allongent, on voit les *Amouroux* se promener dans les *Valles* auprès *Delescluse Dupont*, s'ils ont le *Grousset* garni, on les voit *Assi* sur la *Verdure* et manger du *Gambon des Eudes* (huitres), sur le *Pyat* et *Trinquet* sans *Miot* dire, car ils sont *Ferret* sur *Lefrançais*.

Il n'y a rien de si méchant que les sots, rien de si sot que les méchants. Celui qui croit que tout le monde est mauvais ne peut pas être bon, il est forcément plus mauvais que les autres, il ne peut rien faire pour mériter qu'on lui fasse du bien et qu'on soit bon pour lui.

Mais les nécessiteux sont donc bien nombreux à Paris. Hélas! oui. L'inconduite, l'imprévoyance, l'immoralité des uns font perdre aux autres et ces pertes accumulées font quatre espèces de plaies réunies et forment un total assez considérable qui ne peut pas être un jour sans recevoir de l'argent; un jour c'est bien peu et pourtant c'est l'exacte vérité. L'inconduite y est telle qu'il y a des ateliers qui donnent de l'argent à leurs ouvriers deux fois par jour et que si on a le malheur de leur avancer 50 centimes, il est presque impossible de les leur retenir plus tard. Il est donc facile de comprendre que lorsqu'on n'a pas d'ouvrage ces ouvriers soient immédiatement nécessiteux et forcés de recourir à n'importe quel moyen d'existence. Tuer les autres ou se faire tuer, il n'y a pas d'autre alternative.

Qu'est-ce qui fait les traitres ?

N'est-ce pas la démoralisation qui trop souvent sort du cabaret ? Poser la question, c'est la résoudre.

Le remède n'est-ce pas l'église qui prêche la morale avec le plus de véhémence et d'autorité ? Si vous ne voulez plus de traître, plus de fripons, il faut que quelqu'un prêche la morale, l'honnêteté, si cette préconisation n'est pas faite par un prêtre, il faut qu'elle le soit par une autre personne, est-ce donc parce qu'elle n'a pas une robe noire que sa parole aura plus de valeur, d'autorité ? La robe noire est pourtant bien modeste et pour cette raison donne mieux l'exemple qu'un autre vêtement et la parole qui sort de cette bouche, n'est pas moins sincère, elle est plus éclairée sur ce point puisqu'il a été l'objet de ses constantes études.

N'est-ce pas tout simplement parce qu'on veut faire de la désorganisation qu'on le fait en disant qu'on veut réorganiser autrement ? En effet, on décrète que les officiers ministériels seront à appointements fixes, et cela je l'approuve un peu, rien qu'un peu, mais y a-t-il la moindre logique dans cette manière de procéder? Salarier ceux qui ne le sont pas et dessalarier ceux qui le sont? C'est le renversement de tout, ils prétendent que c'est la réorganisation, c'est désorganisation qu'il faut dire, il est facile de comprendre pourquoi ils ne peuvent pas se comprendre eux-mêmes. Hier, je voyais une affiche datée du 16 Floréal. Je m'adressai aux personnes qui lisaient avec moi et leur demanda de quelle date était cette affiche. Personne ne put me répondre satisfaisamment, seulement con.me elle était fraiche, elle doit être d'aujourd'ui, me répondit quelqu'un. Voilà qu'officiellement on parle à la population un langage qu'elle ne comprend pas. C'est de la nouveauté renouvelée, non pas des Grecs, ce serait trop moderne, mais de la tour de Babel.

On se figure naïvement que la Commune désire la conciliation et éviter le carnage. Paschal Groussel, délégué pour répondre aux conciliateurs, dit : Finissons-en avec les conciliateurs.

Tous les exilés par un gouvernement, sont les ennemis de tous les gouvernements qui ne leur donnent pas de bonnes places.

Quand un nouveau gouvernement arrive, on les voit tous accourir, on s'empresse de leur ouvrir les portes de la patrie comme un acte réparateur, mais à peine sont-ils arrivés qu'on s'aperçoit qu'il faut de nouveau les expulser sous peine de tout compromettre, si on ne les expulse pas, attendez-vous bientôt à une nouvelle révolution, car ce qu'ils veulent avant tout, c'est des places et qu'elles soient bonnes. Un général (Cluseret) ne se gêne pas pour le dire à Trochu : bonjour général. Bonjour général. Je viens vous demander un commandement. Tout est pris, je ne peux pas vous donner de commandement. En ce cas, je vais en demander un à la Commune. Et il l'obtient de la Commune dont il grossit le nombre, à ce nombre s'ajouta les crédules, les ignorants trop faciles à tromper. Les athés sont très nombreux et malfaisants. Aujourd'hui on ne lit plus de bons livres enseignant le devoir, l'ordre, la probité, la morale, la soumission. Le mot à la mode c'est la libre-pensée...... Demandez-leur ce que cela veut dire ? C'est division. Or, j'entendais faire un discours sur une tombe ou on prêchât l'union. On applaudit. Quelqu'un ajouta : et la libre-pensée, on applaudit aussi.

Un livre coûte des francs généralement et dépenser 3 fr. à la fois par exemple, c'est impossible à bien des gens ; mais on dépense 5 ou 10 centimes tous les jours pour acheter un journal et quel journal ??? Un journal prêchant le droit, la grève, le désordre, la révolution, mais pas un pour prêcher le devoir, la paix, le travail, l'ordre. Une femme qui a reçu 180 000 francs de sa famille pour sa part se plaint de ce qu'on lui a fait tort de 20 centimètres de fil. C'est un rêve. Le peuple d'aujourd'hui rêve. Il n'est plus sans culotte, il est fou. Le nombre des fous augmente à tel point que la municipalité de Paris se voit forcée de fonder un nouvel asile pour pouvoir les contenir (1890).

On voit des riches qui, malgré une grande économie, sont très gênés pour faire face à leurs charges ; c'est donc eux qui auraient le droit de se révolter. Il n'y a pas de droit sans le devoir. C'est la règle primordiale, pas plus qu'il n'y a de paix dans la révolution, car le vainqueur d'aujourd'hui sera le vaincu de demain. Il y a un droit qu'il faut reconnaître et donner à quelqu'un de commander et lui obéir, c'est une loi naturelle, civile et religieuse, partout où ces lois se confondent elles sont un double bienfait.

Les pays les plus heureux sont ceux qui ne se révoltent jamais, et par contre ceux qui supportent le plus durement les douleurs des guerres civiles se sont ceux qui se révoltent, qui ne veulent se soumettre à aucun gouvernement, pas même à celui issu du suffrage universel.

Quel est le meilleur gouvernement ?

C'est celui qui est conduit par les plus honnêtes gens. Ils peuvent tous être bons ou mauvais, le nom n'y fait rien ou pas grand chose, mais en général chacun à sa place : la république pour les petits états, l'aristocratique pour les moyens, le monarchique pour les grands ; ou en termes plus élevés : la république pour le Paradis, le monarchique pour la terre, le despotique pour les Enfers. Nous avons essayé d'avoir sur terre le gouvernement du Paradis, mais nous avons pris le chemin de l'Enfer car nous la voulons par révolte, et c'est dans la révolution que se ramassent les dictatures et se retrempent les restaurations, or la dictature c'est le despotisme.

La morale est une chose naturelle qui semble n'avoir pas besoin d'explications et qui pourtant n'est pas comprise de la même manière par tout le monde, j'ai eu une controverse sérieuse avec un professeur de Paris sur ce sujet.

Deux partis sont en présence, ils sont acharnés, se disputent les places et font battre le peuple généreux et influencé. On s'adresse les épithètes les plus injurieuses, comme d'habitude, les plus faibles sont les plus grossiers ; les hommes les plus probes, qui n'ont pas voulu ensevelir leur génération et ruiner leur patrie sont abaissés, les plus grosses injures ne leur sont pas épargnées : traître, lâche et autres termes aussi discordants ; les ignorants font chorus et prodiguent des éloges à leurs ignobles flatteurs qui, pour conserver leur place ou en obtenir une meilleure ne craignent pas de faire égorger les hommes et de brûler Paris : ils ont fait faire des barricades qui sont de véritables fortesses, elles sont minées et chargées de 40 à 100 kil. de poudre ; cette charge se trouve répétée dans les rues de distance en distance, suivant des affiches qu'ils ont posées eux-mêmes et que tout le monde a pu voir sur les murs de Paris. Voilà quels sont les hommes qui osent accuser les autres de faire assassiner le monde ; ils appellent traîtres les conciliateurs, lâches ceux qui ne les soutiennent pas et que sais-je encore ?

Hélas oui ! Pour eux conciliation signifie trahison. La langue française, n'a pas la même signification pour tout le monde, c'est pourtant la langue de la diplomatie, celle où la pensée se distille le plus clairement.

Hier quelqu'un me raconta la conversation qu'il venait d'avoir avec un vengeur : où allez-vous comme ça : Nous allons au fort. Pourquoi faire ? Pour nous battre. Je le sais bien que c'est pour vous battre, mais pourquoi vous battez-vous ? Ah ! ma foi, je n'en sais rien.....

Je ne sais pas si j'ai contribué à sauver à Paris quelques uns de ses ouvrages d'art, de ses monuments, de ses curiosités, de ses merveilles mais voici ce que j'osais écrire le 6 mai 1871 aux membres de la Commune et ce n'était pas sans danger pour moi :

« Messieurs les membres de la Commune,

« C'est avec la plus profonde douleur que je vois persister les projets
« de destruction des embellissements de Paris, de ses chefs-d'œuvre,
« ses œuvres d'art, ses curiosités, tels que statues, chevaux de bronze,
« colonne Vendôme qui dans sa chute entrainera infailliblement celle de
« juillet. Permettez-moi cette humble observation ; si Paris démolit
« toutes ses merveilles qui attirent les étrangers que deviendra-t-il ?

« Que deviendra Paris sans les étrangers ? Ces colonnes sont la gloire
« de nos pères. La France n'a-t-elle pas assez de honte ? Elle n'aura
« jamais assez de gloire.

« Veuillez agréer mes saluts. »

La démolition de la colonne Vendôme a été renvoyée au 12 mai, tandis qu'elle devait avoir lieu le 8, Aujourd'hui 12 je ne suis pas sûr que la Commune existe encore : son pouvoir lui est disputé par le comité central qui prétend que la commune est incapable et que lui qui a été le promoteur de la révolution doit avoir seul le droit de la diriger.

Je viens de voir une affiche signée Delescluze, elle est très bien faite, il ne lui manque que le sens commun ; il s'adresse à la garde nationale qu'il invite à la résistance jusqu'au dernier plutôt que de se rendre et à faire sauter la ville s'il le faut en présence de Paris et du monde qui les admire. Pour être dans le vrai il n'y a que le dernier mot à changer et mettre exècre, car on ne peut pas avoir un autre sentiment pour eux qui hors la loi commandent d'égorger. Il ordonnait de démolir l'hôtel de M. Thiers et pour cela il fut obéi.

Oh Paris ! Oh Commune ! Oh honte ! Oh scandale ! Hier au soir je passais devant l'église Sainte-Elisabeth, beaucoup de monde y était réuni, j'entre pour connaître le motif. Bientôt monte en chaire, devinez qui... Une citoyenne, elle y reste pendant 3/4 d'heure pour dire ce que je mets en 4 lignes, mais les femmes ont la locution facile et quand elles parlent elles ne s'aperçoivent pas que le temps passe. Elle commença par parler d'ambulance, de secours aux blessés, jusque-là rien de mieux. C'était un moyen d'attirer l'attention du public, elle avait été la veille dans un club à l'église de Saint-Nicolas qu'elle appelle salle Nicolas , on avait fait appel à la bourse au profit des gens qu'on faisait massacrer, puis elle raconta une aventure qui lui était arrivée le matin : elle avait été au faubourg du Temple où elle avait rencontré une dame qui faisait partie du comité de salut public, elles ne se connaissaient pas, mais puisque c'était d'un comité de résistance, c'était assez ; les voilà amies tout de suite, et pendant qu'elles causaient, vint à passer un enterrement. La citoyenne a beaucoup de respect pour les enterrements. La dame fit le signe de la croix. Comment dit la citoyenne, vous faites le signe de la croix, vous n'êtes donc pas républicaine ? C'est vous qui ne l'êtes pas puisque vous attentez à ma liberté, vous êtes une réactionnaire. Mais non c'est vous qui êtes réactionnaire puisque vous faites le signe de la croix Bref, grande dispute. La dame voyant passer un sergent-major de la garde nationale l'appelle pour faire arrêter la citoyenne qui est réactionnaire ; celle-ci veut qu'on arrête la dame. Le sergent major eut le bon sens de n'arrêter ni l'une ni l'autre et la citoyenne s'en plaignit au club. Elle fut remplacée en chaire par un garde national d'une voix de taureau, qui commença par dire que le rôle de la femme n'était pas politique, qu'elle devait s'occuper de son ménage et aller débarbouiller ses moutards ; que le signe de la croix ne gênait personne, mais que pour lui, il n'y avait pas d'autre Dieu que lui, que l'homme, il était dans la chaire de vérité, il se félicitait de ce que le peuple avait purifié ce lieu où il était en chassant les dévotes et les prêtres qui étaient inutiles. Il descendit, un homme à cheveux blancs prit la place, mais sa voix est si faible qu'on peut à peine l'entendre, il commença par dire que les prêtres étaient des moralistes qui avaient étudié pour cela et qu'ils s'en tiraient mieux que les autres : que la femme avant la religion

n'était qu'une bête de somme et que c'était la religion qui l'avait éma[n]
cipée. Un pareil langage n'était pas du goût du peuple qui couvrit s[a]
voix pour l'empêcher de parler et peu s'en fallut pour qu'il dise : cruc[i]
fiez-le. Il fut forcé de descendre. Il fit place à un révolutionnaire au ser[-]
droit, c'est rare, mais il y en a. Il se vante d'avoir fait partie de la man[i]
festation du 31 octobre ; mais il avait le malheur de bégayer, ce qui [fit]
rire, il dit que pour lui il ne s'était pas créé lui-même, donc Dieu exis[te]
puisque lui-même il existe, qu'il était républicain socialiste, mais qu[e]
cela ne l'empêchait pas de faire le signe de la croix et de croire en Die[u]
Il fut obligé de quitter promptement la chaire ; il fut remplacé par u[n]
polonais exilé et qui aurait mieux fait de ne jamais venir en France, [il]
avait été président d'un club, en avait profité pour se porter candidat [à]
la commune, il n'avait pas obtenu le nombre de voix voulu, cela n[e]
l'empêchait pas d'en faire partie ; c'était illégal, mais la Commune n'[y]
regardait pas de si près. Enfin il est en chaire. Quelles abominations n[e]
dit-il pas de Dieu ; il est invisible et impalpable comme l'air, donc [il]
n'existe pas. Mais l'air, le son des cloches, de la musique, le bruit d[u]
tambour, du canon, de la voix, le sentiment de l'amitié, de la douleu[r]
de la haine, de l'ennui existent et personne ne les a vus ni touchés [il]
pourtant ils existent à tel point que des fois on se donne la mort par[ce]
qu'on ne peut pas les supporter et personne ne le conteste. Mais l[e]
polonais par galanterie pour ces dames qui l'écoutent et qui sont nom[-]
breuses, pour leur faire plaisir, il veut bien admettre son existence, qu'i[l]
soit dans un coin à fumer sa cigarette et regarder tranquillement l[e]
monde se massacrer mutuellement, je ne peux pas raconter tout c[e]
discours, je me ferai honte à moi-même en le racontant, j'ajouter[ai]
seulement qu'il s'en moque comme de l'an 40. Qu'il a deux fille[s]
qui n'ont pas été baptisées et il défie qui que ce soit d'avoi[r]
des enfants plus charmants. Je voudrais bien savoir ce qu'il en dir[a]
quand elles auront 20 ans. S'il ne leur dira pas comme à la citoyenn[e]
qui monta en chaire, qu'elle ferait mieux d'aller débarbouiller ses mou[-]
tards que de faire de la politique.

Rossel, un des plus dignes, délégué au ministère de la guerre, qui de
capitaine en huit jours s'est élevé au grade de colonel puis à celui de
général, au bout de huit jours se plaignit amèrement du manque d'en[-]
tente entre les pouvoirs et ne pouvant pas se faire obéir donna sa
démission à la commune en ces termes :

« En présence de ces difficultés je n'ai que deux partis à prendre :
« briser l'obstacle ou donner ma démission, l'obstacle c'est vous et votr[e]

« ignorance, je ne veux pas briser le pouvoir, je me retire et vous de-
« mande ma cellule à Mazas ».

Il se rendit prisonnier en effet, on lui donna pour gardien un membre
de la commune, mais pendant qu'on le jugeait, le prisonnier et le gardien s'enfuirent tous les deux.

Tout le monde souffre de cette situation et chacun s'en va disant :
mais ça ne finira donc pas ?

Et les journalistes. Oh ! Ce n'est pas eux que je plains, Ils sont la
cause de tout le mal, mais enfin ceux qui ne sont pas membres de la
commune, souffrent comme le commun des martyrs, et peut-être même
davantage car ils sont emprisonnés, volés, tués : M. Chaudey le sait
bien (il a été tué) et par dessus le marché 18 journaux ont été supprimés
en 52 jours de règne de la Commune, eh bien, malgré ce nombre que
je ne regrette pas, je voudrais en voir supprimer encore deux parce
qu'il n'y a pas de goujats plus grossiers qu'eux, mais c'est précisément
à cause de cel· qu'on les laisse subsister, eh bien ! 18 journaux qui
occupent 300 personnes chacun cela fait déjà un chiffre respectable qu'on
empêche de gagner sa vie. Voilà ce que la Commune appelle organiser
le travail.

Il y a loin de ce procédé à celui de la Défense nationale qui en sus-
pendait un *La Patrie* pour 3 jours, et cette mesure souleva les protestations de toute la presse. Qu'ils protestent donc maintenant que c'est
les journalistes eux-mêmes qui gouvernent. Ne peut-on pas leur dire
que c'est du pain béni? Car ils l'ont mérité.

Le timbre à 5 centimes qu'ils payent habituellement n'est certainement pas trop cher, ils donnent beaucoup d'embarras au gouvernement
quel qu'il soit, il est donc très juste qu'ils lui donnent un très gros bénéfice, il est vrai qu'ils lui rendent quelques services, mais combien de
mauvais pour un bon ?

Somme toute, la nation serait facile à gouverner s'il n'y avait, ni révolutions, ni grèves, ni guerres et très peu de journaux, il faudrait aussi
exiger un fort cautionnement pour en diminuer le nombre.

Aussitôt qu'un élément cesse de dominer un autre prend la place ;
c'est comme les deux brebis de Jean Raine : cette diable de noire ou
devant ou derrière, elle veut toujours être.

En politique ce n'est pas la noire qui veut-être devant, elle est modeste
et occupe le sort qu'on lui fait. C'est la rouge qui veut être devant,
jamais derrière; c'est elle qui a le plus besoin d'être guidée, mais qui
veut toujours guider les autres, nous en avons une preuve de plus
depuis que c'est les journalistes qui gouvernent, nous n'avons

jamais eu de gouvernement plus despotique et respectant moins l'inviolabilité, les droits d'autrui : M. Glais Bisoin le sait bien : malgré qu'il
soit représentant démocrate de Paris il a été arrêté et emprisonné 3 fois
en 51 jours. M. Schoelcher a été moins malheureux, aussi représentant
démocrate, n'a été arrêté qu'une fois et tous les deux sans savoir pourquoi Ces journalistes ne se font pas scrupule de subjuguer les autres.
je ne sais pas s'ils fument leur cigarette dans un coin, mais ils se mo-
quent des autres comme de l'an 40 ; sous prétexte d'excitation à la guerre
civile, ils s'incarcèrent mutuellement, cela ne fait pas un pli, et pourtant
que font-ils tous en ce moment si ce n'est la guerre civile ? Ce prétexte
est si peu vrai qu'hier je voyais un journal : *le Journal de Paris*, qui
leur fait opposition s'étonner de n'être pas encore supprimé comme tant
d'autres, il cherchait à en savoir la cause, et il apprit que c'était parce
qu'il s'opposait à la conciliation, en effet pour la commune la conciliation est une demi mesure ; il fallait tuer son adversaire, ce n'est pas
humain mais c'est radical ; il s'agit bien d'être humain ? Il faut être
radical avant tout ?

Elle est belle la liberté de la Commune...

C'est à dégoûter de la République. Elle fait quelques fois des affiches
magnifiques : Delescluses s'exprime ainsi :

« Etant appelé à la délégation de la guerre (ministère) si je n'avais
« écouté que mes forces, j'aurai décliné cet honneur, mais j'ai compté
« sur votre courage, nos remparts sont solides comme vos bras, comme
« vos cœurs, nous vaincrons.

Et que veulent-ils en effet ? Pyat le dit d'un mot : vaincre, car au fond,
il n'y a plus d'autre motif sérieux, celui-là est bien futile, mais les
autres le sont encore plus. On donne pour prétexte les franchises municipales et la république, mais la république n'est pas en question et
quant aux franchises municipales je parierai qu'il n'y a pas 3 combattants
sur 100 qui donneraient 2 sous de leur poche pour les avoir. Un certain
nombre ne va même pas voter et ceux qui y vont ne connaissent pas
ceux pour qui ils votent, ils n'en connaissent aucun et prennent le ou
les candidats que leur indique leur journal dont ils ne connaissent pas
non plus les rédacteurs. Eh bien leur journal quand il indique des candidats les connait il ? Est-il bien sûr de son choix ? Est-il mieux inspiré,
mieux renseigné que le pouvoir ? L'essence du journal, sa vie c'est de
faire de l'opposition, c'est le désordre, le désordre c'est la ruine générale au profit de quelques-uns ; l'ouvrier est la première victime et la
plus cruellement atteinte parce que vivant au jour la journée, il n'a pas
le moyen d'attendre : s'il est le premier à faire la révolution il est aussi le

premier fatigué, aussitôt qu'il voit qu'on le trompe il se retire, quelques fois il se venge auparavant, il est incorrigible mais il est généreux, souvent il fait grâce à ceux qui l'ont entraîné.

Dans une autre proclamation Delescluse dit : si nous devions succomber je serai le dernier sur les remparts. Mais le dire et le faire n'est pas la même chose ; le fait est qu'on ne l'a jamais vu sur les remparts un fusil à la main et que la première chose qu'il fit en arrivant au ministère a été de s'y fortifier. Cependant plus tard on le trouva mort derrière une barricade. Il avait sur lui une montre en argent et une lettre par laquelle on lui réclamait 600 fr. qu'il devait pour l'impression de son journal. Or, voilà un homme qui a été Préfet et Ministre, qui n'a pas de quoi payer ses dettes et il prétend à enseigner les autres à gagner leur vie.

C'est aujourd'hui le 16 mai, 6 nouveaux journaux de supprimés ; et de ce nombre se trouve *Le Siècle*, je le cite particulièrement parce que d'après l'officiel de la Commune il est impartial. Or comprend-on qu'on puisse laisser subsister un journal impartial qui dit que Versailles gagne du terrain et que Paris en perd ? C'est la vérité. Tant pis pour elle. Toutes les vérités ne sont pas bonnes à dire. Voilà la liberté de la presse réglée par les journalistes ; ils suppriment tous les journaux qu'ils n'écrivent pas eux-mêmes, de sorte que le public avide de nouvelles, ne trouvant pas d'autres journaux sera bien forcé d'acheter les leurs et au lieu de 60,000 exemplaires ils en vendront 100,000. Voilà qui est raisonné commerce 24 journaux de supprimés en 58 jours de règne. La presse pourra dire : règne heureux que celui de la Commune, il est vrai que les grossiers et insolents dont je parlais il y a quatre jours ne sont pas supprimés, cela console, à moins que cela afflige, il y en a même un nouveau dans ce genre on peut dire ce mot fameux : Triste. Triste.

La commune veut-elle savoir combien elle a de partisans ? Elle n'a qu'à voir les élections qu'elle a fait faire dont sur 31 pas un candidat n'a obtenu le huitième des votants exigible pour la validation de l'élection et voir aussi le nombre d'émigrés qu'on évalue à plus d'un million pour Paris seulement.

A la campagne on est si bête, on vit si loin de la nature qu'on ne connait rien : les femmes s'occupent encore d'allaiter les enfants, de laver les drapeaux, de faire la soupe, de raccomoder le linge. A Paris, siège des inventions on est bien plus avancé, éclairé, c'est les hommes qui doivent faire tout cela. Pourquoi ne feraient-ils pas la soupe puisqu'ils la mangent ? La femme doit aller au club, monter en chaire, faire de la politique, prendre un fusil, aller se battre. Eh bien, j'en demande pardon aux parisiens, mais je dis comme mon ami Calandre : Moi j'en suis de la campagne et je m'en flatte. Je le connais votre Paris, j'y ai demeuré 30 ans, mais je n'en veux plus, je m'en retourne à la campagne.

Je sais parfaitement que Paris a des choses magnifiques et quelques honnêtes gens, mais tout cela se coudoie avec des choses repoussantes, hideuses, un tas de vauriens ; c'est un tohu-bohu continuel, un perpétuel foyer de révolutions, une source continuelle de malheurs. Si on a les mêmes yeux pour voir on n'a pas le même cœur pour sentir. On a par hasard resté 18 ans sans révolution, mais on a joliment rattrapé le temps perdu quand on s'y est remis on en a fait une qui dure encore depuis 21 ans. A preuve les dynamiteurs et les victimes de Fourmies 1891. Voici quelques vers recueillis sous le gouvernement de la commune à propos des volontaires commandés par le citoyen Janssoullé.

A Montmartre des volontaires
Un nouveau corps est constitué,
Qu'il triomphe des réfractaires,
Et n'ait pas trop de Janssoulé,
Frankel ainsi que Lefrançais,
Demande. O franchise suprême
Qu'on le fasse parler français
Morbleu qu'il soit français lui-même
Bergeret pourquoi tant de fiel ?
Dites, que vous a fait Rossel ?
A l'arrêter quoi donc vous pousse ?

. . . .
La Commune voit un coupable
En chaque homme à ce qu'il paraît,
Et fait comparaître à sa table
Assy, Rossel et Bergeret
Alix coupable de folie
Dit le vengeur, est arrêté
Pyat coupable d'incurie,
Est seulement mis de côté
La Commune a peu d'agréments
Jules Alix qui se fourvoie,
De Charenton reprend la voie
Serait-ce un fourrier qu'on envoie,
Pour préparer des logements ?

Ils en auraient eu tous besoin car c'est l'asile des fous.

C'en est fait, au grand applaudissement des prussiens, la colonne Vendôme est démolie. Les ânes-archistes ont fait ce que trois invasions étrangères n'ont pas osé faire à Paris. On sait que cette colonne provenait des canons pris aux prussiens. C'était un précieux souvenir de gloire nationale, les anarchistes n'en veulent ni pour eux ni pour les autres. La colonne en tombant a écrasé leurs noms et les a voués à l'infamie.

De ce qui se passe, personne ne sait plus rien, il n'y a plus d'autres journaux que les leurs qui disent, non pas ce qui est, mais ce qu'ils veulent, on n'ose plus parler en public. Tout le monde est libre de se taire. C'est la terreur moins le gourdin, c'est la prison moins la guillotine qui nous attend à toute heure. Criez donc encore vive la commune. Vous n'avez plus la parole, le canon seul parle haut maintenant.

Paris est humilié, abaissé, au suprême degré, pourtant le nombre des oppresseurs, des tyrans diminue de jour en jour, il ne reste plus que les plus dangereux, tous ceux qui avaient un peu de cœur ou beaucoup de peur ont donné leur démission, ils ont senti trop tard le poids de leurs fautes, ils ne veulent pas s'associer à un plus grand nombre et ne demandent pas mieux que l'ombre et l'oubli. Pourra-t-on leur donner cette satisfaction ? Combien de tels spectacles sont propres à confondre l'orgueil de la raison humaine ?

Hélas ! Hélas ! Paris pourra relever ses maisons, ses édifices, mais les veuves, les orphelins ne retrouveront pas leurs époux ni leurs pères.

La Ligue et les Francs-Maçons s'en mêlent maintenant et suivant moi c'est à tort : ils ne feront que prolonger le mal ; ils ont de bonnes intentions j'en conviens, mais qui est-ce qui dit ne pas en avoir? L'enfer en est pavé. Versailles et Paris ne disent pas autre chose et cependant le sang coule. C'est une guerre de ménage, un juge ne doit intervenir que quand il y est invité.

18 mai. Le comité de Salut Public déclare qu'il fera sauter Paris plutôt que de capituler. Il est fameux le Salut Public. On emprisonne ceux qui désapprouvent la démolition de la colonne Vendôme. Pour diverses causes de ce genre ou autres 14 personnes sont condamnées à être fusillées. On ne guillotine plus, cela console.

Les prussiens se rapprochent de Paris, beaucoup de personnes désirent les y voir entrer pour rétablir l'ordre et mettre un terme à tant de massacres.

21 mai. Un nouveau journal cesse de paraître, celui-là n'est pas supprimé par ordre c'est le mot d'ordre ; il cesse dit-il, parce qu'en présence de la position faite à la presse sa dignité l'empêche de paraître. Or ce journal qui s'appelait d'abord *la Lanterne* puis *la Marseillaise* paraissait sous l'empire contre lequel il déclabandait par les critiques les plus infâmes, il trouvait pourtant que sous ce gouvernement sa dignité lui permettait de paraître, mais non pas sous la commune, il était dirigé par Henri Rochefort · il avait pourtant contribué à la fonder, il avait donné sa démission de membre du gouvernement de la Défense nationale parce que ce gouvernement n'avait pas voulu la décréter. Deux mois ont suffi pour le faire changer d'opinion du tout au tout et il n'est pas le seul. Comme à Paris on ne peut rien savoir de ce qui se passe, j'ai été à St-Denis pour apprendre quelque chose. Les amis de la

182

veille sont les ennemis du lendemain ; j'y ai vu une affiche signée Artur de Fonvielle, colonel, encore un enragé de la commune il y a deux mois. Quelle a été ma surprise de voir qu'il la traitait d'un tas de ramassis de brigands, de massacreurs et d'autres termes que je n'oserai pas employer. Il demandait un soulèvement pour marcher contre elle et l'écraser en disant : hésiterez-vous entre le pouvoir usurpateur qui s'est imposé et le pouvoir régulier issu du suffrage universel que vous avez nommé et qui vous représente ?

22 mai. Cette nuit j'ai rêvé que je trouvais un bœuf sur le bord d'un fossé ayant à porter une charge trop lourde était tombé sur ses genoux de devant, le museau étendu sur la poussière le sang lui sortait par la bouche, je l'encourageai à se relever, il le fit, il fit quelques pas et tomba de nouveau, je l'encourageai de nouveau et l'engagea à diminuer sa charge, mais soit qu'elle était d'un seul bloc, soit par amour-propre il n'ôta rien et repartit, ce ne fut que pour tomber encore. Je me proposais d'aller moi-même le décharger. Là-dessus je me réveilla. Bien que je n'ajoute pas grande confiance aux rêves, voici l'explication que je me fis : le bœuf c'est la population parisienne conduite par ces nouveaux maîtres, elle va au feu du combat, une partie tombe sanglante et mord la poussière, le reste se repose un peu et retourne au feu, une autre partie tombe de nouveau, mais le fardeau n'est pas diminué, le reste après s'être un peu reposé retourne au combat pour tomber encore. Je voudrais bien qu'à son tour elle se réveille et voit que c'est elle qui est le bœuf. J'en ai conclu à la fin prochaine de la révolution de la commune, on tombe rarement plus de trois fois avant de finir.

23 mai. Les barricades ont poussé comme par enchantement, c'est pire que les champignons, les gamins y ont travaillé avec une ardeur prodigieuse. c'est leur nombre qui a dominé

Une barricade est gardée par un factionnaire de 17 ans, la consigne est d'exiger que chaque passant mette un pavé à la barricade et comme beaucoup s'y refusent un petit rabougri d'homme avec les jambes en manche de veste accourt et dit : s... n... de D,.. que m'a f... des factionnaires comme ça ? Vous devez exiger que tout passant mette un pavé ; le factionnaire répond qu'il y en a qui s'y refusent ; le bancroche répond et bien f... leur votre baïonnette dans le ventre, c'est moi qui commande ici.

Cependant arrive un vieillard à barbe blanche on lui dit de mettre un pavé, il s'y refuse décemment, le jeune factionnaire ne croit pas devoir suivre tout à fait l'ordre de sa majesté bancroche en appelle à ses compagnons de service 5 ou 6 sont venus entourer ce vieillard, l'ont pris par la cravate, l'ont poussé contre le mur en pierre de taille, lui ont fait frapper plusieurs coups de tête contre ce mur, enfin cet homme s'est dégagé de leurs mains et a dit : eh bien non ! je n'en mettrai pas, faites de moi ce que vous voudrez. Cependant on l'a laissé aller (c'était au coin de la rue Meslay) D'autre part on m'annonce qu'on travaille à démolir les colonnes de la barrière du Trône, mais on espère qu'on ne leur en donnera pas le temps car les soldats approchent, le canon raisonne dans mon quartier. (Temple).

24 mai. Hier au soir près d'une barricade une jeune ingénue m'approche. J'ai cru qu'elle allait me demander pour les blessés s.v.p. Quelle fut ma surprise de l'entendre me dire : Un petit pavé citoyen s'il vous plaît. Je n'eus pas de peine à résister à ses charmes, j'ai repondu, j'en ai mis ma part dans le temps Elle s'écria : Voilà un monsieur qui ne veut pas mettre de pavé. (C'était au coin de la rue Meslay). En effet j'en avais mis ma part à l'âge de 14 ans, mais depuis je ne suis plus un enfant et il faut l'être pour cela ou être criminel

Cette nuit les bombes ont tombé autour de mon domicile et continuent avec plus de violence. Plusieurs ministères sont brûlés ; on dit le Louvre et les Tuileries en feu ; l'Hôtel de Ville bombardé de trois côtés à la fois ; c'est des bombes qui lui sont envoyées, mais dont l'adresse est mal mise, qui viennent dans mon voisinage, rue du Temple, Portefoin, Philippeaux, le Temple en ont subi les navrants effets.

L'Hôtel de Ville est en feu. Je demande qui est-ce qui l'a mis? Un officier peiné me répond, on n'en sait rien. Mais un garde national fédéré répond : Comment on n'en sait rien? Mais c'est nous. La Commune en commettant ces ignominies a tué sa cause pour elle et ses enfants car personne n'osera jamais dire. J'en ferais ou mon père en faisait partie. Quelle que soit la peine qu'on leur inflige on ne pourra jamais punir tant de crimes.

25 mai. Le tambour se tait, mais le bruit du canon augmente car il est proche, les obus, les canons, les fusils, tout marche, ma maison tremble, mais je suis pire que le picard : il dit qu'il n'y a pas *dinger* que sa maison brûle quand il a la clef dans *s poc ;* moi je dis qu'il n'y a pas danger que la mienne tombe quand je suis dedans.

Quel bruit, quel tintamarre, l'enfer est déchaîné, les tuiles tombent, les vitres cassent, les pierres volent en éclats, ma cour est pleine de soldats, ils font perquisition dans la maison, enfin nous voilà délivrés, je respire, des larmes de joie me remplissent les yeux. La force reste à la loi.

. Soir. Les communards nous envoyent une pluie de fer et de plomb,

Balles, boulets, obus. Un est tombé sur la maison voisine. Comme on ne peut pas sortir je ne connais pas les dégâts, mais mes voisins vont coucher à la cave ; il ne manquait que cette épisode à ma vie pour la rendre complète, mais quant à moi, l'âme paisible, confiant que j'ai encore 18 ans à vivre je couche tranquillement dans mon lit.

26 mai matin. On entend toujours siffler passablement de bombes, d'obus, de boulets, mais le bruit s'éloigne, on circule librement dans plus de la moitié de Paris ; j'en profite pour aller un peu me rendre compte des incendies, des dégâts... Horribles à voir comme à entendre. Les incendies sont trop nombreux pour pouvoir les décrire tous ni même la moitié, ni même le quart et je suis obligé de passer sur bien de détails pour ne pas lasser mes lecteurs. Hier au soir la mairie du troisième arrondissement a été prise, on y a fait 20 prisonniers dont une femme habillée en garde national. Qu'est-ce que c'était que cette femme ? Je n'oserai pas affirmer qu'elle fut de mauvaise vie, mais à coup sûr si elle se fut occupée de son ménage elle n'aurait pas été habillée en garde national.

Devant ma porte un individu bien mis gesticule beaucoup, il est blessé, il perd beaucoup de sang et ne veut pas qu'on le soigne, il est fou, sa maison brûle.

11 heures. Il pleut à verses. Les barricades et les rues effondrées font d'énormes flaques d'eau et rendent la circulation impossible, cela n'empêche pas les soldats de camper dans les rues.

Voici une lettre que j'écrivais le 27 mai à 5 heures du matin à un ami à Fontainebleau. Cher ami, si vous êtes curieux de voir des choses affligeantes, navrantes, douloureuses, épouvantables, abominables, désastreuses venez de suite, venez vite car de pareilles choses ne se présentent pas deux fois dans la vie d'un homme. Le canon gronde toujours, mais ce n'est plus que sur un point, il reste aux fédérés Le Père Lachaise et une barrière à côté, à l'heure où vous recevrez ma lettre il est probable qu'il ne leur restera plus rien, mais quelle accumulation de calamités ont endossés les malheureux ? Je n'entreprendrai pas de vous les énumérer, je n'en aurai ni la possibilité ni la place. Je vous dirai que les incendies sont très nombreux : Tuileries, Louvre, Palais Royal, Hôtel-de-Ville si beau n'a plus que des lambeaux de murs, Pigmalion, Bazar des Halles Centrales et toutes les maisons de ce périmètre, Théâtre de la Porte Saint-Martin, restaurant du Cirque, la maison qui fait l'angle des rues de Rivoli et Saint-Martin où demeure un de mes amis ont été la proie des flammes, le Grand Turgot et bien d'autres sont du nombre. Hier au soir j'ai parcouru les rues Victoria, Saint-Honoré,

Vivienne, les boulevards Montmartre et Saint-Martin, et l'on voyait au loin trois incendies considérables. Ah! On pourra bien crier vive la Commune; elle a fait de beaux coups, quel ramassis de brigands.

Avec l'expression de ma douleur recevez ma franche poignée de main.

On me demande pourquoi j'écris cela maintenant après 20 ans : C'est parce que nous sommes menacés des mêmes évènements, nous avons une nouvelle couche sociale inexpérimentée grossie des dynamitards qui ne s'arrêtent pas devant l'énormité du crime et qu'on condamne à peine. Si nous n'instruisons pas mieux le peuple qui a beaucoup d'oisifs à placer, qui se seraient en partie placés si le remplacement militaire existait encore, qui auraient remplacé des hommes, fait des hommes et non pas des brigands. C'est parce que celui qui ne connait pas le passé est dans une perpétuelle enfance, il ne sait pas prévoir l'avenir ; il est dans la nature que bien de choses qui ont existé ont été abandonnées, on y revient, on croit faire du nouveau quand on tombe dans l'ornière, mais elles reviennent parce qu'elles avaient leur raison d'être et que la nécessité doit primer la mode. J'ai dit dans le temps : Aujourd'hui c'est le règne de l'ouvrier et c'est un bien, mais il ne faut pas en abuser. On a bien mal suivi mon conseil et c'est un grand malheur dont il souffre beaucoup et fait souffrir les autres ; il est la première victime, il paye d'abord de ses ressources, quelques fois de sa vie (grèves). Qui est-ce qui a vu le plus clair de la campagne ou de la ville de Paris. Qui est-ce qui a raison maintenant?

Comptez vos morts, vos blessés, vos maisons, vos ateliers, vos édifices brûlés, détruits et votez encore pour ces excentriques, ces fous, ces exaltés, ces énergumènes si vous l'osez et ne vous en prenez qu'à vous du résultat que vous obtenez.

28 mai. Bien que le bruit s'éloigne de plus en plus on entend toujours parler les mitrailleuses. Les communards après avoir fait fusiller 21 dominicains 40 prêtres parmi lesquels l'archevêque de Paris, Plusieurs journalistes et plusieurs otages, reculent dans leurs retranchements après avoir brûlé des centaines de maisons et des rues entières, j'ai déjà parlé des édifices mais je suis loin de les avoir décrits tous; il reste ceux qu'elle n'a pas pu atteindre soit parce qu'elle avait remis ses ordres à des personnes qui n'ont pas eu le loisir de les exécuter ou à d'autres qui ayant encore le sentiment de la dignité humaine ont noyé les poudres, les ont enfouies au risque de leur vie, ont reçu l'ordre, mais n'ont pas voulu l'exécuter. Un des leurs entr'autres : Beslay, son nom mérite d'être conservé, prétextant une maladie avait donné sa

186

démission tout en conservant de bons rapports avec eux, il avait été
nommé gardien de la banque et sachant que ces messieurs voulaient
non-seulement brûler Paris mais aussi ruiner la France en brûlant la
Banque s'était opposé à leur dessein et afin d'être plus sûr de ce qu'il
ferait, il n'abandonnait pas son poste, même pour coucher et c'est à
son énergie qu'on doit de l'avoir conservée. Honneur à lui.

29 mai. Tout est fini depuis hier au soir et maintenant chacun délie sa
langue, on ne se retient plus ; les narrations vont leur train. On me racon-
tait qu'une femme avec une écharpe rouge le pistolet au poing menaçait
quiconque voulait passer sans mettre un pavé à sa barricade, d'autres
femmes, et le nombre en est grand, jettent des bombes incendiaires,
des enfants aussi, on voit des nombreuses arrestations où il y a de tout :
hommes, femmes, enfants de tout âge, j'en ai remarqué qui avaient
bien au moins la soixantaine. Ce n'est qu'à l'instant que j'apprends
qu'il y a trois jours un individu avec un fusil et un pistolet chargés est
entré dans la maison avec un ordre de la Commune de fusiller tout ce
qui lui paraîtrait suspect. Tous les voisins ont été effrayés. La concierge
n'en menait pas large (ce sont ses expressions) enfin on l'a désarmé, il
s'est alors couché par terre, n'osant plus sortir, car ça chauffait dans le
quartier, peu d'heures après les soldats sont entrés dans la maison, se
sont emparés de lui, je n'en ai pas eu d'autres nouvelles. On peut
supposer qu'on l'aura envoyé rendre ses comptes au Père Éternel.

On vient de m'annoncer que 4 soldats venaient d'arrêter une femme
porteuse de bidons de pétrole pour incendier ; elle était accompagnée
des huées de la foule et de ses malédictions ; elle riait effrontément et
disait : vous croyez que c'est fini parce que vous m'avez arrêtée : Ah
bien, vous n'êtes pas au bout ; nous sommes sept mille comme ça.

Je serais curieux de savoir ce qu'est devenu l'individu qui déclarait en
chaire qu'il n'y avait pas d'autre Dieu que lui que l'homme, que s'il y
en avait un là-haut il s'en f..... comme de l'an 40. Il voulait défendre la
commune jusqu'à la dernière extrémité ; donc à cette heure il doit être
tué, ou fusillé ou prisonnier, s'il est prisonnier il doit réfléchir que s'il
s'était mieux conduit, s'il avait suivi son droit chemin, s'il avait été à
l'église pour prier et non pour blasphémer il ne serait pas où il est, et
s'il est mort ses enfants, n'ont plus de père. C'était un polonais, on m'a
dit que tous les étrangers pris les armes à la main étaient fusillés.

Je viens de lire un journal qui dit que le délégué au ministère de
la guerre Delescluses avait été tué derrière une barricade.

Celui qui met un frein à la fureur des flots
Sait aussi des méchants arrêter les complots.

Il a dit : Tu iras jusques là, mais tu n'iras pas plus loin. Dieu s'est servi de ce monstre pour purger Paris et la terre dont les lois trop condes-cendantes étaient et sont une offense à la dignité humaine qu'il faut relever et non abaisser ; ces monstres n'étaient plus frappés par les lois, il fallait les compromettre suffisamment pour qu'ils tombent sous ses coups et débarrasser la terre.

Il n'y a pas d'expression, pas de terme pour exprimer d'un seul mot les crimes qu'ils ont commis. Cependant il leur reste des admirateurs, et hier au soir encore j'entendais dire : Peut on trouver un plus honnête homme que ce Delescluses? Pour moi, il est évident que le premie. mannequin venu vaut davantage et est moins dangereux.

J'ai vu et entendu cet homme, sa parole est facile, brillante, entrai-nante, audacieuse, mais sa logique... Je n'ai pu la traiter que de folie. C'était à l'approche des prussiens, parfaitement armés de canons, d'o-busiers, de mitrailleuses, meilleures que les nôtres dont le nombre était insuffisant et qui portaient à douze kilomètres. Il disait : nous n'avons pas d'armes, mais l'ennemi en a, allons les prendre ; nos pères allaient à l'ennemi avec des fourches et des pioches, faisons comme nos pères ! Oui mais nos pères avaient des ennemis qui n'étaient guère mieux armés qu'eux ; les armes de leurs ennemis ne balayaient pas la place à 12 kilomètres. Peut-on avec des fourches et des pioches aller les prendre ces armes? Cela n'a pas le sens commun ; or pour moi c'est un fou dangereux et non pas un sage quoi qu'il soit mort à la barricade où sa conscience l'avait placé ; il n'a pas moins contribué à faire fusiller beaucoup d'innocents qui étaient ses prisonniers, parce qu'ils avaient voulu faire leur devoir, il n'a pas moins contribué à faire périr des milliers de personnes, à brûler des centaines de maisons et démolir divers édifices. Les colonnes de Juillet et du Trône n'ont échappé que parce que le temps de finir cette destruction a manqué, mais ils n'avaient pas moins commandé de le faire. Et Miot qui dit : après les monuments c'est les têtes qu'il faut abattre, il en faut 500.000. Je présume que dans ce nombre il n'avait pas compté la sienne. C'est un oubli de sa part, car elle a été des premières, mais on ne guillotine plus, on fusille main-tenant, il a été fusillé.

Parmi les prisonniers faits en masse et pris les armes à la main, il y en a qui n'y ont été que parce qu'ils auraient été fusillés s'ils avaient refusé d'y être, et pour ceux-là c'est bien malheureux, il est vrai que tous auraient pu arguer ce prétexte, mais enfin je n'approuve pas qu'on fusille en masse, d'ailleurs, dejà le 30 mai on m'assure que l'ordre est arrivé de faire ainsi et que si on a fusillé en masse ce n'est qu'au premier moment et ceux qui ne voulaient pas se rendre.

3 Juin. L'un des principaux auteurs de tant d'atrocités, le plus coupable parce qu'il est le plus savant. Félix Pyat n'est pas encore arrêté, toutes les recherches faites jusqu'ici pour cela, sont restées infructueuses. Rochefort qui disait que Jules Favre était si avide du pouvoir que pour le conserver une demi-heure de plus, il ferait bien périr tout Paris, vient de recevoir le plus éclatant démenti. En temps de révolutions, les hommes s'usent vite au pouvoir ; on ne peut pas nier que Jules Favre a perdu de sa popularité, il n'a pas moins resté neuf mois ministre et après avoir donné la paix à la France humiliée, il ne tombe pas, il se retire. Honneur à lui.

4 Juin. La démission de Jules Favre n'est pas acceptée, on sent qu'on a encore besoin de lui, des honnêtes gens. La Révolution, la Commune est vaincue, bien vaincue. Je renonce à raconter toutes les atrocités qu'elle a commises, les cannibales n'ont jamais dépassé sa barbarie.

Dans un poste, on trouve un commandant tué, brûlé à moitié et auquel on a arraché les yeux, son lieutenant est dans une position à peu près pareille. Les crimes ont été grands, infernaux, monstrueux. Le châtiment a été terrible. On prétend que plus de 15,000 ont été fusillés, on a voulu extirper le mal et malgré ce nombre, tous les coupables sont loin d'être atteints ; hier, dans un restaurant, j'ai entendu encore un individu oser louer la Commune.

Qu'était cet individu ? Ce ne pouvait être qu'un coupable, un complice ou un mouchard.

11 Juin. C'est dimanche, j'arrive à Orléans, je respire ; ça me semble bon d'avoir enfin quitté Paris après bientôt un an que je n'en étais pas sorti faute de le pouvoir avec sécurité. Le long de ma route j'ai vu le calme, la verdure, les fleurs ; c'était l'antichambre du ciel.

A Orléans, je trouve le charme, il me semble que j'arrive en paradis. Je ne sais pas qu'elle fête c'est, mais les rues sont tapissées, des guirlandes les traversent, des autels sont dressés, parés, illuminés (c'était la fête Dieu) On bat aux champs, on entend les chants au lieu de pleurs, quel contraste ! Je suis en omnibus et en plaisantant, je dis à mon compagnon de voyage: je ne m'attendais pas à ce qu'on nous fit une si belle réception. Mon interlocuteur me répondit en riant; Ce n'est pas pour nous, on ne voit pas cela à Paris! Je dis, non. Il reprend : C'est bien dommage, car vous voyez combien cela attire de monde, toutes les campagnes viennent voir la procession, cela fait vivre un grand nombre de personnes. Les voituriers, les tapissiers, la modiste, le menuisier, la

fleuriste, le cordonnier, la couturière, le tailleur, le coiffeur, etc., etc.
Et dire que les journaux de Paris critiquent les processions et les signa-
lent comme un danger. Ils les inventeraient si elles n'existaient pas,
mais puisqu'ils ne peuvent pas les inventer et pour faire du nouveau ils
préfèrent qu'hommes et femmes aillent au cabaret ou dans des maisons...... que je n'ose pas nommer, mais qui sont la sublime honte de
notre époque.

Je le répète, les journaux sont la cause du mal qui est arrivé, on doit
regarder, la société doit voir dans quelle limite elle doit les laisser subsister et prendre de grandes précautions à leur égard.

Je suis dans ma chambre, j'entends la musique, je cesse d'écrire pour
aller voir passer la procession. Comme c'est beau ! j'ai le cœur des-
serré : des enfants jettent des fleurs, tout le monde y est : Garde nationale, pompiers, soldats, hommes, femmes, enfants, je ne vois plus la
tête, on marche d'un bon pas relativement et j'attends longtemps pour
en voir la fin. Ces physionomies recueillies et contentes font un contraste
indescriptible avec toutes celles qu'on a vues à Paris depuis onze mois,
mais surtout depuis six semaines de la domination, j'allais dire la dam-
nation de la Commune.

Voici l'opinion de Cabet sur les journaux :

« C'est ici que se révèle l'utilité de la pluralité des journaux si souvent
» contestée en cette occasion. Non ; c'est ici que se révèle l'inconvé-
» nient. Si le peuple n'avait qu'un seul journal et si tous ceux qui
» peuvent concourir à sa rédaction étaient dévoués à la cause populaire,
» on aurait discuté cette grande question et, après discussion, si la ma-
» jorité s'était prononcée contre, on l'aurait abandonnée, tandis que si
» la majorité s'était prononcée pour, la minorité se serait ralliée; et dans
» les deux cas il n'y aurait eu ni tiraillement, ni division, ni embarras.

» Avec la pluralité des journaux, au contraire, comme les écrivains
» ne sont pas des anges affranchis de vanité, de jalousie et d'ambition,
» quelque grand et influent que soit l'un des journaux, quelque petit et
» dénué d'influence que soit l'autre, on peut être sûr que la concurrence
» et la rivalité les poussera à mettre des bâtons dans les roues.

» Pour nous, la concurrence des journaux qui fait une partie de l'acti-
» vité populaire s'absorbe à paralyser l'autre, est à nos yeux une des
» principales causes de toutes nos défaites. Nous savons bien que le
» préjugé contraire est encore gravé, mais l'expérience nous prouvera
» que trop que nous avons raison.... »

Pouvait-il dire plus juste ? Cabet lui-même n'espérait pas avoir autant raison, les incendies, les tueries, les déportations, les émigrations

ont atteint des centaines de mille pour Paris seul, et l'ouvrier a eu sa large part dans tout cela, quelques-uns vont jusqu'à dire que s'ils partaient tous, ce serait un beau jour pour l'aristocratie. Cabet répond : Quoi ! vraiment ? Ils se feraient donc alors maçons, cordonniers, boulangers, charbonniers? Cabet parle avec un très grand respect de J.-C. et de Dieu, folio 122 ; il blâme l'ignorance, cause de mésintelligence dans le ménage, de brutalité dans le mari (folio 123), il voudrait pousser l'instruction un peu loin ; il voudrait, pour les filles comme pour les garçons, des éléments de toutes les sciences, de tous les arts, afin de développer l'intelligence. Il a certainement raison quand on peut ; mais je ne crois pas que la Commune, plus que toute autre forme de la société ou de gouvernement, puisse le faire.

L'instruction exigible, c'est de savoir assez écrire pour faire une lettre, assez calculer pour faire ses comptes ; aller plus loin ce serait souvent un argent dépensé au-dessus de l'intérêt qu'on peut en retirer et qui serait dépensé plus utilement dans le ménage, mais il faut qu'on sache exprimer sa pensée et ne pas, avec de bonnes intentions, dire comme un apprenti boucher qui écrivait. Chers Parents, je vous dirai que je me porte bien, que mon maitre est très content de moi, qu'il commence à me faire écorcher et qu'à Pâques il me fera tuer. Je souhaite que la présente vous trouve de même.

Cabet dit : pour l'éducation morale on les habituera à tout raisonner et à considérer la pudeur comme le plus bel ornement à dédaigner, une vaine coquetterie, à se montrer surtout franches et sincères, à connaître et à pratiquer leurs devoirs et surtout à prendre pour règle de conduite la fraternité. Vers 18 ans, elles se marient sans autre considération « que les qualités, la vertu, l'estime, l'affection, et la confiance, » avec une instruction capable de charmer et de fixer un époux. L'é-» pouse enceinte sera particulièrement ménagée ainsi que la mère allai-» tant un enfant.

» Avec ces principes gravés et enracinés dans la pratique et les » mœurs avec ce précepte sublime pour guide constant. Ne fais pas aux » autres ce que tu ne voudrais pas qu'ils te fissent et fais aux autres » comme tu voudrais qu'il te fût fait par eux. Tout va ensuite tout seul. » Tous les pères protégeront toutes les petites filles comme ils vou-» draient qu'on protège les leurs et tous les enfants vénéreront tous les » hommes comme leur propre père. Ainsi plus de petites filles naissant » dans la misère et dans la boue, mutilées et assassinées par le travail, » ignorantes et superstitieuses, sans pudeur, sans éducation, mais des

» petites filles bien propres, bien vêtues, bien nourries, bien élevées,
» bien chéries, bien soignées, bien instruites. »

L'homme doit faire tous ses efforts pour rendre la femme heureuse et la femme a les mêmes devoirs envers l'homme.

Cabet s'adressant aux femmes, dit page 125 : soyez nos anges de propagande pacifique et la sainte doctrine du Christ est assurée par vous sur la terre.

On le voit, ce qui préoccuppe Cabet, c'est la sainte doctrine du Christ, comme étant la perfection de toutes, la plus saine, et tous les apôtres du socialisme en sont là. Cabet n'était pas précisément socialiste, le mot n'était pas encore inventé, il était communiste.

Il y a plusieurs sortes de communistes, leur définition m'entrainerait trop loin. Mais quelle différence avec ceux de nos jours ???

Il y en a qui ne veulent que faire le bien de la société, d'autres qui ne veulent que le prendre. L'archevêque de Westminster, un savant, a écrit à quatre personnes pour avoir la definition du socialisme et les quatre réponses ont été différentes. Un rédacteur du *Figaro* en dit autant. *Le Petit Marseillais* dit : Voilà l'ennemi.

Le règne de Napoléon III a eu du bon aussi ; il a eu 12 à 13 ans d'heureux, d'honnête, il protégea l'agriculture, l'ouvrier, il écrasa d'impôts, mais il donna de nouveaux débouchés au commerce, pourtant on voulait davantage, il y en a toujours qui veulent vivre aux dépens des autres ; la canaille demanda la suppression de la contrainte par corps ; cette demande fut présentée à la Chambre avec de beaux dehors, elle fit quelques prosélytes même parmi les honnètes gens qui ne virent pas de suite qu'ils se mettaient la corde au cou. L'empereur qui savait combien les révolutions sont faciles en France et qui voulait conserver le trône, s'encanailla pour gagner du temps, une fois le premier pas fait, il lui en coûta peu pour en faire d'autres du même genre ; 'e public bon y perdit, les malfaiteurs abondèrent et les prisons en continrent neuf cent quatre-vingt-treize de plus que jamais, elles n'en avaient contenu pendant qu'on emprisonnait pour dettes. Une dette qu'on contracte avec l'intention de ne pas la payer, est une escroquerie.

Une fois dans la pente glissante, ce gouvernement plus fort que n'avaient jamais été les précédents sur le trône, a néanmoins glissé par terre sans qu'il se tire même un coup de fusil dans les rues de Paris. On découvrit alors une foule de méfaits sur son compte dont on ne s'était pas douté ; nos armées si nombreuses n'existaient que sur les livres, le peuple les payait et l'argent était empoché par le gouvernement ; on prétend qu'un ministre qui est resté huit mois au pouvoir et dont le lraitement est de 100,000 francs par an, s'est retiré avec huit millions, il est bien probable que les autres faisaient à peu près de même. Un capitaine a été cassé pour avoir dénoncé ce fait dans son régiment. La malversation était admise et la probité punie. De pareils procédés ne pouvaient pas durer toujours et ne pouvaient qu'entrainer la chute du plus haut des trônes de l'Europe, ce qui eut lieu en effet, c'était sa juste punition.

En 1869 (page 102), je disais : l'an pire fut en 1868. En effet, c'était le pire jusque là, mais depuis, les années suivantes continuèrent d'empirer jusqu'en 1871 qu'on abattit tout ; mais ça continue d'empirer et on déteste les nouveaux maîtres comme on détestait les anciens, car ils ne sont pas plus dignes. Un ouvrier disait un jour en parlant des trente sous alloués à la Garde nationale : « Si on nous supprime nos trente » sous, nous ne nous gênerons pas pour aller à l'Hôtel-de-Ville avec » nos fusils. »·

Quelle différence y a-t-il alors entr'eux et les bandes de voleurs d'autrefois ? Pour que la ville puisse vous payer, il faut qu'elle fasse des recettes : est-ce moi, commerçant, qui peut lui en donner, puisque depuis six mois je ne fais rien, tandis que vous dépensez tout ? Est-ce votre propriétaire qui peut payer ses impôts puisque vous ne payez pas votre loyer et que vous préférez *brûler vos meubles* que de le payer ? Doit-on un salaire à quelqu'un qu'on occupe pas, et doit-on laisser un fusil en de pareilles mains ? Est-ce là ce qu'on appelle défendre la patrie ? La Garde nationale n'était pas de service.

La critique est la source et le fait des révolutions, on se révolte parce qu'on est mal gouvernés, mais qui faut-il mettre à la place ? Des militaires ? Non, les militaires ne sont pas industriels, ils ne sont que consommateurs, ils ne peuvent que s'administrer eux-mêmes. Ceux qui sont le plus acharnés aux révolutions, ce sont les journalistes qui les font pour en faire leur profit et les ignorants qui les écoutent. Faut-il mettre des journalistes ? Non, ils ne sont pas assez intéressés au bien public. Faut il mettre des ignorants ? Non ; les ignorants ne peuvent protéger, ni le commerce, ni l'industrie, ni les arts, ni l'agriculture, ni les sciences, ni les ouvriers.

J'eus pour clients, à Marseille, une maison de quincaillerie montée par actions sur deux ou trois millions. Les administrateurs fondateurs étaient quincailliers. Les débuts sont toujours durs, les progrès sont longs à venir. Les inventaires des premières années donnèrent de faibles bénéfices. Les administrateurs étaient nommés pour un laps de temps déterminé, au bout duquel les actionnaires trouvèrent les bénéfices insuffisants, ils jugèrent à propos de changer l'administration. Parmi eux, il y avait un avocat qui critiqua l'administration, sa manière de gérer fit un beau discours : à l'entendre, on allait remuer l'or à la pelle. On le nomma administrateur, il eut même les voix de ceux auxquels il succédait ; il fit beaucoup de réformes ; il renvoya les commis au courant qu'il fallait payer, il les remplaça par des apprentis ; il trouva la bonne marchandise trop chère et, comme il n'y connaissait rien, il en acheta de la mauvaise, il acheta peu celle qui se vend beaucoup, il manqua souvent des ventes, il acheta beaucoup celle qui se vend peu, il fit beaucoup de rebuts, il perdit la clientèle en fort peu de temps et les inventaires donnèrent des résultats déplorables. On remit l'administration aux fondateurs, mais pour faire revenir les clients qui ont été mécontents, c'est plus difficile que pour en avoir de nouveaux quand le rayon le permet, mais s'il ne le permet pas.... De plus, il faut écouler cette mauvaise marchandise défraichie, ce qui fera encore des mécontents. C'était de mes dernières années de voyage. Vingt ans après je passais à Marseille, je fus pour les voir, je ne trouvais plus la maison. Je demande : N'est-ce pas là qu'il y avait telle maison de quincaillerie ? Oui. Qu'est-ce que c'est devenu ? Tout est mort.

Donc, par la faute de l'avocat, on avait mangé deux millions, il avait fallu liquider ce qui fut une grosse perte. C'est de même dans le gouvernement. Les chicaneurs, les écrivains, les soldats ne le feront jamais bien marcher, car ils ne connaissent rien au commerce, ni à l'agriculture, ni à l'industrie, et il faut connaître tout cela pour bien gouverner.

Il faut, autant que possible, prendre ses élus dans son pays, ceux qu'on connaît bien, les cultivateurs, les industriels, les commerçants, les architectes, les financiers, les médecins, les savants, les professeurs, enfin, les plus honnêtes, les plus dévoués, les plus capables, les plus laborieux, les plus sages.

« Connaitre les hommes, belle affaire, a dit Du Mesnil, c'est les fem-
» mes qu'il faut connaitre, elles ont tout dans leurs mains, le chaud, le
» froid, nos vertus et nos perversités. »

Du Mesnil peut avoir raison, mais moi, je trouve que connaitre l'homme est impossible, j'en ai parlé ailleurs.

La République qu'il nous faut c'est celle qui a inspiré la confiance de 44 milliards, celle de M. Thiers. Nous sommes dans un temps et un pays où tout pousse, même l'absurde. Il n'y a pas de gouvernement qui tombe sans dire que le temps seul lui a manqué pour faire le bien et bien les choses. Depuis des siècles, tous les partis disent cela, et il n'y en a pas un qui avoue ses fautes, mais il est plus difficile d'oublier l'erreur que d'accepter le bien, la vérité. Mais où est ce grand monarque qu'on appelle l'homme? Est-il aux champs, à l'atelier, à l'église ou sur le champ de bataille? Il est partout où est le devoir. Et c'est pour faire aux hommes tout le bien qui est en mon pouvoir que je m'abstiens d'en recevoir d'eux.

Dans une conférence, le brillant docteur Chavé s'exprimait à peu près ainsi : Il y a une force qui domine toutes les autres, cette force est invisible, impalpable, on ne la voit pas des yeux, mais elle est dans la loi naturelle, on la voit par la conception, cette force c'est la vérité, c'est celui que nous appelons Dieu, et la conscience est son prophète, notre conscience est une trinité? nous y puisons notre force, notre justice et quelquefois notre exécution ; elle doit être notre exécution quand nous avons manqué à nos devoirs, nous y avons manqué souvent plus ou moins, nous avons souvent vu aux remparts, des hommes ramolis par la peur ou par l'insuffisance du nécessaire, prendre quelques verres de liqueur, et être entre deux vins, comme ont dit, alors ils n'avaient plus peur, ils voulaient défendre la patrie, l'humanité toute entière et ne pouvaient pas se défendre eux-mêmes ; n'avons-nous pas tous un tontinet manqué de confiance ou d'énergie, manqué à quelques-uns de nos devoirs si peu que ce soit?

L'incontinence qu'on s'étonnera de voir reprocher par la bouche d'un célibataire, et je suis heureux de pouvoir puiser ce mot de lui, parce que, de cette source, il a cent fois plus de valeur que de ma plume. L'incontinence y a beaucoup contribué, cette faute, pour des plaisirs mesquins, influe sur notre corps, sur la colonne vertébrale, sur la moelle épinière, sur l'estomac et sur le cerveau. Lorsque le cerveau souffre, il gère mal, il agit mal et tout notre corps agit mal. Je suis d'autant plus heureux de rencontrer ces paroles dans sa bouche, que je viens de renvoyer un ouvrier qui était chez moi depuis 11 ans, parce qu'il m'a dit qu'il vivait en concubinage. Je ne crois pas que celui qui abuse de sa jeunesse, de la jeunesse d'une femme, qui méprise assez sa dignité, son honneur pour ces choses, en fasse grand cas pour autre chose et qu'il puisse encore mériter l'estime et la confiance. Puis-je croire qu'il aura plus de respect pour moi, pour mon honneur et mes intérêts que pour les siens?

L'homme qui n'a pas contracté des habitudes d'ordre, d'économie, d'amour du travail, d'instruction et de prévoyance, est hors d'état d'être émancipé et a indispensablement besoin d'être mené en lisière.

(Jules Simon).

Chacun doit chercher à s'améliorer lui même d'abord et sa famille ensuite, puis l'humanité. La continence donne la force dans la vie. L'incontinence en outre qu'elle affaiblit nos organes, provoque quelquefois des maladies qui passeront aux enfants, à la famille, aux générations, quel déluge de malheurs pour n'avoir pas eu la sagesse de bien se conduire ?

Chaque soir, chaque individu doit se demander comment il a passé sa journée, ce qu'il a fait pour s'améliorer, améliorer ses enfants ou sa famille, l'homme; enfin l'humanité.

Toute cette conférence de Chavé fut interrompue par de nombreuses et sympathiques acclamations, il ajouta quelques paroles dans lesquelles il peignit l'horreur du mensonge et de l'injustice de Frédéric II. Ce roi dit à son neveu d'être juste quand il le pourra, sans se mettre en parallèle avec ses sujets, car ses sujets n'ont, vis-à-vis de lui, d'autres droits que ceux des esclaves. Ces paroles et d'autres aussi horribles que je n'ose pas reproduire, ont été toute la politique de Bismarck et firent frémir l'auditoire.

Je reviens à la continence qui était dans ma pensée dans ma dernière brochure, mais dont je n'ai pas écrit le mot, parce que m'adressant à la population parisienne et supposant qu'elle ne partageait pas mes idées, je ne voulais pas qu'elle se moque de moi, mais j'ai cité plusieurs faits pourprouver que je la recommandais et les apôtres du socialisme font de nouveaux efforts pour raffermir la société qui se délabre. Les professeurs remettent en évidence ce qui a été fait et dit avant nous : Maltus, Henri de Saint-Simon, Proud'homme la préconisent ; ces apôtres ne seraient pas désavoués par les socialistes. Saint-Simon, Wolowski, il est vrai, disent que c'est une vertu secondaire si elle est imposée, mais que c'est une première vertu si on se l'impose soi-même. Chavé dit que c'est la source de la virilité. Francolin se trouve diablement aplati sous d'aussi éclatants témoignages, lui qui veut que le bâtard soit traité à l'égal de l'enfant légitime, parce que s'il est bâtard, ce n'est pas de sa faute. Aussi, dans ses conférences, il y avait souvent des protestations. Je lui dis : savez-vous le proverbe (qui aime bien, châtie bien) ? Vous savez qu'un péché est porté jusqu'à la septième génération. Vous ne voulez pas respecter l'écriture ? Soit, Mais vous voulez qu'un fils hérite de son père ; or, s'il hérite de ses biens, il doit au même titre hériter de son honneur et de sa honte ; vous savez qu'on travaille moins pour soi que pour ses descendants. Faut-il que la récompense de l'homme qui s'est sacrifié pour sauver sa patrie, soit finie avec sa vie ? Et ses enfants, devront-ils être traités à l'égal de ceux du traitre qui l'a vendue ? Vous ne le pensez pas.

Si dans les écoles on fait des espiègleries, si on maltraite les bâtards, c'est parce que ne pouvant pas s'en prendre aux parents, aux pères, on s'en prend aux enfants, et que la honte doit remonter jusqu'aux parents; d'ailleurs, les enfants des écoles doivent faire des hommes, il est bon qu'ils se rappellent qu'ils ont maltraité ceux qui étaient dans cette condition et qu'ils se conduisent de manière à éviter cela dans leurs descendants.

Francolin, conférencier-professeur de Paris, président de la Société des Écoles, me répondit que nous n'étions pas loin d'être d'accord et m'adressait ses saluts confraternels.

Confrère d'un professeur, d'un président, c'était flatteur, pour moi. Eh ! bien, dans une conférence suivante, il mit en doute l'existence de Moïse et de plusieurs faits historiques. Je fus dégoûté de ses leçons et n'y retourna pas. Je remarquai que beaucoup m'avait précédé dans cette retraite, car la salle était loin d'être pleine, tandis qu'elle était beaucoup trop petite pour les conférences de Chavé; il fallait des cartes pour entrer.

Quand la religion n'aurait d'autre mérite que de rendre l'humanité plus morale, plus juste, plus vénérable, plus respectueuse et plus honnête, elle serait déjà un immense bienfait, je devrais dire cinq immenses bienfaits, puisque ces qualités l'auraient rendu meilleur; nous ne saurions donc jamais trop l'enseigner dans les familles et les écoles.

La science qui a réponse à tout est muette aux heures de la mort, quoiqu'elle parle toutes les langues, et cette infirmité marque son doute et son insuffisance. Pascal a dit : « Toute notre dignité est dans la pen- » sée ; travaillons donc à bien penser. Celui qui se connaît bien lui- » même, sent d'abord qu'il possède quelque chose de divin. Nous bien " connaître, en effet, est ce qu'il y a de plus difficile au monde, a dit » Cicéron. »

Tous les journaux réclament la liberté de la presse, mais aussitôt qu'un journaliste arrive au pouvoir, son premier soin est de la bâillonner (siècle du 6 avril 1871). Armand Marat, à peine arrivé, dit : on vous en f... de liberté de la presse. Il était journaliste.

Le Pouvoir impérial, la République, la Commune ont usé du même procédé ; les premiers ont supprimé ou suspendu les journaux du désordre et la Commune s'est attaquée à ceux de l'ordre ; elle a empêché de paraître sans même dire pourquoi.

Voilà comment elle entend la liberté. Elle a qualifié les autres de calomniateurs, elle a largement usé de ce défaut mensonger, c'est un signe de sa faiblesse, et elle s'affaiblissait par cela même qu'elle calomniait ses ennemis, mais elle ne ménageait pas ses amis quand elle croyait son intérêt personnel en cause, et par là elle se déconsidérait doublement, ne voulant pas sacrifier l'intérêt personnel à la cause commune.

On s'occupe, dit-on, beaucoup de rechercher le meilleur moyen de rendre l'ouvrier heureux, comme si ce moyen n'était pas tout trouvé, comme s'il n'existait pas déjà ; laissez-le en paix, d'abord, mais en faisant pour eux comme pour les domestiques, c'est à-dire en les logeant et les nourrissant à la table de la famille, il n'y a qu'à regarder dans le passé à Lyon, il y a de 30 à 60 ans. Ne cherchez pas de dates trop anciennes ou trop récentes, vous ne le trouveriez plus, mais à cette époque, l'ouvrier était heureux, on aurait pu améliorer un peu, pourvu qu'on ne s'écarte pas de la chose essentielle ; la vie en famille. La vie en famille fait qu'on regarde la famille comme sienne, on regarde les enfants du maître comme ses frères ou sœurs, on a pour eux les mêmes respects et amitiés et devoirs, on couche sous la même surveillance, aux mêmes heures on a la même table, les mêmes fêtes, les mêmes habitudes, les mêmes amis, enfin on n'est pas des étrangers ; les apprentis et les ouvriers demeurent dans la même maison jusqu'à ce qu'ils aillent faire leur tour de France ou d'autres ateliers pour se perfectionner, se fortifier, s'instruire, et enfin s'établir Ils conservent avec cette famille de ces bonnes relations qui font et feront toujours leur honneur, ils y contracteront de bonnes habitudes d'ordre, de régularité vénérable ou au moins respectable, qu'ils pourront transmettre à ceux qui leur succèderont ; leur santé n'aura pas été ébranlée, le fruit de leur labeur n'aura pas été perdu au jeu, à l'ivrognerie, à la mollesse, aux plaisirs malhonnêtes, aux vices grossiers, ce fruit accumulé sou à sou leur servira dans la mauvaise situation s'il en advient, et il en advient toujours, quand ce ne serait que sur l'âge, ce fruit leur servira aussi à s'établir si un établissement à leur convenance se présente ; ce fruit n'est pas seulement le pécule amassé, c'est la confiance acquise. Je voudrais citer un exemple qui m'est personnel, mais ces faits sont tellement généraux qu'on trouve des exemples partout, et je n'ai pas besoin de parler de moi, ce que j'évite d'ailleurs toujours autant que possible.

A l'époque dont je parle, l'ouvrier travaillait un peu trop : 17 heures par jour, c'était moins préjudiciable à la santé que d'aller au cabaret, mais enfin c'était trop fatiguant, on ne dormait pas assez : tout au plus 6 heures au lit et 1 heure pour ses 3 repas, je trouve qu'il faut 7 heures au lit pour les hommes et 8 heures pour les femmes, eh ! bien, avant de se coucher, ne peut-on pas prendre une heure de récréation à des jeux innocents, à des jeux d'esprit, à la lecture de bons livres en commun, même à divers jeux, sans autres intérêts que la gloire de gagner.

Répandez ces idées à profusion dans tous les ateliers, dans tous les ménages, dans toutes les familles et, si vous parvenez à les faire adopter, vous aurez bien mérité de votre conscience et de l'humanité. Ainsi-soit-il.

A cela les maîtres me répondront que je leur demande le sacrifice de leur liberté pour les autres. Non, car j'augmente leur joie de famille. Mais si vous ne voulez rien sacrifier pour les autres, ne vous plaignez donc pas de ce que les autres ne veuillent rien sacrifier pour vous. Il est évident que vous ne pouvez pas tout obtenir sans sacrifier quelque chose, les ouvriers aussi, pour obtenir ces avantages sont obligés de sacrifier un peu leur liberté, mais qu'est-ce que cela en raison du résultat à obtenir ??? La vraie liberté consiste à ne rien devoir à personne, à ne pas être nécessiteux. J'ai entendu maints patrons se plaindre et demander le moyen à employer. Voilà le moyen, employez-le ! et n'en cherchez pas d'autres.

Pour avoir des ouvriers assidus, sur lesquels on puisse compter, on n'en doit pas prendre sans de scrupuleux renseignements ; éviter les brebis galeuses, de peur d'infester le troupeau, renvoyez de suite cet ouvrier indigne, et les bons ouvriers se feront un plaisir et un honneur de choisir votre maison parce qu'ils sauront que là ils y seront tranquilles ; que toutes les bonnes maisons en fassent autant et bientôt on n'aura plus que des ouvriers d'ordre, car ceux du désordre ne trouveront plus d'ouvrage nulle part et deviendront heureux malgré eux, et honnêtes, parce qu'on les aura aidés, ce qui ne les empêchera pas d'en recueillir les fruits qui seront considérables, si des brutes on en a fait des hommes. Dans une société de travailleurs, tout tend naturellement à l'ordre ; le désordre vient toujours des fainéants.

Une découverte est une conquête qui ne dépouille personne, mais qui enrichit l'humanité. Observons aussi que les progrès de l'industrie, des sciences et des arts en multipliant les moyens d'existence, en diminuant le nombre des oisifs, en éclairant les esprits et polissant les mœurs aboutissent de plus en plus à faire disparaître les causes du désordre, de la misère, de l'ivrognerie, de l'inoccupation et de l'ignorance.

La fortune est à ceux qui l'ont acquise ou à ceux qui l'ont conservée comme la santé, on n'a pas la possibilité ni le droit de se servir de la santé des autres, pas plus que de leur fortune.

Toutes ces leçons, les unes dures, les autres douces, profiteront-elles à Paris ? Hélas ! il faut en douter. « Paris ne se rappelle pas hier, con-

» naît à peine aujourd'hui et ne veut pas connaître demain et, si dans
» un an nous racontons ce que nous avons vu, on nous prendra pour des
» radoteurs. » (Signorel, architecte, natif de Paris).

Les arrestations politiques continuent, il y en a encore une vingtaine
par jour, et comment pourrait-il en être autrement en présence de
379,828 dénonciations anonymes? (Siècle du 18 juin.) Cela donne une
idée de l'honnêteté des habitants de Paris. On pourrait presque dire
que tous les hommes sont dénoncés ou dénonciateurs, cependant je suis
habitant de Paris et ne suis ni l'un ni l'autre. Faut-il dire que les dénonciateurs ne valent pas mieux que les dénoncés? Je ne crois pas que ce
soit exact : il y a bien de dénonciations anonymes par lâche vengeance,
mais il y en a certainement la majorité qui n'ont d'autre but que de purger Paris de ces brandons de discorde et, sous ce rapport, on ne peut
que les approuver. On dira : pourquoi ne pas signer? C'est une autre
affaire : à Paris, le temps est précieux, on n'en a pas, on ne veut pas en
perdre, on ne le peut pas, il faut être appelé comme témoins, être dé-
rangé dix fois, on veut bien se délivrer des révolutionnaires, mais on ne
peut ni ne veut passer son temps à augmenter le nombre de ses ennemis, c'est être dupé deux fois et l'usage n'en exige qu'une, il est vrai
qu'on aurait le mérite deux fois, on aurait celui d'avoir fait preuve de
bon citoyen.

Plus je vais, plus je vieillis, et plus j'ai le temps de l'observation et je
l'emploie :

Quand je suis le dimanche en Bretagne, à Rennes, à Nantes, à Brest;
que je vois un négociant, son livre à la main, allant à la messe en famille, je ne peux pas penser autrement que cet homme doit être honnête
et sa famille heureuse, et lorsque je rentre à l'église, que je vois des officiers de tous grade, non pas en corps, ce serait signe qu'ils sont commandés, mais isolément, librement, je ne peux pas m'empêcher de dire
que ces hommes sont instruits autant que vous et peut-être un peu plus,
et si vous admettez qu'ils le sont plus, pourquoi les traitez-vous de
bêtes, parce qu'ils vont à la messe? C'est le contraire qu'il faut dire, car
les bêtes n'y vont pas. Et seriez-vous bien aise, par hazard, qu'à la
mort on enterre votre père, votre époux ou votre fils sans cérémonies
religieuses, comme un chien?

Vous dites : Je veux bien des prêtres, mais je veux que ce soient ceux
qui en ont besoin, qui les payent, mais comment feront les pauvres
gens? D'ailleurs, vous êtes né et vous mourrez un jour probablement, à
moins que ce soit une nuit, en attendant, vous avez fait votre première
communion, vous vous êtes marié, vous avez eu des enfants, vous les

200

faites baptiser, les uns mourront ou ils feront peut-être leur première communion, cela fait bien des fois que vous avez besoin des prêtres, votre bourse sera-t-elle assez grosse, assez pleine pour pouvoir les payer seul chaque fois; surtout, après une maladie qui aura été longue. lourde et ruineuse ?

Quant à moi, je suis vieux célibataire, j'échappe, par ce fait, à tous ces besoins et, malgré cela, je préfère qu'ils soient payés par l'Etat, et cela, pour l'utilité du plus grand nombre, car une charge supportée par tous, n'est lourde pour personne, et d'ailleurs, je n'ai pas davantage besoin des soldats, pourquoi donc je les payerai ? Je n'ai pas besoin de gouvernement, je me gouverne tout seul, pourquoi faut-il donc que je le paye ? De même que les juges. C'est exactement pour la même raison. C'est parce que le jour où il me faudra des soldats ou des juges, un seul ne pourra pas les payer. Où est la population la moins malheureuse, si ce n'est à la campagne où on gagne le moins? Pourquoi? C'est parce qu'elle va un peu plus à l'église, un peu moins au cabaret. Voilà tout le secret, elle est plus sobre, elle perd moins de temps à s'amuser, elle se porte mieux et personne n'y meurt de faim.

Quand on est à l'église, que je vois cette foule recueillie, je la trouve heureuse, et lorsqu'elle sort, elle est contente comme quand on a fait une bonne action et qu'on a rempli son devoir. Examinons ce qu'elle aurait fait, si elle n'avait pas été à l'église : on ne peut pas travailler toujours Beaucoup travaillent le dimanche et se reposent le lundi, vont au cabaret, croient-ils mieux faire en allant au cabaret? Je peux affirmer énergiquement que non. Parmi ce nombre, si tous allaient au cabaret, il y en a plus de quatre qui le lendemain seraient malades pour avoir trop bu. Plus de quatre qui le seraient pour s'être battu et plus de quatre encore qui le seraient parce qu'ils auraient tout dépensé et qui seraient obligés de se priver les jours suivants ; ils se priveront eux et leur famille, ils battront leur femme, parce qu'elle n'aura pas tenu le souper prêt, quoiqu'ils sachent bien qu'elle n'avait pas le sou pour le faire et acheter le nécessaire, et que la veille la femme lui demandant de l'argent, pour cela il lui avait répondu : je suis saoul maintenant, vous mangerez demain.

Draguignan n'est qu'une ville de 10.000 âmes au plus, et en 6 ans j'y ai vu commettre deux assassinats en sortant du cabaret et sept suicides en six mois. Osera-t-on affirmer qu'on est plus heureux de sortir du cabaret et de ses préceptes décourageants, repoussants, que de l'église et ses préceptes? Quand il n'y a plus de foin au ratelier, les chevaux se battent.

Le siècle du 22 juin 1872, laisse échapper un aveu qui l'honore : il n'est pas partisan de l'église ; ses rédacteurs ne sont pas catholiques, il ne l'est pas non plus des communards qui lui ont enlevé Chaudey. Il conviendra facilement avec tout le monde, que la Commune est tellement avide du pouvoir et des places, que plutôt que de les laisser à d'autres, a préféré tout assassiner, tout brûler, tout détruire. Le *Siècle* nous rapporte qu'un mendiant a assassiné sa femme pendant qu'elle dormait, que quand on l'a amené à corps confront, passant devant un crucifix, lui a craché au visage.

Celle remarque prouve assez que ce journal n'aime pas ce procédé, que ce mendiant qui demandait l'aumône pour l'amour de Dieu, n'aimait pas Dieu, s'il l'avait aimé, il n'aurait pas assassiné une femme pendant son sommeil, une femme à laquelle il n'avait rien à reprocher, sinon qu'elle l'avait traité de paresseux.

Après ces réflexions faciles, je dis que si la religion n'existait pas, il faudrait l'inventer, mais elle existe, c'est une peine de moins pour nous, Le mal n'est pas d'en avoir une, c'est d'en avoir plusieurs, il faut respecter celles qui existent, chacun peut croire que la sienne est la meilleure, mais sans pour cela vouloir l'imposer aux autres, il faut laisser les autres libres de la leur, mais se garder d'en créer de nouvelles, ce ne serait que de nouvelles divisions à apporter à la société qui est déjà trop divisée.

Toutes les religions ont pour base, Dieu et l'immortalité de l'âme ; c'est là notre consolation, notre refuge, notre espérance ; c'est là surtout que nous attendons la justice qui nous est si souvent refusée ou méconnue ici-bas. Heureux ceux qui ont cette confiance.

Si on pouvait n'avoir tous qu'une seule croyance, ce jour-là serait un jour de paix pour les hommes. Voilà pourquoi il doit y avoir une religion d'État. Il faut admettre que la meilleure est celle du plus grand nombre : la voix du peuple, c'est la voix de Dieu. Plus nous nous éloignerons de la source, moins l'eau sera claire ; il est beau de tourner le front des hommes vers les cieux et de leur rappeler par un noble symbole, leurs droits et surtout leurs devoirs.

La connaissance en toute chose sert au développement de l'intelligence de l'homme, mais l'abrutissement par excellence, c'est le cabaret. Qu'est-ce qu'un café ? C'est un cabaret luxueux dont la fréquentation est moins mauvaise, mais on s'abrutit au café plus qu'à son ouvrage. Il y a des occupations qui développent l'intelligence plus que d'autres, je citerai celle de voyageur de commerce, pourtant il m'est arrivé un jour d'en entendre un, malade de fatigue, parce qu'il n'avait été au lit que quatré heures, et cela parce qu'il n'avait pas voulu se coucher comme un abruti, dit-il, en sortant de son ouvrage, à neuf heures et demie du soir et qu'il avait voulu aller passer un moment au café, ce moment s'était prolongé, prolongé jùsqu'à minuit. Mais moi j'avais été me coucher à neuf heures et demie, et le lendemain matin, lorsqu'il a fallu se lever à quatre heures pour le départ, j'étais bien portant, car j'avais assez dormi. Lequel était l'abruti de nous deux ?

Un jour, à Nice, je faisais à une dame une question indiscrète : pourquoi ne vous mariez-vous pas ? Elle me répondit que c'était parce qu'elle ne voulait pas être obligée de nourrir un homme. Je fus étonné d'une pareille réponse qui est en contradiction avec les habitudes générales et lui en demanda l'explication. Elle me dit que ses voisines sont toute la journée à courir au café pour chercher leur mari chaque fois qu'il vient un client qui ne veut pas traité avec elles, et ajouta · ces hommes font du genre, font de la dépense, et pour vingt sous ils demandent à crédit, et quand un paiement à faire arrive, ils ne sont jamais prêts, ils ne le font que le lendemain, chez l'huissier, quand ils le font encore, tandis que moi, dit-elle, j'élève mes deux enfants, je ne suis pas riche, mais je joins les deux bouts.

La sagesse veut être bien comprise : elle ne consiste pas à demander tout à Dieu. Dieu a dit : aides-toi et le Ciel t'aidera, et n'a pas dit qu'il ferait tout lui-même.

Quand l'incendie ou le torrent menacent notre maison, quand la lave ou l'orage menacent votre récolte, il ne s'agit pas de tomber à genoux ni de faire des processions, mais il faut travailler avec ardeur, Dieu vous en donnera la force. Travailler, c'est prier.

Quel usage font les prêtres de l'argent qu'ils reçoivent ? Cet usage est varié, d'abord il faut vivre et j'en ai connu par centaines qui donnaient tout le superflu et ne conservaient rien, pas même le salaire de leur nièce. J'en ai vu de mes yeux un des plus éminents de mon département, le curé métropolitain qui a fait élever toute la nombreuse famille de son ` ère et monté plusieurs maisons de bienfaisance, il était décoré pour services rendus. Un jour, il écrivait à son neveu : « Tant que je » vivrai, je t'enverrai bien de temps en temps une centaine de francs » d'étrennes, mais ne compte pas sur mon héritage, car je n'ai rien. » Je peux bien dire son nom : C'est Gariel, curé de Digne. Ce digne curé a été nommé évêque, mais ses ouailles se sont opposées à son départ ; il leur a dit : Vous ne voulez pas que je vous quitte. Eh ! bien, je dois vous le dire, cela m'ennuie aussi de vous quitter, je donne ma démission d'évêque et je reste avec vous.

Je ne m'occupe de religion qu'au point de vue matériel, son meilleur côté, son côté intellectuel, son côté sublime n'est pas à la portée de ma plume, je ne ferai que l'amoindrir en l'abordant, je le laisse à des intelligences plus exercées que la mienne et plus éclairées ; mais quant à mon âge, mûri par l'expérience, qu'on est fils de ses œuvres, que parti du plus bas degré de l'échelle sociale, on en a gravi plusieurs échelons, quand on s'est instruit avec ses propres ressources, quand on a été ouvrier, commis, voyageur, négociant et rentier, quand on a participé au service militaire, à la magistrature et qu'on compte dans les arts, on a bien un peu le droit de parler par expérience, et j'aurai trop à faire s'il fallait citer tout ce qu'elle m'a appris. On m'a complimenté de mes écrits, mais mes connaissances industrielles sont bien au-dessus de mes écrits et pourtant j'ai été forcé de les abandonner, je n'ai pas pu en faire profiter mon pays, ce qui a été l'objet constant de mes efforts.

Le patriotisme est une belle chose, un noble devoir, mais où puise-t-il sa force si ce n'est dans la religion ?

Croyez-vous que celui qui compte mourir tout entier puisse avoir le même entrain, le même courage, la même force que celui qui compte sur la vie future et qui compte en faisant son devoir, sur la récompense éternelle promise aux élus ? Nous avons vu à Paris, en 1870, la preuve du contraire ; Les Bretons sont dévôts et ce sont les seuls à peu près qui n'aient pas fait défection devant l'ennemi, les hommes tombaient, mais ne reculaient pas, c'est sur eux que le gouvernement comptait pour sa garde, ils n'étaient qu'une poignée et tenaient à distance cent mille internationaux et communards.

Le bon sens dirige mieux que les lumières. La raison vaut mieux que l'éducation, que l'instruction mais ce qui vaut mieux encore c'est de posséder les trois choses à la fois.

Savez-vous ce que je reproche à Trochu ? (C'était le président du gouvernement de la Défense nationale). C'est d'avoir fait comme l'empereur, comme Cavagnac et M. Thiers après lui, C'est d'avoir distribué trop de croix au point qu'il devient humiliant d'en porter une et que moi qui croit l'avoir méritée je refuserai de la porter si on me la donnait maintenant

La décoration a été accordée souvent à ceux qui l'ont demandée sans autre mérite que leur toupet. Aussi quelqu'un me demandait un jour comment il se faisait que je n'étais pas décoré. Je répondis, c'est probablement parce que je ne l'ai pas demandé, et je me demande à moi-même si vraiment on peut confondre l'honneur avec le signe de l'honneur. Je trouve qu'il y a dignité à ne rien demander pour soi ; demander c'est s'abaisser, s'amoindrir dans l'estime de soi-même ; mais mentir, calomnier les gens, les supposer coupables de crimes qu'ils n'ont ni commis, ni eu envie de commettre, c'est téméraire, c'est monstrueux, c'est être bien mauvais. C'est dire que si on avait été à la place de ceux qu'on accuse on aurait été capables de commettre les crimes qu'on leur reproche injustement.

Ce ne sont plus nos armées de Sans-culottes et sans souliers, armées de fourches et de pioches, ces hommes endurcis à la fatigue, habitués aux privations, confiants dans ceux qui les dirigent, affrontant le danger hardiment et de simples artisans devenir des héros.

Un jour un soldat demandait des souliers à Bonaparte, celui-ci lui répondit, tu en auras. Un de ses généraux lui fit remarquer que tous avaient le même besoin et qu'il n'avait pas de quoi leur en donner, alors il rappelle son soldat et lui dit : Qu'est-ce que tu m'as demandé ! Des souliers. Et qu'est-ce que je t'ai répondu ? Que j'en aurai ; hé bien tu en auras mais fais-y attention on va te prendre pour un conscrit. Le soldat ne voulut plus de souliers.

Aujourd'hui quand nous voyons nos mobiles en souliers vernis, en gants, aller faire leurs visites en voiture, un cigare à la bouche et pas mal de vin et de liqueur dans la tête qui leur donne une figure efféminée, blême, comme des morts et chantant sans cesse (1870). En pensant que c'est à de tels hommes que sont confiées les destinées de la France nous n'avons pas pu nous défendre d'un sinistre pressentiment qui n'a été que trop justifié.

On accuse beaucoup Trochu, il est évident qu'il aura de la peine à se défendre contre tous, de même qu'il lui incombait le plus grand honneur, il lui incombait aussi la plus grande responsabilité, il peut bien avoir mérité quelques reproches comme les soldats de mieux aimer bien dîner que de bien se battre, mais aller jusqu'à dire qu'il nous a trahis, vendus, je ne le crois pas, d'autant plus qu'il n'est pas riche. Je le crois encore honnête homme, mais trop peu énergique.

Trochu aurait pu descendre des sommités ou le hazard l'avait placé avec les honneurs dûs aux vaincus s'il n'avait pas avili les croix d'honneur en les prodiguant à des indignes, à des hommes qui auraient dû passer en conseil de guerre pour vol ou malversation, ou lâcheté ; à des hommes qui étaient restés au coin de leur feu pendant le danger et qui non seulement l'avaient moins mérité que le dernier de leurs soldats mais qui auraient mérité la destitution si ce n'est pire ; je dois dire d'être fusillés, car leur absence a fait périr du monde et que d'ailleurs on doit fusiller tout soldat qui quitte son poste au moment du danger.

Cette affaire n'a couvert personne d'honneur et malgré cela il a été donné dit-on plus de cinq mille décorations. Si on décore pour avoir mérité la mort, quand on aura mérité d'être décoré qu'est-ce qu'on vous fera ? On vous fusillera, c'est la conséquence logique et voilà précisément pourquoi je dis que Trochu est descendu honteusement du pouvoir.

La décoration a été instituée pour récompenser ceux qui ont exposé leur vie d'une manière remarquable, pour services rendus à son pays, pour un dévouement supérieur.

Or où sont les services rendus et le dévouement remarquable quand on est vaincu ? Où est l'exposition de sa vie quand on reste au coin de son feu ?

On reproche à Trochu de trop bien parler et pas assez agir. Pour faire ce reproche il faut être assez ignorant des faits et ne pas savoir qu'il est plus facile de dire que de faire. On lui reproche de ressembler à Bossuet. Peut-on reprocher de ressembler à un savant qui fut une des gloires de la France et qu'on considère comme un sage, un saint ? Cependant dans un discours il critique les décorations, alors pourquoi les donne-t-il si nombreuses ? On a dû en casser plusieurs pour cause d'indignité. Mais dire qu'il mérite tous les reproches qu'on lui fait pour n'avoir pas exécuté son plan et n'avoir pas fait des sorties, je dis qu'il faut être bien hardi et peu soucieux de parler véridiquement. Il convoqua un jour tous les généraux, les colonnels, les chefs de corps, les maires de Paris. Il leur exposa ses ressources et celle de l'ennemi, leurs positions réciproques et leur dit : Y a-t-il un de vous qui veuille tenter l'entreprise ? Personne ne voulut la tenter.

Un homme très sensé que je m'honore d'avoir pour ami depuis quarante ans et dont j'apprécie beaucoup le jugement (Calandre), me disait un jour : « Savez-vous ce que je reproche à Trochu ? C'est de n'avoir » pas fait tuer cent mille hommes de plus, il est évident que cela ne » nous aurait avancé à rien du côté des prussiens, mais cela nous aurait » débarrassés d'un tas de canaille qui plus tard a fait la révolution du » 18 mars et proclamé la Commune qui nous a fait beaucoup plus de » mal que les prussiens et qui a déconsidéré la France de beaucoup. »

Ce raisonnement est dur, mais c'est une dure vérité nécessaire. Il reste à savoir comment la conscience pouvait en prendre la responsabilité car dans cent mille qu'on aurait fait tuer il est possible que le tiers ou le quart n'était pas canaille et que ce quart aurait été au premier rang et faire tuer vingt-cinq mille ou même seulement dix mille bons pour se débarrasser du reste qui est mauvais, cela donne à réfléchir ;

or Trochu écrivait un jour à sa mère : « Les uns m'approuvent, les
» autres me blàment, mais j'ai pour moi ma conscience. »

Faut-il le critiquer parce qu'il a une conscience ? Je trouve au contraire qu'il y en a beaucoup trop qui n'en ont pas.

La conscience indique le chemin de l'honneur et de la vertu, elle a la
religion pour base, et la religion est le fil qui relie l'homme à Dieu, à la
patrie, et la terre au ciel.

Des ignorants la méconnaissent, des savants font semblant de la méconnaître et l'oublient par moment parce que tel est leur intérêt momen-
tané, mais en approchant de leur fin ils écrivent comme a fait Victor
Hugo à Gambetta : Croyez-en Dieu, car j'y crois, et comme Voltaire
lorsque Franklin lui amena son fils pour le bénir, Voltaire étendant la
main sur la tête de l'enfant dit : Dieu et Patrie.

Ce n'est pas moi qui ferai l'éloge de Victor Hugo, mais je constate un
fait d'un grand savant incontesté.

Le coupable a l'oreille toujours frappée de bruits effrayants, lorsqu'on
l'oublie il se figure qu'à la sourdine on trame des complots contre lui.
Quand la nuit vient il craint de ne pas revoir le jour et dans l'excès de
ses terreurs il ne cesse de rêver que des baïonnettes, des sabres, des
épées, des pistolets, sont braqués sur sa tête ou sa poitrine, ou des
diables qui l'enlèvent, Son cœur n'est qu'amertume, son sommeil n'est
qu'une tombe amère, son réveil une inquiétude, son manger même ne
digère pas bien, ses désirs sont insatiables et le rendent insupportable
à lui-même et aux autres.

Le juste au contraire, n'a ni désirs, ni chagrins, ni amertume, ni
avidité, il est toujours satisfait, ses désirs sont pour le Ciel ; il voit avec
indifférence les biens de la terre, en use sans attache, en manque sans
inquiétude, il les perd sans regrets ; pour lui la privation perd son
poids, la loi ses difficultés, la pénitence ses rigueurs, la voie du salut
ses épines, la vertu son austérité, la mort son horreur. L'amour de Dieu
adoucit les peines, aplanit les obstacles, redouble les forces, augmente
le zèle. Tout est facile à celui qui a cet amour ; s'il éprouve des revers,
des tribulations il s'y soumet avec résignation et en fait le sacrifice au
seigneur, il ne connaît d'autre malheur que celui de perdre la justice.
Que tous les malheurs tombent sur lui à la fois, que tous ses ennemis
cherchent sa perte, que la vengeance se déchaine contre lui, s'il ne
tombe pas dans la disgrâce du seigneur tout le reste ne lui donne que de
légères atteintes ; mais je fais là des suppositions bien grandes, bien
invraisemblables car le juste n'a pas d'ennemis, il ne peut avoir que des
envieux qui sont généralement impuissants.

Le bruit est la lumière des aveugles, mais le bruit trompe, la lumière et l'expérience trompent aussi et malgré mon expérience je me suis, des fois trompé, mais je ne m'entête pas et quand je propose une chose, si on en propose une meilleure, je ne mets pas mon amour-propre, je ne m'attache pas à celle que j'ai proposée parce qu'elle vient de moi, cette seule raison est trop faible, je suis au contraire très heureux de voir qu'on a trouvé mieux sans me préoccuper de celui qui la proposée.

> Les sages m'ont appris à prévoir les horreurs
> De l'exil, de la mort, des plus grands malheurs,
> Afin qu'aux coups du sort mon âme préparée
> Par nul affreux revers ne put être atterrée.
>
> (Mr J. FAVRE).

En politique surtout on se trompe souvent car elle dépend des hommes et si pour marcher à un but, vous avez donné votre confiance à un homme qui dit avoir le même but que vous mais qui ne suit pas le même chemin, vous êtes trompé parce que vous croyez qu'il manquera le but ou qu'il y arrivera trop tard. Vous êtes trompé si vous l'avez cru honnête et qu'il ne le soit pas, ou même s'il se laisse tromper lui-même, et pour ma part j'ai été trompé et croyant à l'honnêteté de Napoléon III. Je crois même qu'il voulait être honnête en arrivant au pouvoir, mais que pour contenter tout le monde il a fait le sacrifice de sa conscience et elle n'en permet pas. Ce sacrifice l'a perdu et c'était justice, s'il fut resté honnête homme, s'il n'avait pas consenti, pas voulu spolier les uns au profit des autres, s'il n'avait pas cherché à s'agrandir, s'il avait laissé ses voisins tranquilles sans se mêler de ce qui ne le regardait pas, s'il s'était contenté de gouverner sagement sa nation, il serait encore sur le trône honoré, respecté et le mériterait. Un accident prévu de loin cause moins de chagrin quand il arrive.

La réussite d'une chose dépend souvent de la persévérance et de la prudence qu'on met pour les faire réussir. Si la tâche a été proportionnée aux forces dont on dispose et que la chose en elle-même soit bonne elle doit toujours réussir à moins qu'on puisse la remplacer par une meilleure.

A celui que l'œil de Dieu ne peut pas arrêter dans le crime il faut lui montrer l'œil de l'humanité qui le repousse qui l'écrase, sous le poids de la réprobation universelle.

Lorsqu'on n'a point de principe constant, la santé de l'âme est ruinée, elle aime à répandre ses idées, elle fait de nouveaux malades et comme elle fait rire, elle a le nombre de son côté plutôt que l'âme saine qui n'enseigne que le bien ; mais mettons-nous bien dans l'esprit que sans la santé de l'âme nous ne pouvons pas être heureux. La loi civile sans

Dieu ne servirait qu'à former des hypocrites égoïstes qui ne craindraient que les témoins et les juges.

La République nous coûte cher, très cher, mais nous l'avons, elle nous a débarrassés de souverain doublé d'assassin: Elle nous montre un peuple s'accordant avec tous les peuples, flétrissant les conspirateurs à gages, ces terribles fléaux des hommes.

Tarrissez vos larmes, un grand pas a été fait, mais beaucoup est encore à faire ; il faut moins de vols, il n'en faut même plus du tout ; il faut moins de paroles et plus de zèle, plus de vertu. Il faut reformer les mœurs, réparer les scandales si funestes aux âmes et aux hommes. Il faut extirper le vice jusqu'à la racine, répandre la bonne odeur de la vertu par les bons exemples, présider aux soins domestiques, veiller sur une famille qui a besoin de votre présence. Travaillez sans cesse à faire de nouveaux progrès dans la voie du salut, dans la justice : ne cessez pas jusqu'à la mort ; dans cette voie il faut toujours avancer, toujours courir ; se plaire dans son état c'est s'arrêter et s'arrêter c'est périr.

Dès qu'on voudra regarder au-dessous de soit, ne regarder qu'au-dessous de soit disait ma domestique on cessera de se plaindre.

La position de laquelle vous vous êtes plaint jusqu'ici serait encore une grande félicité pour des milliers de gens. Votre seul intérêt fait votre indigence, votre sensualité fait votre douleur, votre ambition fait votre infortune, votre impiété fait votre désespoir et vos passions en un mot font vos malheurs. Soyez bons chrétiens et soudain vous serez heureux ; dans les châtiments de Dieu vous reconnaitrez sa justice ; c'est au sein de la famille que vous sentirez votre force. Si on vous poursuit injustement ne vous effrayez pas, vous possédez votre âme en paix et personne ne vous ravira la consolation de votre cœur. Les hommes peuvent bien vous brutaliser, vous frapper, vous meurtrir le corps, mais ils n'auront pas de prise sur votre âme. Saint Paul disait : Plus je souffre de maux pour Jésus-Christ, plus ses consolations sont abondantes, je suis comblé de joie au milieu des tribulations et des souffrances ; avec le secours divin il n'est point d'affliction qui ne perde son amertume, point de revers qui soit accablant, vous possédez cette paix qui est inconnue aux hommes du siècle : cette paix que la prospérité trouble toujours, que les richesses altèrent, que les plaisirs ne peuvent donner et que les crimes bannissent. Il est doux de posséder ce principe car on souffre sans amertume et l'on jouit avec plaisir, tandis que le monde ne donne que de perfides attraits. Tous les jours votre dernière heure approche et vous avez à peine expiré qu'on enlève cet or que vous avez amassé. Vos héritiers joyeux vont le dissiper comme de la fumée, les honneurs que vous avez tant brigués passent à d'autres, un concurrent vous remplace change vos projets, condamne vos vues, les méprise et détruit ce que vous avez établi, il renouvelle ce que vous avez aboli ou arrête ce que vous vouliez faire et croira faire mieux que vous en faisant tout l'opposé de vos vues. On trouve des imperfections à tout ce qui existe on ne voit pas que le sens contraire est encore plus imparfait, et à peine l'a-t-on fait qu'on s'aperçoit de son erreur ; ses successeurs seront bientôt à sa place, renverseront de nouveau, puis d'autres viendront qui renverseront encore et reviendront à ce qui a été fait précédemment car rien n'est durable que le vrai et les empressements à défaire, à changer empêchent toujours de voir où est le vrai.

Nous avons vu un monument élevé par souscription publique à un digne archevêque, par la population reconnaissante des bienfaits de cet homme qui par ses prières, fit cesser la peste en faisant une procession couvert de ses habits pontificaux, les pieds nus, la corde au cou, les larmes aux yeux qui étaient tournés vers le ciel, s'offrir en holocauste. Cela inspira une telle confiance au public que la peste cessa immédiatement. Eh bien, deux cents ans plus tard, la municipalité athée, se disant libérale, voulait enlever cette statue, détruire ce monument élevé par ses aïeux ; heureusement la population s'y opposa. Etait-ce de la raison, de la justice, de la clairvoyance. Cette municipalité se croyait pourtant clairvoyante, c'était celle d'une grande ville, c'était celle de Marseille, elle voulait enlever la statue du cardinal-archevêque Belzunce.

Le désordre perd les meilleures causes, fut-on le premier des hommes, se contenir est le premier devoir.

Je déploie tout grand le drapeau de la démocratie, je l'appelle de mes vœux ardents mais je ne veux le déployer que s'il est propre ; je la veux pratique, je ne veux pas d'indiscipline devant l'autorité religieuse, ni de soumission aveugle dans la dictature révolutionnaire. J'ai peur de tous les despotes, mais j'ai encore plus peur de ceux d'en bas, que de ceux d'en haut. Je ne suis pas d'accord avec la démagogie, avec la fausse morale ; ceux qui n'aspirent qu'à succéder dans les honneurs, les places, les dignités, les biens des autres sans penser qu'ils vont leur succéder dans la mort qui devrait éteindre leur ambition, ils seraient les pires des tyrans nos bourreaux et la source de nos malheurs, ils ont empoisonné nos plus belles années, rempli notre vie d'amertumes, ils nous ont occasionné des infirmités, des privations, des douleurs et hâtée notre fin.

Aujourd'hui des braillards se mettent à crier contre les peines disciplinaires qu'on trouve trop dures, mais moi qui fais toujours mon devoir et qui n'ai jamais à les encourir qu'ai-je à gagner à ce qu'elles s'adoucissent ? Je préfère au contaire qu'elles soient sévères afin qu'elles fassent peur aux autres, car enfin, si je suis soldat et que les peines soient trop douces, mes camarades n'en auront pas peur, il les encourront trop facilement et tandis qu'ils seront sensés subir leur peine, c'est moi qui la subit pour eux si je suis obligé de faire leur service et si le service est plus dur que la peine infligée. Un malfaiteur qui se croyait inconnu au milieu d'une société déblaterait contre les gendarmes et disait : A quoi servent-ils ? On lui répondit : à vous arrêter, et cela lui était arrivé.

Toutes les fois que dans une réunion d'hommes il y en a qui manifestent leur opinion d'une manière outrée, cette manifestation soulève une manifestation contraire, on va d'une extrémité à l'autre. On en vient aux gros mots, et de là aux coups quelques fois ; si on veut éviter cela, l'opinion doit être développée en termes mesurés, justes, sans exaltation avec des paroles pouvant être entendues par tous, approuvées par le plus grand nombre sans blesser personne ; souvent ce n'est pas le but de l'orateur, je le sais il veut faire sortir son nom de la foule, il ne peut le faire, le plus souvent que par le bruit ; mais c'est au public, à sa sagese qu'il appartient de faire la part de chacun, il a intérêt à voter pour celui qui vise à la paix raisonnable et lui en donne l'exemple, et non pour les brouillons qui le conduisent à la guerre.

L'art de la guerre, sachez-le bien, n'est pas celui qui rend la vie agréable et commode. La guerre est le pire des désastres, des ruines, des lamentations et des souffrances. Voltaire disait : Je l'avouerai, je fais des vœux pour que ce beau métier ne serve jamais.

J'ai vu, avec un cigare offert par de bons procédés aplanir une difficulté de 20 francs qui pendait en justice.

Sous la République le pouvoir est au concours, il appartient aux plus dignes, mais il est souvent donné aux plus effrontés Voilà pourquoi on ne s'entend pas à la Chambre. Deux perroquets qui parlent, commandent à un bataillon qui se tait. Quatre chiens qui aboient font plus de bruit que quarante qui font silence ; c'est pour cela qu'il faut maintenir le pouvoir dans les mains de celui dont on est à moité content de crainte de déception, de crainte de le donner à quelqu'un qui ne vous contente pas du tout.

L'arrondissement de Barcelonnette doit regretter de n'avoir pas maintenu son député Gassier et surtout de l'avoir remplacé par quelqu'un qui n'est pas du pays. Quand pour bâtir, on a des pierres dans son pays, on n'a pas besoin d'en aller chercher ailleurs. Si on reproche à Gassier de n'avoir protégé que les amis de sa famille, je dirai, il a eu tort, mais l'autre ne protège personne du pays, donc le pays a perdu car les amis de la famille Gassier sont du pays.

Après les élections de 1888 le président du conseil dit d'un air triomphant : Nous avons eu 500 communes de plus où la république a eu la majorité. Qu'est-ce que 500 sur 36,000 lorsqu'on a l'appui du gouvernement, des journaux, des fonctionnaires et la pression administrative? C'est le soixante-douzième, c'est piteux en présence des comités qui sont en permanence depuis dix-huit ans et six millions de fonds secrets dépensés? C'est une défaite, une duperie. Croit-on que si les monarchistes avaient pu disposer des mêmes moyens, ils n'auraient pas eu un résultat supérieur ? Pour moi je crois que si.

On ménage les journaux parce que l'Etat a toujours besoin d'argent et qu'ils lui procurent un certain bénéfice, mais tout n'est pas profit, et dans ce cas on a toujours une arme contre eux ; c'est la suspension et même la suppression, si le pouvoir, si les nouveaux ministres n'en usent pas, c'est qu'ils les méprisent, c'est qu'ils les dédaignent, et en cela ils font preuve de générosité et de bon sens, ils disent comme le duc d'Orléans devenu roi de France ; ses anciens ennemis eurent peur, mais il leur fit dire que le roi de France n'épousait pas les querelles du duc d'Orléans. Le Président de la Chambre Floquet dit qu'il ne se souvient pas des insultes faites au président du conseil Floquet. Les mêmes actes n'ont pas toujours les mêmes noms: suivant qu'on est ami ou ennemi du narrateur le nom de l'acte change : C'est de la fermeté ou de l'entêtement, de la condescendance ou de la faiblesse, de la bonté ou de la peur, de la bonhommie ou de la bêtise, de l'arrogance ou une noble fierté ; enfin toujours la qualification de l'acte dépend du sentiment que le parleur a de l'auteur.

Les paroles ont aussi deux moyens de s'entendre, cependant il y a une probité, une honnêteté qu'on a bien de la peine à masquer, la vérité finit toujours par trouver moyen de se faire jour et de confondre ses ennemis, nous ne devons donc pas craindre de bien nous conduire, mais au contraire nous devons chercher constamment la meilleure manière, nous y appliquer et faire tous nos efforts pour la suivre.

De quelque côté que vienne le bien général nous ne devons pas le craindre. S'il vient du pouvoir, en dépit de Gambetta et des journaux nous pouvons l'accepter sans scrupule, il nous coûte assez cher pour nous rendre quelques services. J'ai vu un homme parlant du traité de commerce disant : je le veux, mais je ne veux le tenir que des chambres et jusque-là je n'en veux pas parce qu'il nous vient de l'empereur. Est-ce raisonner de parler ainsi ? Et d'ailleurs peut on toujours parler ainsi ? Pour faire un traité il faut être au moins deux et lorsque celui-ci sera dénoncé on n'est pas bien sur que la partie adverse voudra le refaire. Je prétends que ce raisonnement n'est ni d'un bon patriote, ni d'un homme de bon sens. Il y a des services qu'on trouve plus digne de les refuser que d'accepter, mais ce sont ceux qu'on a reçus gratis et non pas ceux qu'on paie.

Les journalistes ont pour devise la : La fortune favorise les audacieux, mais elle ne les favorise pas toujours. Voyez ce Rochefou ou fort ce qu'il disait : Je suis bonapartiste, j'aime Napoléon II, mais je l'aime parce qu'il n'a rien fait. On ne peut rien lui reprocher puisqu'il n'a pas régné, mais ce n'est pas une raison pour l'aimer. Rochefort adresse à un ministre les injures les plus grossières en l'accusant d'abus du pouvoir. C'était le n° 11 de la *Lanterne*, ce sont les deux seuls que j'ai lus de lui, il m'a tellement répugné que je n'ai plus cherché à le lire. Savez-vous ce que j'ai conclu de ce reproche qu'il faisait à ce ministre ? J'en ai conclu que ce ministre non seulement n'était pas exécrable mais qu'il était magnanime. Voici le fait : ce ministre avait été avocat et dans cette carrière il avait plaidé contre d'autres avocats et entr'autres un de Périgueux avec lequel il avait échangé quelques correspondances ; tant qu'il n'était qu'avocat le périgourdin n'avait rien à dire, mais l'autre etant devenu ministre le périgourdin aurait bien voulu le devenir aussi, et dans ce but il écrivit au premier de se rappeler leurs bons rapports et de penser à lui pour une bonne place, le ministre n'en fit rien ; l'autre prit un ton menaçant, dit au ministre que s'il ne lui donnait pas une bonne place il avait des lettres et qu'il les publierait ; le ministre qui savait n'avoir rien à craindre répondit qu'il n'avait rien à se reprocher et n'avait aucune place à disposer en sa faveur. L'autre devint plus pressant et lui dit : Vous croyez que je n'en ferai rien, mais je vous déclare que je publierai vos lettres. Le ministre lassé de ses menaces fit faire une perquisition chez lui et on vida l'affaire devant les tribunaux, on avait bien trouvé des lettres, mais celles qui étaient compromettantes n'étaient pas du ministre, on avait contrefait son écriture tout simplement. Le périgourdin avoua, s'excusa et on le pardonna ; mais il y avait à peine quelques semaines que l'affaire était passée que le périgourdin recommença ses menaces au ministre en disant qu'on n'avait pas trouvé les véritables lettres qui n'étaient pas chez lui mais qu'il les produirait s'il le fallait qu'elles étaient chez un ami sûr ; le ministre ne répondit pas. L'autre recommença ses menaces en disant où étaient les lettres. On refait une perquisition et on trouva des lettres aussi fausses que les premières. Que fallait-il faire d'un avocat qui fait des faux en écritures ? L'envoyer aux bagnes était la moindre des choses, eh bien il l'envoya a Charenton avec les fous. Je trouve qu'il a été on ne peut pas plus généreux et Rochefort le trouve abominable et c'est de cette manière qu'il traite toutes les questions où il prouve qu'il se moque de ses lecteurs et de leur naïveté. Savez-vous comment ce légiste se conforme aux lois ? On dit qu'il possède 800,000 francs et que son imprimeur, pour être payé, a du faire saisir ses honoraires de député ; ce n'est peut-être vrai ni l'un ni l'autre, mais je ne serais pas étonné que ce soit vrai, il prétend qu'il y a trop de lois en France et qu'il n'est pas possible de les observer toutes d'autant plus que souvent elles se contredisent, cela est vrai, mais ce qui est vrai aussi c'est qu'il n'y a qu'une seule honnêteté et qu'elle ordonne de payer à qui l'on doit sans attendre les poursuites surtout quand on est riche.

Quand on pense que des collégiens ont fait une révolution dans leur collège parce qu'ils avaient lu des articles faits par un tel homme, on est forcé de ce dire : où allons-nous? Ils ne se doutaient pas les pauvres enfants, que cet homme ne fait de l'opposition que parce que cela rapporte plus que l'approbation.

J'ai vu un journal *Le Rappel*, critiquer les membres de la droite et ceux de la gauche à l'exception de deux ; peut on plus effrontément ce moquer des électeurs et dire qu'il n'a trouvé que deux députés dignes de ce nom ? C'est probablement ses deux rédacteurs. J'ai prouvé ci-devant que l'un des deux s'était contredit dans ses paroles et c'est le plus raisonnable, quant à l'autre j'en fais bon marché. Des hommes de la trempe de ce dernier il y en a partout où il y a des braillards, des tapageurs, des renverseurs, mais nulle part où il y a des édificateurs, des constructeurs, des hommes de bon sens, ces hommes ne sont bons que pour le scandale, sont incapables de toute réflexion, de poser un chiffre ; ils appellent cela résoudre la question, sociale en dix minutes. Voilà par quelles extravagances ils traitent les questions des travailleurs qui cependant on bien droit à ce qu'on pense un peu à eux car ils sont toute la richesse avec les aliments, tandis qu'il y en a tant qui croient que c'est l'argent qui est la richesse. L'argent n'est qu'un instrument, l'ouvrier s'en sert et par ce moyen, il produit, donc c'est l'ouvrier qui est la richesse, il faut qu'on daigne s'occuper de lui d'une manière profitable pour tous, il ne faut d'exception pour personne. Lorsque les journalistes ou autres vous excitent soyez persuadé que c'est parce que cela leur rapporte ou doit leur rapporter, il y a quelque main cachée qui les paye. Ce sont les plus grands ennemis de la République et les vôtres.

Avant l'avénement de Rochefort et ses pareils à la Chambre, la France était républicaine, ils ont effrayé la Chambre et la France. La France en voyant comment ils agissaient a reculé en se demandant ce qu'elle deviendraient s'il y avait seulement dix individus comme lui. C'était en 1871, aujourd'hui 1889, il est un peu plus raisonnable, on en a un peu moins peur, mais s'il y avait eu dix députés comme lui ça aurait été du propre. Les pires journées de 1793 ou la Terreur. La France aurait réclamé de nouveau et à tout prix une main de fer et un despote pour y mettre un terme ; sous cette main de fer, sous ce despote on se serait crus sauvés, on respirerait mieux. Je me rappelle un vieillard de 1793, qui me disait qu'à Lyon, quand un homme marchait dans la rue, il en rencontrait presque toujours un autre qui lui barrait le passage, lui demandant de quel parti il était et suivant la réponse souvent on recevait des coups de bâton, et si, pour les éviter on disait qu'on n'avait pas de parti, on était traité de lâche et battu comme tel. Cette liberté de battre à coups de bâtons celui qu'on rencontre n'est autre chose que la plus dure oppression ; c'était même bien pire car l'homme paisible n'était jamais sûr de rentrer chez lui sans être battu, tandis que sous les plus durs oppresseurs l'homme paisible est toujours tranquille.

On reproche aux honnêtes gens de se contredire, on leur en fait un crime, cependant c'est se conformer aux circonstances et rien n'est plus sage. Quand on voit un incendie on crie au feu, ou veut l'éteindre complètement. puis on le rallume pour faire la soupe. Quand on voit une innondation on fait de même son possible pour s'en garantir et quand on n'a plus d'eau on va en chercher pour boire, ce sont là des contradictions, sont elles reprochables ? Je ne le crois pas. Eh bien, sous la plume; sous la parole, les mêmes contradictions existent pour combattre les extrêmes et suivre la majorité, il faut user et non abuser ; or pour les uns user c'est abuser, tandis que les autres plus justes ou plus sensés savent apprécier la différence. En dix ans on a été d'un abus à un autre tout opposé tel que pour les écoles et le suffrage universel.

M. Marteil dit : « J'aime mon pays, je suis ennemi de toute secousse » politique, je servirai loyalement et fidèlement tout gouvernement qui » saura se faire respecter au-dehors comme au-dedans. »

Un ami sert son pays plutôt que votre amitié, on le traite de traître.

Est-on traitre à sa patrie parce qu'on ne partage pas votre manière de voir ? Faut-il renouveller les excès de 1793 qui un jour à Lyon condamnait 68 personnes à être fusillés, le lendemain 209 et le surlendemain 48 soit 315 en trois jours. Ces condamnés étaient-ils moins bons patriotes que leurs vainqueurs ? Il ne le parait pas car lorsqu'on les mit en ligne pour les canonner ils se mirent à chanter :

Mourir pour la patrie,
Est le sort le plus beau, le plus digne d'envie

Et on répéta ce refrain jusqu'à ce que démembrés, mutilés par le canon ils ont crié : achevez-nous !

Voilà pourtant où les irréconciliables de tous les partis tendent à nous conduire. Faut-il appuyer ces paroles du langage que tenait Rochefort la veille de son arrestation ? Nous pouvons bien lui dire comme il dit quelques fois aux lois : Traitez-nous en étranger et débarrassez-nous de votre protection.

Voici ces paroles d'après *Le Messager du Midi*, du 9 février 1870, qui les avait extraites de la *Marseillaise* dans lequel le comte de Rochefort annonce qu'il a reçu l'invitation de se constituer prisonnier. « Il
» faut croire que j'ai été réellement condamné ces jours-ci à six mois
» de prison, j'avais bien vu dans quelques journaux que deux ou trois
» vieillards vêtus de jupons (les juges) avaient marmotté entre eux
» quelques paroles me concernant, mais préoccupé comme je suis, je
» n'avais pas eu le temps de songer à ces fadaises et aujourd'hui je
» reçois du parquet une lettre signée du substitut dans laquelle je n'ai
» pas pu déchiffrer le nom.

» Ces gens là sont tellement honteux de leur métier qu'ils se dissi-
» mulent derrière une signature ilisible. C'est par le canal de ce com-
» mis que M. Olivier m'invite à me constituer prisonnier, lundi 7 cou-
» rant c'est-à-dire aujourd'hui pour l'exécution du jugement rendu
» contre moi, le 22 janvier 1870.

» Voilà maintenant que M. Olivier, m'adresse des invitations. Ceci
» dépasse l'effronterie permise. Il n'y a plus de raison pour qu'il ne
» m'invite pas à ses dîners ou à son prochain bal. M. Olivier ne vous
» gênez pas, il parait que vous voulez attirer chez vous la bonne
» société. Vous vous imaginez sans doute que je vais passer du linge
» blanc et des gants gris perle pour aller cérémonieusement dire au
» concierge de Sainte-Pélagie :

» Monsieur le ministre de la justice ayant bien voulu m'adresser une
» invitation à visiter le logement qu'il me destine, je ne peux mieux
» reconnaître son amabilité que par mon exactitude.

» Non, Monsieur l'homme du monde je ne me rendrai pas à onze
» heures précises au rendez-vous de chasse que vous me donnez dans
» votre palais de Sainte-Pélagie. Si j'acceptais cette invitation on croi-
» rait peut-être que je recevrais également celles qui m'arriveraient de
» Compiègne ou de Fontainebleau, et il faut éviter à tout prix ce mal
» entendu. Si d'ailleurs je me dérangeais de mes travaux pour me
» rendre au désir que vous m'exprimez dans la lettre dont la signature
» est illisible car vos journaux insinueraient que je fais des avances.

» C'est bien le moins que deux des argousins qui vous entourent se
» donnent la peine de venir me mettre la main au collet. Il est de bon
» exemple de faire précéder l'acquittement solennel du prince Pierre
» Bonaparte de l'arrestation publique d'un de ceux qu'il médite d'assas-
» siner, surtout si l'on considère que l'appréhendé est représentant du
» peuple ce qui donne à son incarcération un petit goût Deux-Décembre
» plein de gracieux souvenir.

» Vous vous êtes écrié dans une de vos représentations à grand spec-
» tacle : Si vous nous y contraignez nous serons la force. Je vous y con-
» trains, soyez la force... Sachez seule·   , ô jocrisse du pouvoir,
» que vous avez commis une sottise nouvelle en m'invitant à me
» constituer prisonnier, car si en effet je cherchais des journées
» comme vous m'en accusez, je n'aurai qu'une chose à faire : prévenir
» le peuple que je partirai à une heure donnée de la maison que j'habite
» pour me rendre en prison, il est probable que quarante mille tra-
» vailleurs feraient avec moi le parcours. »

Voici comment le journal le *Pays* rédigé par Paul de Cassagnac répondit à cette odieuse et burlesque diatribe.

« On a beaucoup raillé depuis quarante ans les affirmations du Père
» Loriquet, lequel avait considéré comme des rêves la Révolution
» Française, le Consulat, l'Empire. Eh bien l'extrême-gauche en
» général et Rochefort en particulier poussent encore plus loin l'effet
» imaginatif.

» Ils parlent et agissent comme si la société, les lois, les juges d'ins-
» truction, les tribunaux, les gendarmes, les prisons, étaient des objets
» fantastiques avec lesquels il n'est pas nécessaire de se gêner.

» Nous pensons qu'il est inutile de rappeler à nos lecteurs que les
» citoyens Pyat, Grousset, Rochefort ont eu des baillements de gre-
» nouille étonnée en recevant le papier timbré traditionnel.

» Pour eux la République une sainte et indivisible dure encore.
» Février n'existe pas; nous sommes nodidi de la deuxième décade

» de pluviose an 78 de la République et le saint jour est un navet à
» moins que ce soit une carotte.

» Tous ces composés latins et ces légumes ont troublé l'estomac et
» par suite le cerveau de M. Rochefort. Il croit que si la signature de
» M. le substitut du procureur impérial n'est pas écrite en anglaise ou
» en ronde, c'est parce qu'il a peur de faire connaître son nom, et l'in-
» vitation de se constituer prisonnier, il la prend pour une invitation à
» danser.

» Il y a là un détraquement moral déjà rendu sensible par le détra-
» quement politique. Les injures prodiguées aux magistrats dans l'article
» de M. Rochefort ne sont, de sa part, rien de bien nouveau. L'homme
» qui insulte les institutions nationales ne peut pas avoir un grand
» respect pour ceux qui en sont la personnification. Deux traits
» frappent surtout nos lecteurs parmi les fantaisies de Rochefort, il sup-
» pose qu'en l'invitant on témoigne le désir d'avoir de la bonne com-
» pagnie. Pour peu que M. Rochefort justifie le proverbe qui veut que
» l'on ressemble à ceux que l'on hante, le parfum de la société pourrait
» être sujet à discussion. »

Il faut tout de suite que je vous dise que je n'ai guère plus d'estime
pour Paul de Cassagnac que pour le comte de Rochefort. J'ai voulu
vous faire connaître comment les journalistes se traitent mutuellement
afin que vous sachiez la part d'estime que vous pouvez leur accorder en
général. Remarquez que ces deux-là sont nobles et vous jugerez des
autres.

Vous croyez sans doute que s'ils traitent mal leurs ennemis au
moins ils doivent mieux traiter leurs amis ; détrompez-vous. Rochefort
traite tout le monde mal ou à peu près. Il a offert son patronage à
Ledru-Rollin qui l'a refusé et il a traité mal Ledru-Rollin. Un écrivain
qui est son collaborateur est traité en pleine Chambre des députés,
d'espion de M. Rouher, il a le plus profond mépris pour Vermorel.
Celui-ci ainsi accusé se défend de la manière la plus énergique, lui
donne le plus grand démenti par les journaux, le défie de prouver et
l'adjure de nommer un jury d'honneur dont il nommera lui-même la
moitié des membres, 9 mai. Rochefort ne répond pas, il se drappe dans
son inviolabilité de député et les membres nommés par Vermorel se
récusent, d'où il faut conclure qu'il était réellement mouchard, quoi
qu'il prétend être honnête homme ; cependant Rochefort entre en prison
et le collaborateur monte en grade dans la *Marseillaise* et se fixe lui-
même ses honoraires à 500 francs par mois, mais il a tellement d'ordre,
que de peur que les appointements n'arrivent pas à temps et heure, il

prend des à-comptes et n'attend pas la fin du mois. Voilà ces hommes qui prétendent nous gouverner, nous dire ce qui se passe et ce que nous devons faire.

Tristes modèles, piteux modèles.

Voulez-vous savoir ce qu'il faut faire et ce qui ce passe ? Ne lisez pas les journaux ou lisez en au moins trois d'opinions différentes ; faites la part des exagérations de chacun et vous serez à peu près fixés, il y en a un qui vous dit : dans telle affaire il y a eu 150 morts, l'autre vous dit il y a eu un seul mort et encore on est pas sûr que ce ne soit pas un mannequin. La vérité est qu'il y a eu réellement un mort. Un autre vous dit : la guerre est imminente, puis seize lignes plus bas ; la paix est assurée, il n'a fallu que seize lignes au Réveil du 28 février 1870 pour se réveiller et lui faire oublier ce qu'il venait de dire.

S'il fallait écrire toutes les contradictions des journalistes, ma vie ni ma fortune n'y suffiraient pas, ils n'observent ni les procédés, ni les procédures, et on peut dire qu'avec eux les procès durent à l'infini car ils les provoquent continuellement, on les condamne aujourd'hui à quinze jours de prison, demain à six mois, après demain à deux ans, à trois ans, enfin on en a vu qui avaient cent vingt-neuf ans de prison à faire. Je n'ai pas besoin de vous dire qu'il n'y en a pas qui les aient faits.

Pourquoi ces journalistes sont-ils si anichés d'écrire des choses pareilles ? Ah c'est un peu l'effet de la loi sur les signatures, ils veulent se faire remarquer ils sont flattés, leur nom paraîtra sur le journal, il s'étalera en gros caractères sur plusieurs journaux, il ne faut pas prendre cela pour rien, ni pour de la moutarde. Il viendra des amnisties dont on profitera, on y compte et qu'on s'appelle flouerie ou Flourens, on ressent toujours un beaume qui vous monte au cerveau en répandant son nom par les cent bouches de la renommée. Une autre raison c'est que cela rapporte beaucoup, on pourrait empêcher en obligeant de mettre seulement une initiale et un numéro. La meilleure manière de l'empêcher ne pourrait s'exercer que par le public : ce serait de ne pas acheter ces journaux qui dès lors tomberaient d'eux-mêmes, mais le gouvernement pourrait aider beaucoup en forçant à en élever le prix par le timbre à 5 centimes.

La république est un magnifique idéal que des hommes pareils, et ils sont nombreux, rendent irréalisable et je le regrette. Je ne suis pas admirateur de la monarchie surtout quand je vois qu'une famille coûte 40 millions encore moins 49 million tandis qu'on n'en dépenserait que trente pour l'instruction publique et cela suffisait amplement. Mais.

en 1888 la République avec toutes ses pensions et ses protégés coûte bien plus de 49 millions et l'instruction publique 200 millions et qui est-ce qui paie ce gaspillage ? Les malheureux qui manquent de pain.

La République n'est qu'une femelle, un monarque est un homme quand il mérite ce nom.

L'instruction publique sous Charles X, coûtait 2 millions, ce n'était pas assez, elle coûtait 18 millions, sous Louis-Philippe, qui était un homme laborieux et éclairé, il passait pour protéger les sciences, cette somme suffisait pour former le nombre d'instituteurs qu'il fallait. Elle coûtait 30 millions sous le prodigue et ruineux empire et on commençait à crier à se plaindre. Elle coûte 200 millions sous la République. Ces prodigalités au profit de quelques uns font souffrir tous les autres et finissent par faire un très grand nombre de malheureux en outre des contribuables, 200 millions pour faire plus du sextuple des instituteurs qu'on a besoin et qu'on ne peut pas placer malgré les mesures injustes et impolitiques dont on a usé envers les frères des écoles chrétiennes, aussi tout le monde veut être instituteur ; on ne fait plus de prêtres, le métier est devenu trop mauvais, il en manque dans des milliers de paroisses depuis des années qui payent pourtant l'impôt du culte ce qui est encore une injustice. Mais des instituteurs causes de tant de privations, qu'est-ce qu'on en fera ? Ceux qui ne trouveront pas de place ailleurs feront des journalistes, des perturbateurs, des agents révolutionnaires, des organisateurs de grèves, des reporters, Que peuvent faire ces hommes déshabitués au travail manuel ? Ils ne peuvent faire que cela s'ils ne trouvent pas de place ailleurs, s'inquiettant peu de l'incendie des villes ou des campagnes où ils ne possèdent rien, satisfait son penchant contre le trône et l'autel, mais il a des vues bien plus hautes et si on pouvait les atteindre, on ne verrait plus que des capitaines, des généraux, des députés, des ambassadeurs, qui se mettraient en grève pour devenir ministres, eh bien à la bonne heure ! parlez-moi de cela ! Toute une population de ministres. C'est ça qui serait chic. Plus de bergers, plus de laboureurs, plus d'ouvriers. On n'oublie en cela qu'une toute petite chose, oh toute petite. C'est que quand il n'y aura plus de laboureurs, ni de bergers, ni d'ouvriers ; il n'y aura plus ni pain, ni viande, ni outils ; il n'y aura plus rien à manger, ce ne sera pas chic du tout. La nation sera ruinée ; ce sera la misère et la faim. Ce qui fait la richesse, il ne faut pas l'oublier, c'est le travail et le travail est fait par l'ouvrier ; donc il vaut mieux faire des ouvriers que des instituteurs au-dessus du nombre nécessaire. Si depuis nombre d'années la France a décliné et c'est décliner que de ne pas prospérer comme les autres nations. Si elle décline, et elle décline ; c'est aussi parce que depuis nombre d'années elle chasse l'ouvrage à l'étranger par ses prix exagérés, par ses grèves, et l'étranger profite de notre maladresse, de notre niaiserie, et Paris foyer d'agitation en souffre plus que le reste de la France, il y a quarante mille logements vacants, on en souffre partout. Les lettres que je reçois de différents négociants de Paris sont toutes alarmantes. Le pauvre peuple qu'y a t-il gagné ? J'ai quitté le commerce il y a vingt ans, parce que j'avais une peine inouïe pour faire rapporter 2 0/0 par an à mes capitaux et Barri, négociant, me dit : C'était encore le bon temps... Le siècle ne se passera pas sans une catastrophe. Ces écrivains dégoûtent et répugnent, voilà pourquoi il ne faut pas les lire, ils réclament à outrance la liberté depuis qu'ils l'ont, et ne la réclamaient guère avant de l'avoir ; quand ils ne l'avaient pas ils n'auraient pas oser réclamer quelque chose en sus du bon ordre. Maintenant ils traitent d'enfants les députés de l'extrême gauche, demain ils les traiteront probablement de lâches, ou même de traîtres. Il est bien entendu que ceux de la droite ne sont pas mieux traités : ce sont des vendus sans âme incapables des moindres bons sentiments et qui ne valent pas la corde pour les pendre Un journaliste du plus mince mérite passe condamnation sans scrupule de toute une Chambre, de tout un peuple, de toute une nation, cela ne le gêne pas le moins du monde.

Se contenir est la recette pour être honnête, c'est le premier devoir. C'est de soi et non des autres, c'est de son courage et de sa prudence qu'on attend son élévation ; pour éviter de subir la conséquence de ses fautes, il ne faut pas en commettre.

Le journaliste exige tout du député, il prétend que le député peut tout, parce qu'il est inviolable, mais faut-il que le député puisse puiser dans ma caisse et m'assassiner si je résiste ? Je n'ai jamais compris que l'inviolabilité alla jusque-là. Si la monarchie est un gouvernement trop cher et la République impossible, quel est le gouvernement que je conseille de nommer, car il en faut un ? Je n'en sais rien.

L'*Autorité* du 8 septembre 1890 nous dit une infamie des hommes politiques de laquelle Paul de Cassagnac, qui prend pour devise Dieu et la France, ne rougit pas d'avouer sa part. Je ne vois que malhonnêtes gens de toute part. Je n'entrevois le remède que dans la restriction du suffrage universel.

De Napoléon Ier ou de la République, les gloires sont égales ;

Mais par des moyens inégaux :

> Lui, de tous les pays, pressait les capitales,
> Elle, de son pays, prend tous les capitaux.

Les députés de la Droite, au Congrès, ont voté pour Ferry, exprès pour amener une révolution par cet infernal stratagème, et Dieu et la France repoussent de semblables moyens. Je n'aime pas les révolutions, mais je veux au moins qu'elles soient franches. Ce trafic et ce succès eussent été honteux. Il a fallu que ce soit la populace qui, par ses cris et menaces, sauvent la France de la honte. J'ai donc raison de dire que l'ouvrier est fier et digne quand on ne le trompe pas.

Chaque époque a son langage en vogue qu'il faut lui consacrer, sans y attacher plus d'importance qu'il ne convient. C'est beaucoup que de satisfaire les intérêts des hommes; ce n'est rien si on les humilie, car il y a dans le cœur humain autant d'orgueil que d'avidité.

Je ne suis pas partisan des modes nouvelles ; tant que ma vaisselle peut me servir, j'aime mieux m'en servir que de la casser pour en acheter d'autre. Les joies des révolutions sont courtes, car elles ne consistent le plus souvent qu'à se figurer des félicités impossibles.

Je me plains que je paye trop cher et s'il faut renouveler mes meubles, ce sera encore plus cher, ce que je veux conserver, c'est ce qui est possible, mais quand la maison est irréparable, quand elle tombe de vétusté, que les matériaux sont pourris, il faut en faire le sacrifice, la démolir, car quand on met le marteau d'un côté, elle tomba de l'autre. Les matériaux ici, sont les hommes. Ce que je veux, c'est un gouvernement honnête à bon marché ; c'est qu'il y ait moins de soldats et qu'ils soient meilleurs, moins d'employés, qu'ils soient meilleurs aussi, pas de cumul autre que pour les ministres quand ils ne durent pas. On en a vu qui ne duraient pas huit jours, il ne faut pas pour si peu de temps perdre sa place. Ce que je veux, c'est que les employés travaillent autant et comme dans l'industrie. Je veux qu'ils gagnent l'argent qu'ils reçoivent et qu'il n'y ait pas de vol. Or, si on affecte douze heures de travail à des employés quels qu'ils soient, peut-on prétendre que ceux qui ont trois places travaillent trente-six heures par jour ? Evidemment non. Alors, pourquoi les payer comme trois s'ils ne font l'ouvrage que d'un ?

C'est abominable, car ce n'est pas gagner l'argent qu'on reçoit pour salaire, c'est le voler, je ne trouve pas d'autre expression pour exprimer ma pensée. Mais il y a des places qui ne rapportent que de 50 à 300 fr. par an, qui n'occupent qu'une ou quelques heures de temps en temps et on peut en occuper jusqu'à cinq et ne gagner qu'à peine sa vie, telles que : crieur public, secrétaire de mairie ou d'église, chantre, sonneur de cloches ; en ce cas, le cumul est permis, car toutes sont bien remplies et il faut d'abord gagner sa vie.

Ce que je veux, c'est que dans l'administration les bureaux soient ouverts au public pendant douze heures par jour, tous les jours ouvriers, afin de ne pas faire perdre le temps au public, qui vient quelquefois de loin et même pour des causes qui ne l'intéressent pas, il obéit. Ce qui m'étonne, c'est que les journalistes, si bien pensants à ce qu'ils disent, parlent si peu et si rarement de toutes ces choses. Voilà pourtant un motif qui leur donnerait matière de faire de beaux et longs articles, mais ils disent, au contraire : il faut augmenter, il faut augmenter le traitement de telle classe, de telle autre, je ne demande pas mieux, mais à condition qu'on fasse la même faveur à l'imposé, et comme c'est impossible et que l'imposé est aussi digne d'intérêts que le salarié qui ne travaille presque pas. On ne peut pas demander davantage à l'Etat car il dépense déjà plus d'un million par jour de plus qu'il ne reçoit.

En a-t-on demandé de ces subventions, de ces millions sous toutes les formes aux imposés ? Louis XVI pleura lorsqu'il vit que les impôts dépassaient un milliard, ils n'étaient que de 600 à 700 millions sous l'empire, malgré ses guerres; ils sont de près de 4 milliards aujourd'hui, en pleine paix, 3 milliards 900 millions sous la République, et cela ne suffit pas, il faut faire des emprunts et des gros.

Ce qu'il faut demander à l'Etat. c'est de réduire le nombre de ses employés, de le réduire beaucoup, de le réduire de 90 0/0, ce sera facile, si ceux qui restent travaillent et qu'on ne les change pas à chaque instant, ce qu'il faut demander aussi, c'est l'abaissement des gros salaires ; c'est de réduire considérablement les dépenses de ce chapitre. Où prendre des économies, je viens de l'indiquer, et si on ne revient pas aux 600 millions du guerroyeur empire ou au milliard de Louis XVI, du moins on pourra en approcher beaucoup. Si l'empire dépensait si peu, c'est que l'empereur était lui-même au travail, il surveillait ses employés et l'emploi de ses fonds. Le meilleur ministère que nous ayons eu à ma connaissance en République, c'est en 1887, le ministère Rouvier : En arrivant au pouvoir, il diminua les dépenses de 129 millions, et la suppression d'un nouvel impôt devant rapporter 100 millions, total : 229 millions d'économies et en en promettant d'autres progressivement. On a dû croire que ce ministère durerait longtemps; eh bien, pas du tout, entre députés et journalistes on l'a renversé au bout d'environ six mois! Qu'on nous fiche donc tous ces journalistes dedans et ces députés dehors! Mais il y de nombreux députés-journalistes, pour ceux-là, comment faire ? Donc, ceux-là auront toujours un pied dedans et un pied dehors. D'ailleurs, d'autres ne vaudront guère mieux. Le mieux serait de les diminuer de moitié et de garder les meilleurs ; ceci est encore difficile, car chacun se croit le meilleur, il faut que ce soit eux qui votent cette diminution, chacun s'empresserait de le faire s'il était sûr de n'exclure que les autres, s'il était sûr de revenir lui-même ; mais comme en ce bas-monde on n'est sûr de rien, et par crainte d'être du nombre des tombants, ils ne voudront pas en courir la chance, ils ne le voteront pas, car avoir les honneurs et 25 francs par jour pour ne faire presque rien et quelquefois des mois entiers sans aller à la Chambre, avec de longues vacances est une jolie place et on y tient, surtout si on est pauvre et orgueilleux, ce qui arrive souvent. Et quand au dévouement, ils ne connaissent pas cela. Mais pourquoi les journaux n'indiquent-ils pas ces sources d'économie ? C'est parce qu'ils sont eux-mêmes un peu cumulards, ils ont des places dans le gouvernement, dans les tribunaux et dans un journal ou deux; il y a le secret professionnel, ils ne peuvent pas condamner ce qu'ils font, s'ils ne respectent ni le gouvernement, ni les lois, ni la pudeur, ils ne peuvent pas demander que les autres les observent. Si ceux qui sont chargés d'appliquer les lois n'étaient pas les premiers à les enfreindre, s'ils commençaient par les observer eux-mêmes, on verrait bien du changement, et d'abord on ferait moins de lois, car il y en a tellement, qu'elles se contredisent presque toutes.

Quand on veut faire une loi nouvelle, on devrait d'abord se poser cette question : je propose telle loi, mais pourrais-je m'y soumettre ? Non. Alors je ne dois pas la proposer. Par exemple, je ne veux plus de gendarmes, mais le même jour, je crie au voleur ! au secours ! et je vais chercher les gendarmes pour arrêter celui qui me nuit. Je ne veux plus de juges, mais le lendemain je suis obligé d'aller en justice pour réclamer ce qui m'est dû, ce qui m'appartient. On doit être sobre de changements. Si on supprime, il ne faut supprimer que ce qui est absolument de trop, mais non pas ce qui est nécessaire, car on serait obligé de mettre bientôt à la place quelque chose qui fonctionnerait plus mal. Il faut moins de soldats, mais il en faut pour défendre la patrie et plus souvent le pouvoir, car il faut que la force reste à la loi, mais pour cela il n'est pas nécessaire d'entretenir des centaines de mille hommes. Je dirai comme en Angleterre et en Amérique, mille hommes par million d'habitants, nous n'avons aucun besoin ni aucun devoir d'aller imposer notre volonté à l'étranger. Charbonnier est maître chez lui. Rome, le Mexique, le Tonkin s'appartiennent et nous devons les laisser tranquilles, aussi tranquilles que nous voulons l'être chez nous, ne soyons donc pas surpris si nous sommes mal vu dans ces pays.

Qu'avons-nous été faire au Tonkin ? Le civiliser, nous dit-on. Non. Le ruiner, le dépouiller, le voler. Les habitants de quatre villages ont abandonné terres maisons, parce qu'ils ne pouvaient plus payer leurs impôts. Le gouvernement offre ces terres et ces maisons à ceux qui voudront payer les impôts. Le nom français, dans ce pays, sera en horreur pendant des siècles.

Le pape disait un jour : je ne sais pas si je suis le prisonnier ou le protégé de la France.

Que disions-nous des Autrichiens, des Prussiens quand ils étaient chez nous ? Evidemment, quand nous pouvions leur tuer quelqu'un, nous n'y manquions pas; pouvons nous nous étonner qu'on nous tue nos soldats à Rome, au Mexique ou au Tonkin ? Je comprendrai encore que nous fassions ces guerres si elles étaient honnêtes, si nous y étions appelés et si nous étions payés pour les faire comme la Suisse autrefois, mais allons donc; la France est trop riche pour faire payer ses services. Payez-donc, pauvres campagnards, commerçants, industriels.... Payez des impôts, payez-en beaucoup cette année et ne vous découragez pas, car l'année prochaine vous en payerez davantage.

Pourquoi me mêlais-je d'écrire, moi qui le reproche aux journalistes? Moi, c'est différent, je ne le fais pas pour gagner de l'argent; je le fais, parce que je suis indigné, parce que je m'intéresse à la société plus qu'à ma bourse, parce que je veux signaler le mal partout où je le trouve, parce qu'il y en a beaucoup, parce qu'il est temps d'y mettre un terme, parce qu'il faut mettre un terme aux abus, qu'on améliore davantage et plus vite, parce qu'on nous fait trop attendre un nouveau bienfait, parce qu'on nous le fait payer si cher que le prix l'atténue complètement, à tel point que la position s'aggrave au lieu de s'améliorer. Parce que je voudrais mettre un terme à cette augmentation considérable de suicides qu'il faudrait éteindre. Parce que quand on nous fait un rabais de 39 millions d'impôts sur une chose, c'est pour nous faire subir une augmentation sur trois ou quatre autres choses formant ensemble 200 millions (1890).

On nous donne l'apparence d'un rabais et la réalité d'une forte augmentation, et les députés l'autorisent, je le dis avec sincérité, j'écris pour éclairer les honnêtes et braves gens, je fais tous mes efforts pour cela, j'ai confiance dans leurs bons sentiments, j'espère que la bonne cause aura un bon résultat et que ma peine ne sera pas perdue pour le monde. Le temps que je passe ne me sera pas payé en argent, je le sais, mais il me sera payé en estime et c'est préférable. Je regrette que la dépense m'empêche de donner à ces lignes la publicité que je voudrais et les répandre à profusion, je suis obligé de me restreindre à quelques amis.

Je recommande d'observer les lois, et ce n'est qu'à cette condition qu'on sera bon citoyen. Je ne dis pas qu'il n'y en ait pas à changer, c'est au contraire, il y en a beaucoup à changer, mais tant que cela n'est pas fait, il faut se soumettre à ce qui existe; il ne faut pas les changer par fantaisie ou par forfanterie et faire parler de soi; il ne faut pas de forfanterie dans la loi, il faut faire des lois justes sous peine de les faire imparfaites, impartiales, de faire des lois mortes.

Une loi nouvelle est une restriction, une atteinte nouvelle portée à la liberté tant prônée. Oh! homme! connais l'énormité de ta puissance! Le monde t'appartiendra! Pour en jouir en paix, il faut être sage; voilà le difficile. Ce qui fit que les Romains tombaient de chute en chute, c'est parce qu'ils détruisaient, dévastaient les perfectionnements que d'autres avaient fait avant eux et écrasaient les peuples vaincus. La cupidité était leur guide comme à nos politiques d'à-présent. Le génie innovateur mal accueilli est repoussé comme une utopie. La patrie est un vain mot et, ne pouvant plus y vivre, tous exportent leurs enfants pour les enrichir ou les perdre, ils disent : tout ou rien. Ce n'est pas de la sagesse.

Quand je pense à mon pays, cela n'est pas une bagatelle, cela me rajeunit de 60 ans; je me reporte à mon enfance, je voudrais faire revivre toutes les bonnes choses de cette époque et foudroyer les nouveaux systèmes barbares.

Pourquoi faut-il qu'il qu'il y ait des hommes assez vils, assez méprisables, assez incapables, assez indignes de vivre pour voler et oser même voler les bienfaiteurs de l'humanité qui ont passé leur vie à poursuivre un but utile à tous sans jamais s'en écarter? Oh! ces voleurs-là sont bien plus coupables que les autres, car leur crime s'augmente de tout le bien qu'ils empêchent de faire puisqu'ils font tort à tous ceux qui ont moins reçu et surtout à ceux qui n'ont rien pu recevoir.

> Le bois le plus funeste et le moins fréquenté,
> Est auprès de Paris, un lieu de sûreté.

Ces fourbes effrontés ont l'audace de se dire bien élevés comme des princes, parce qu'ils sont bien vêtus comme des princes. L'ingratitude, l'injustice augmentent leur criminalité en couvrant leurs noires mains des dehors, pratiques de la probité qui n'est que pour mieux tromper.

Nuire en affectant de servir, est une flatterie empoisonnée. Favoriser les uns au préjudice des autres, est une injustice aussi grande que de s'approprier le bien d'autrui.

Faisons nous une générosité dont nos amis se louent et dont personne ne se plaigne.

> A l'homme qui s'égare, enseigner le chemin,
> Lui apprendre à vivre, cela ne coûte rien,
> Lui laisser à mon feu prendre la lumière,
> Tout cela coûte fort peu, le même feu m'éclaire.

Mais il ne faut pas trop dépenser afin que le même feu éclaire continuellement, et l'on peut dire : Jeunes gens sans vertu vous n'êtes que des femmes, et le bienfait est un homme.

Il faut répandre les bienfaits sur ceux qui les méritent et qui en font un bon usage, qui augmentent leur bien-être par la bonne conduite, le travail et l'économie.

La jeunesse doit ses res| aux vieillards, et son inexpérience a besoin de leur secours. Le corps des veillards peut se reposer, mais l'âme doit agir doublement, leur prudence est un bien qu'ils doivent inocculer à leurs amis, à la jeunesse, à l'Etat. La conversation doit rouler sur les affaires sérieuses, les arts, les sciences, le bien public, l'industrie. Les passions, la colère, la cupidité, ni aucun vice n'est admis dans un discours.

Les réprimandes sont quelquefois nécessaires. La colère gâte tout, il faut être maître de soi-même.

Nous devons honorer tous ceux dont la vie a été un tissu d'actions honnêtes, utiles et belles, qui aiment la patrie, l'ont servi ou la servent à ceux qui sont revêtus de l'autorité publique. (Cicéron).

On ne doit jamais mentir, mais surtout dans les affaires. S'il y en a qui gagnent leur vie en mentant, cela finit par se savoir, ils perdent la confiance et par là l'un des moyens de gagner leur vie ; mais il est heureux de savoir qu'on peut aussi bien vivre en disant la vérité, d'autant plus qu'on acquiert la renommée qui augmente sans cesse et facilite de plus en plus le moyen de faire ses affaires ; c'est ce qu'il faut enseigner et bien faire comprendre à la jeunesse comme un premier devoir, il faut lui apprendre que le travail n'abaisse pas, au contraire, il élève ; leur apprendre à honorer l'état de leur père. Jamais le travail utile ne fut à mépriser ; il y a néanmoins des états qui sont plus élevés que d'autres, ce sont ceux qui exigent plus de savoir, tels que : médecin, ingénieur, architecte, sculpteur et même le commerce, car leur élévation dépend du service qu'ils rendent et ce dernier en rend beaucoup, non seulement à ceux qui lui achètent, mais aussi à ceux qui lui vendent, car il fait beaucoup travailler et travailler même à des distances très grandes, il occupe, non seulement les ouvriers sur place, mais les voituriers, la marine ne vivent presque que par lui, et sans le commerce, les femmes seraient obligées de se priver du café ; mais le plus noble et le plus utile de tous les états, c'est l'agriculture.

C'est par le secours des sciences qu'on connaît mieux la vérité qui donne les leçons les plus élevées, les plus utiles. La sagesse, suivant les anciens, est la connaissance des choses divines et humaines, et des causes dont elles dépendent. Que peut-on louer si on blâme des connaissances aussi sublimes ?

En effet, voulez-vous débarrasser votre esprit et oublier les peines de la vie ?

Quelle ressource est comparable à une science qui n'a pour but que le bonheur éternel ?

Le premier principe de la vertu c'est le goût que vous avez pour elle, c'est la nature qui le donne. Cherchez-vous des principes de force et de vertu ? La sagesse en est le dépôt, il n'y a qu'à puiser. L'art de la vertu est dans la sagesse et on l'y trouve.

Tout ce qui est honnête est utile, parce que tout ce qui est utile est honnête, c'est une grave erreur de croire que ces deux choses peuvent se séparer ou se réparer de la justice, car ces trois mots se confondent et s'identifient. L'artifice et la duplicité se confondent avec la fraude et l'injustice, il faut détromper ceux qui pourraient les prendre pour de la sagesse.

L'homme est pour vivre en société, et après Dieu rien ne lui est plus utile que l'homme même, et cependant il est son plus dangereux ennemi. Toute œuvre industrielle est son ouvrage ; supprimez l'homme, il n'y a plus ni marine, ni commerce, ni agriculture, ni carrières, ni mines destinés à nos usages et les bêtes ne nous seraient d'aucune utilité, on ne saurait ni les nourrir, ni les dompter, ni les faire travailler, ni les conserver, ni les tuer à propos et d'abord les malfaisantes et prendre celles qui peuvent lui servir. Le secours dans la maladie, les plaisirs dans la santé, qui distinguent la vie de l'homme de celles des bêtes, si les hommes ne s'étaient pas réunis, on n'aurait pu ni bâtir, ni peupler les villes, ni cultiver les campagnes, ni faire des lois, ni régler les mœurs.

Puisque le plus grand bien comme le plus grand mal nous vient de l'homme, il faut chercher le moyen de se l'attacher, c'est un mérite que d'en tirer parti, puisqu'en en tirant parti, on se rend utile à lui-même. On demande, on exige des bêtes un service pénible, mais l'art de faire des désirs de l'homme les instruments de sa fortune. c'est le talent du génie supérieur ; c'est le fruit de la sagesse et de la vertu, car la vertu consiste à connaître les causes et les effets ; la nature des choses et leurs rapports, à établir l'empire de la raison, à éteindre la vengeance dans sa source en prévenant l'injustice et l'injure. Celui qui veut se faire craindre craint toujours, de même que celui qui veut se faire aimer, aime toujours encore plus. Denys, l'ancien, redoutant la main de son barbier, en était réduit à se faire la barbe avec un charbon ardent. On est plus fort par l'amour que par la crainte, il faut chercher l'amitié par l'estime et la confiance, c'est le premier et le plus utile de tous les biens.

Pour acquérir la bienveillance, les bienfaits sont le moyen le plus sûr, le désir de faire le bien, la générosité, la complaisance, la bienfaisance, la justice, la bonne foi, les vertus douces et sociales sont autant d'attraits séduisants, il y en a d'autres qui sont soumis à l'équité comme les précédents.

On se fie aux gens d'honneur, aux gens de bien, parce qu'on ne les soupçonne pas, de sorte que nous croyons toujours bien faire quand nous abandonnons à eux notre fortune et nos enfants.

La prudence ne peut rien sans la justice, la finesse n'est pas la justice, elle est bonne quand elle sert à ne pas être trompé, mais elle n'est qu'un défaut quand elle sert à tromper les autres.

Les fourbes, les habiles à nuire, à tromper, sont des hommes inutiles et même dangereux. L'amitié est le prix de la probité, et l'admiration le prix de la justice.

La réputation de juste est encore plus nécessaire à l'homme isolé qu'aux autres, parce que s'il la perd, il passera pour méchant et en sera victime, parce qu'il sera sans appui. Bardyllis, fameux scélérat, acquit une fortune parce qu'il fut juste dans le partage du butin ; c'est parce que, quoique chef de brigands, il avait un fonds de justice qu'il observait envers les siens. Mais si nous voulons obtenir la justice pour tous, ce ne sont pas des brigands, des voleurs que nous devons mettre à notre tête, ce sont les plus sages, les plus justes, les plus honnêtes, les plus instruits, les plus laborieux ; il n'y a qu'eux qui puissent tenir la balance égale entre les gros et les petits, ce qui sera toujours le vœu général, et quand ce vœu est atteint par la probité d'un homme, il faut s'en tenir là et ne pas changer encore et toujours. Socrate nous trace la route en six mots : Soyez ce que vous voulez paraître. C'est une grave erreur que de croire qu'avec une hypocrisie bien tournée on puisse se faire une gloire durable ; tout ce qui est faux n'a qu'une courte durée, mille exemples nous le prouvent.

Le jeune homme qui veut être homme de bien, doit prendre un homme de bien pour modèle : ce précédé promet au peuple un digne imitateur. On peut être longtemps écolier avec honneur quand on prend de si hautes leçons. On ne doit jamais accuser un innocent, le préjudice qu'on cause à sa réputation, à sa fortune peut être très grave, ce préjudice est un crime. Basile, dit: Calomniez, il en restera toujours quelque chose, mais ce quelque chose est condamnable comme la mort; car, tuer la réputation pour bien des gens, est pire que la mort; c'est un grand crime, et le crime personne n'a le droit de le commettre.

Celui qui fait servir son utilité, son industrie, ses talents, acquiert dans ceux qu'il oblige des nouveaux moyens de l'obliger encore et sa bienfaisance plus exercée, en devient plus industrieuse, mais il faut savoir si on rend réellement service, car des fois on n'accepte que pour ne pas refuser puisque refuser c'est faire affront, et cet affront on veut l'épargner à celui qui s'intéresse à vous, c'est même un devoir, mais celui qui reçoit est dégradé, il devient plus avide et c'est folie que de dépenser au-delà de ses ressources pour donner. Celui qui a tout donné est obligé de demander ou de prendre ce qui fait oublier tous ses bienfaits.

Cicéron dit: L'intérêt des services rendus à un homme vertueux est reconnaissant, parce qu'il n'est pas seul à le payer. La générosité éclairée est une vertu attrayante, on s'empresse de la louer. Les ingrats sont les ennemis de tout le monde et surtout des malheureux. Il faut donner avec noblesse et n'exiger qu'avec humanité.

Il est bon et quelquefois utile de perdre à propos, et cependant il faut avoir soin de sa fortune.

L'homme utile sert l'État et les particuliers plutôt que celui qui donne, il ne faut pas offenser les uns pour obliger les autres. C'est une imprudence et une témérité aveugle que de blesser les hommes qu'on doit respecter ou craindre; si on est forcé de le faire, il faut en faire connaître les motifs. La reconnaissance a cet avantage sur l'argent, c'est qu'on la garde en la payant, et lorsqu'on oblige un pauvre mais honnête homme, tous les pauvres et honnêtes vous regardent comme leur père, tandis que si vous obligez un riche, vous n'obligez que lui seul, ses enfants même ne veulent pas le savoir et lui veut l'oublier. Le bienfait est donc mieux placé parmi la vertu que parmi l'opulence.

Lorsque l'honnêteté et l'utilité paraissent en désaccord, il faut chercher de quel côté est la justice pour faire pencher la balance en sa faveur.

Qu'est-ce que la sagesse?

Un sage est un homme qui fait bien ses affaires sans blesser les lois, les mœurs ou la conscience, qui travaille, fait fructifier son capital pour en faire son profit en faisant celui des autres. Un succès qui déshonore n'est pas un bien, mais c'est un mal. Cicéron dit à son fils : « Adieu et » crois que je t'aime tendrement, et que je t'aimerai davantage si ces » monuments de sagesse font tes délices. »

Si dans le cœur d'un fils vous ne semez que du poison, vous n'aurez pas à vous plaindre de ne récolter que du poison.

Au Monestier, un fils traîna son père par les cheveux jusqu'à la porte. Arrivé là, le père s'écria : Arrête, malheureux. Je n'ai pas traîné mon père plus loin. C'était une mauvaise famille.

Je trouve les leçons de Cicéron excellentes, mais je leur préfère encore celle de Jésus-Christ qui ennoblit davantage le travail, il est plus encourageant, il élève davantage l'âme, il est plus conforme au besoin naturel et à la morale, il indique un moyen certain de gagner sa vie. Le poète dit avec raison que :

> Sans honte et sans crime
> On peut tirer de son travail un profit légitime.

L'économie est une chose bonne en elle-même, mais beaucoup ne la comprennent pas et la confondent avec l'avarice, qui est une mauvaise chose en la poussant à des choses déraisonnables, comme par exemple pour économiser la lumière en hiver, on se couche à six heures du soir pour se lever à sept heures du matin. On ne remarque pas qu'un travail pour bien mal rétribué qu'il soit, excédera la dépense et que l'hygiène commande de ne rester au lit que sept heures pour les hommes et huit heures pour les femmes. De l'ouvrage, il y en a toujours ; les études pour les jeunes gens, la lecture, les défrichements, les défoncements pour les adultes, il est inutile d'énumérer, car il y en a pour tous. Je peux pourtant citer l'assainissement des étables, car ce chapitre est beaucoup trop négligé ; une bête mal tenue, malpropre vaut un quart de moins et multiplie moins , c'est une double perte. J'ai vu à la foire un troupeau de moutons sales, personne en a demandé le prix, tandis que les autres s'étaient vendus. Il ne faut pas ruiner le riche au profit du pauvre, il faut que tout le monde gagne, il faut fonder le bien-être de chacun sur la prospérité de tous.

La patrie n'a pas de plus implacables ennemis que les hommes qui perpétuent le désordre et forcent à changer la Nation en un vaste camp et à changer nos dispositions d'améliorations en préparatifs de luttes et de dépenses.

M. Thiers a dit : Le véritable génie de notre époque consiste dans le simple bon sens. Combien y en a-t-il qui l'ayent ?

Lorsqu'on ne vend pas ses services on voudrait au moins qu'on vous sache gré de votre abnégation et de vos sacrifices.

Par les perfectionnements de l'industrie, par les conquêtes du commerce, par les facilités de transport par eau et par voie ferrée, il faut lutter contre le monde entier, il faut faire connaître l'économie politique aux ouvriers comme aux riches, et leur prouver qu'ils ont les mêmes intérêts par une juste rétribution du travail, c'est une saine doctrine qui doit gagner à progresser, ce sera peut-être long ; mais cela ne peut pas, ne doit pas succomber. L'inauguration de nouveaux chemins serait une fête commerciale, mais il n'y a rien de fini tant qu'il reste quelque chose à faire. A mesure que le luxe devient un objet d'utilité, il faut que les travaux deviennent deviennent des arts, c'est une condition de leurs progrès.

L'agriculture en se développant augmente la richesse publique dans les mêmes proportions, c'est la condition première de son existence parce qu'avec son accroissement la consommation se multiplie et on trouve plus facilement des acquéreurs, tant pour les produits que pour le sol.

Il faudrait à Saint-Paul un pont de 28 mètres de haut qui coûterait 30,000 francs, pour augmenter considérablement la valeur de tout l'Ubac.... Des améliorations naissent de celles qui les ont précédés, nous avons un grand but à atteindre, il faut y marcher résolument et regretter l'acrimonie de langage qui a empêché de réaliser un projet aussi utile. Dans les grandes villes, toutes révolutionnaires qu'elles soient, quand on parle patrie, dévouement, honneur, il y a toujours écho, cet écho cesse quand on parle raison, c'est un grand malheur, il faut faire écho pour la raison comme pour l'honneur ; il faut donner de l'activité à tout ce qui est grand, utile et possible, et ne pas marcher à reculons de crainte d'arriver après ceux qui ont marché en avant, rester stationnaire, c'est reculer par rapport aux autres. Un nom peut s'y immortaliser.

Proposer des améliorations, remédier aux souffrances, est le devoir de tous les jours. La crise qui pèse sur l'agriculture appelle le devoir de l'administration et sa sollicitude. L'importance du mal veut un terme. Partout, lorsqu'on parle au nom du bon droit, du progrès, de l'ordre, de l'avenir, on doit être écouté et l'autorité recouvre son prestige quand elle s'en occupe.

Pour beaucoup de propriétaires la distance serait diminuée de moitié et, comme on mettrait sur une charrette six fois plus de charge que sur le dos d'une bête, il en résulterait qu'on porterait dans une heure ce qui nécessite une journée et qu'un âne, dans certaines maisons, pourrait remplacer un cheval, et il coûte trois fois moins à nourrir.

En inclinant le pont de 3 0/0 vers l'Ubac, on le raccourcirait considérablement sans diminuer son utilité et on pourrait peut-être le faire pour 20,000 francs, et quelle que soit la somme, le gouvernement pourrait subvenir pour un tiers. L'administration est la première servante en même temps que l'exécutrice des lois, elle doit obéir pour être obéie, savoir obéir, c'est savoir commander.

Le but d'une âme élevée qui est au pouvoir, n'est pas de savoir comment on s'y maintient, mais de veiller sans cesse au moyen de le faire honorer par des principes de vertu qui défient la malveillance et les mesquines passions ; vous verrez alors l'honorabilité se communiquer à tous ceux qui vous approchent, et ceux-là la communiqueront à d'autres puis à d'autres encore, ce sera une bénédiction générale, un jour d'éloges et de vénération méritée de plus en plus Ce sont les passions nobles et le désintéressement qui sauvent les sociétés et non les spéculations de force et de hasard, il faut que la vérité pénètre dans vos cœurs comme le soleil devant vos yeux.

Je sais bien que le bien n'est pas toujours facile à faire, que des aveugles ou des jaloux paralysent les plus louables efforts tendant au bien public, mais il ne faut pas se décourager tant qu'on aura pour soi le témoignage de sa conscience qui relève du devoir soumis à la sagesse, à la religion conformément aux mœurs.

Le vieux monde s'écroule, préparons-lui des fondations nouvelles, mais solides.

Il faut marcher en avant, mais regarder quelquefois en arrière ; devant, nous voyons le but à atteindre, derrière, il y a le chemin parcouru dont les bienfaits comme les défauts nous servent d'enseignement, profiter de ces leçons pour imiter, améliorer les uns et éviter les autres, récompenser les bons et loyaux services et éloigner les mauvais, mauvais surtout par la conscience, qui ne rêvent que renversements et égoïsme, et disent, comme disait un jour de M. Thiers, un journaliste qui voulait le renverser du pouvoir de la présidence. « Ce » n'est pas que je le trouve plus mauvais qu'un autre, mais c'est parce » que j'enrage de ne pas être à sa place. »

Ce sont ces hommes qui s'attaquent à tout : à la religion, à la constitution, quelle qu'elle soit, aux usages, à la société, à l'État, etc.

Le dimanche est hygiénique, il est nécessaire pour le repos, pour s'approprier, pour la récréation, la réunion en famille, pour ceux qui en sont privés les autres jours, c'est une réjouissance utile.

On sert l'État de bien des manières différentes : dans les sciences, dans les arts, dans les métiers, dans les constructions, dans les services rendus, salariés ou non, dans l'état militaire, etc., etc.

Ceux qui ont servi l'État avec probité, ne doivent pas être abandonnés par lui, mais pour pouvoir penser à tous, il ne faut être prodigue pour personne. Je désapprouve hautement ces dotations, ces grandes et trop nombreuses grosses pensions de retraite qui permettent de vivre dans l'opulence, tandis qu'il y a des victimes, des martyrs qui ont à peine du pain et même qui n'en ont pas. Il reste beaucoup à faire pour éteindre la misère, il y aura toujours à faire, mais on peut beaucoup adoucir par la prévoyance dans l'entraînement général, ne pas avancer nous-mêmes, c'est reculer. La loi qui refuse au prêteur la mince garantie de la contrainte par corps, a produit des effets déplorables en ouvrant la porte toute grande à la démoralisation : le nombre de protêts, de faillites et de banqueroute restreint la confiance, défavorise l'entrepreneur de courage et de bonne volonté. C'est de cette loi qu'a commencé la décadence de l'Empire ; elle lui a été imposée par des journalistes de l'opposition, par conséquent, ses ennemis qui ne désiraient rien, tant que de le perdre, cela leur réussit ; sa chute ne tarda pas, son pouvoir pourrissait, il tomba. et son cousin, lui-même, qui le prévoyait, lui dit : « On nous f.... à la porte comme des laquais et il faut convenir que nous ne l'aurons pas volé. » Et la France paya et paye encore.

Les écoles gratuites, laïques et obligatoires sont un paradoxe insensé, soutenu par les journaux perturbateurs qui n'ont d'autre but que de faire de l'opposition, du désordre et de faire parler d'eux.

Pourquoi empêcher de payer ceux qui le veulent et qui le peuvent et ne veulent pas de cette grâce de la part des pauvres ? A-t-on trop d'argent en caisse ? Qu'on fasse des routes, qu'on réduise les impôts si lourds, si écrasants qui pèsent sur le pauvre au profit du riche, c'est insensé, en tous cas ce n'est pas démocratique. Pourquoi, laïque ? C'est contre la liberté. Voulez-vous ouvrir les portes à un nouveau despotisme et dépenser un argent inutile, puisque la laïcité coûte beaucoup plus cher et instruit moins bien que les congréganistes, dont les élèves plus instruits sont plus soumis, plus dociles ; il y a tout avantage à leur envoyer les enfants et ça justifie la conduite d'un conseil municipal qui supprimait les frères par vantardise, mais qui leur envoyait ses enfants par raison, tandis que l'école laïque n'avait que le fils du cantonnier, qui l'envoyait là par soumission, par obéissance au conseil. Ce conseil municipal voulait l'école laïque pour les enfants des autres, mais pas pour les siens. On m'a dit, qu'à Thiers, les frères coûtaient 6,000 francs et instruisaient 200 enfants ; l'école laïque coûtait 18,000 fr. et n'instruisait que 50 enfants et moins bien que les autres. Pour instruire 200 enfants, l'école laïque aurait donc coûtée 72,000 francs au lieu de 6,000 francs.

Obligatoire, soit : pour ceci, je suis d'accord, parce qu'il y a des pères qui ne sont pères qu'à moitié, l'Etat a le devoir d'y suppléer, mais faut-il que ce soit dans de justes limites, car on pourrait bien arriver à la tyrannie sans le vouloir.

Les églises font vivre beaucoup de monde : d'abord, quand on les construit et aussi quand elles sont faites, elles exigent un personnel constamment occupé à son entretien. La seule chose à regretter, c'est qu'elle veuille participer aux richesses d'ici-bas, tandis qu'elle ne devrait travailler que pour le ciel, que pour les âmes, mais il faut d'abord qu'elle vive et ensuite lui passer quelque chose en considération des leçons utiles qu'elle nous donne, des services consolants, confortants, protecteurs et moraux qu'elle distribue, et ne pas oublier, d'ailleurs, que celui qui sert l'autel doit vivre de l'autel.

Les journalistes perturbateurs admettent les prêtres, mais ne veulent pas qu'ils soient payés par l'Etat et par controverse, ils veulent que les avocats, les huissiers, les notaires soient payés par l'Etat. C'est leur manière de tout démolir, de tout renverser ; j'admettrai volontiers que ces vocations soient payées par l'Etat si le public avait quelque chose à y gagner, mais quel déluge de procès en surviendrait-il ? Combien y en a-t-il qui ne reculent devant un procès que par la peur de la dépense qu'il entraîne, mais qui seraient tous les jours au tribunal si cela ne leur coûtait rien ? Et faudrait-il donc que celui qui n'a jamais de procès paye l'avocat de celui qui plaide tous les jours ? Car enfin, quand l'Etat paye, qui est-ce qui paye ? C'est vous et moi, c'est tout le monde. Puis il ne manque pas d'avocats sans cause qui ne demanderaient pas mieux que d'être salariés par l'Etat, ils ne sont là que pour le titre, et être payés pour ne rien faire, cela plairait à beaucoup de monde. Il faudrait, au contraire, supprimer les avocats ; la justice n'en recevrait que moins d'entorses. Mais le prêtre, plus ou moins, tout le monde en a besoin au moins deux fois, c'est quand nous venons au monde et quand nous prenons notre feuille de route pour le quitter et le quittons, à moins que nous soyons comme les bêtes, ce qui serait par trop dégradant, or, si nous ne voulons pas être comme les bêtes, il faut bien que le prêtre se dérange un peu pour nous, si nous le dérangeons peu, nous payerons peu, mais si nous le dérangeons beaucoup, si nous y mettons de la vanité, si nous la voulons par lui, il est juste de la rétribuer en conséquence, et savez-vous combien cela l'augmente dans certaines campagnes ?

On demande un jour, à un jeune prêtre, combien il gagnait, il répondit : 1,000 francs.

On s'étonna de voir qu'un homme de talent peut se contenter d'une si faible somme ; alors, il ajouta finement : mais j'ai mon casuel. Et combien vous rapporte-t-il ? 24 francs par an. Ce qui fit rire tout le monde. J'en ai connu un des mieux placés, qui me dit 80 francs par an.

Il n'y a pas le moindre commis qui voudrait longtemps se contenter d'un pareil traitement. Je ne crois pas que les journalistes voudraient s'en contenter, et pourtant de quelle utilité sont-ils ?

Lequel est le plus utile, de celui qui désole ou de celui qui encourage, soutient et console ?

En Amérique, c'est très commode : il y a au moins 30 religions différentes, et chacune va au ciel par le chemin qui lui plaît.

L'Univers est abandonné par l'État qui devrait le diriger, de sorte qu'il est impossible de voir où est l'erreur ; de là, elles vivent toutes en bonne intelligence : une seule ne pouvant pas s'emparer des autres ; s'il n'y en avait que deux, elles se feraient la guerre à outrance, mais le jour où il n'y en aura plus qu'une, sera un jour béni du ciel, et de paix pour la terre ; tout le monde sera d'accord. Du reste, toutes les religions s'accordent en des points principaux en reconnaissant Dieu et l'âme immortelle. Toutes ont pour principe de ne pas faire aux autres ce qu'on ne voudrait pas qui vous fût fait, et de leur faire ce qu'on voudrait qu'ils fassent pour nous. La juive ne diffère de la catholique, qu'en ce qu'elle prend Jésus-Christ pour un anté-christ, et la protestante, qu'en ce qu'elle n'admet pas la virginité de la sainte Vierge.

Dans tout cet ensemble, vous voulez savoir qu'elle est la meilleure. Eh ! bien, nous devons croire que la meilleure est celle dans laquelle nous vivons ; dans toutes on se sauve, dans toutes on se perd. Dieu s'occupe plus de la pureté du cœur que des détails. Mais la voix du peuple est la voix de Dieu et, d'après ce principe, la catholique étant la plus nombreuse, doit être considérée comme la meilleure ; nous devons croire et ne pas mettre le désaccord.

Les ressources qu'on emploie pour réprimer le désordre, sont autant de perte pour les améliorations à faire ; on lutte au lieu d'avancer ; avec la même somme on pourrait avancer si on n'était pas obligé de lutter ; on voit constamment ceux qui ont le plus souffert des révolutions en provoquer de nouvelles, parce qu'ils n'ont pas pu obtenir des places à leur convenance, il ne faut pas les écouter, il faut que cè qui est dans la nécessité des temps s'accomplisse et ne pas faire vivre l'inutile ; ce qui est utile, c'est le travail, la bravoure, la science, l'honnêteté, la vérité ; ces cinq choses sont également honorées et en ont le droit.

La constance a beaucoup de bon ; il faut la soutenir tant qu'on le peut ; les brouillons seuls changent à chaque instant de manière de voir et de maître.

Nous savons que nous devons chercher des exemples dans les anciens et non pas dans les hommes de nos jours, car les anciens étaient plus sages et la renommée leur en reste. Les grands discours d'à-présent ne sont, le plus souvent, que des manœuvres électorales, nous n'avons pas besoin de cela à la Chambre ; forcer les journaux à ne dire que la vérité, ce serait amener la paix au dedans et même au dehors. Le premier consul, écrivait à l'Angleterre ; Nous serions en paix sans vos journaux et nous voilà presque en guerre. Elle vint en effet longue, meurtrière, acharnée et par leur faute. Le *Journal Officiel* devrait suffire, mais il faut un contrôle. L'usage immodéré de la tribune n'évite pas les révolutions, il les fait.

La récompense pour les services civils rendus on ne doit l'attendre que de sa conscience, on peut en obtenir de l'État, mais comme il est souvent trompé il doit toujours craindre de l'être de nouveau et doit se tenir sur ses gardes, c'est donc les trompeurs qui nous privent de la récompense méritée, il est juste de les traiter en ennemis du genre humain puisqu'ils empêchent la justice de se faire pour chacun, mais ce qui fait la force et la gloire c'est qu'en parlant d'honneur et de patrie tout est possible.

Quand une chose est nouvelle elle est susceptible d'erreurs, aussitôt qu'elle est démontrée il faut y remédier ; en convenir c'est comprendre la raison, il y a honneur à convenir de ses erreurs, c'est inspirer et mériter la confiance de la société.

Celui qui dirige a plus souvent du souci que du plaisir, néanmoins il y a compensation, la première est celle du devoir accompli et du bien réalisé, mais il faut se méfier des choses nouvelles, elles sont souvent loin de donner tout ce qu'elles promettent et ne sont nouvelles que pour vous, mais archi usés pour d'autres qui y ont renoncé. Pour faire le bien il n'est pas nécessaire de créer de nouveaux systèmes.

Il n'y a rien de plus humiliant pour celui qui le peut, que de méconnaître sa force au point de manquer à ses devoirs, à sa promesse, la liberté a besoin d'être éclairée, et maintenue tout à la fois, elle n'a jamais fondé un édifice durable parce qu'il y a toujours des incorrigibles qui ferment les yeux à l'expérience et appellent la tempête qui les presse et les engloutit Ils ont trop voulu, ils n'auront rien. Une des plus nobles obligations du pouvoir est de rechercher le mérite dans ceux qui le servent, il doit l'honorer et montrer une modération digne de sa force, et partout où son pouvoir peut atteindre, ses soumis doivent être respectés comme de juste raison et les relations amicales ne peuvent que s'augmenter, elles seront cimentées par l'estime, mais l'histoire nous enseigne qu'il ne faut jamais abuser des faveurs de la fortune. Une société qui progresse n'est pas exempte de défauts, ni de maux, il faut y remédier le plus promptement possible. On n'obtient rien sans sacrifices, mais il ne faut pas les regretter, quand il y a compensation. Le caractère d'un peuple se réflète dans ses institutions, comme dans ses mœurs, dans les faits qui l'enoblissent comme dans ceux dont l'objet est son principal intérêt, Les grands cataclismes qui ont tant affligé la terre sont toujours arrivés à la suite des grandes démoralisations. Nous pouvons nous attendre à un grand cataclisme prochain car la démoralisation marche à pas rapides.

Dieu appesantira de nouveau sa main puissante sur l'orgueilleuse humanité afin qu'on cesse de méconnaître sa puissance et sa justice ; je le prie de m'appeler avant cette époque afin de dispenser mes yeux d'en être témoins, Dieu permet quelques fois la mort du juste, mais ne permet jamais le triomphe complet de l'auteur du crime.

La nation puise dans son passé, comme un individu dans son éducation, des idées que les leçons ont une peine infinie a détruire. Lorsqu'un sentiment social est enraciné il se transmet d'âge en âge jusqu'à ce qu'il atteigne le but, ou si c'est une erreur jusqu'à ce que l'erreur soit démontrée, la preuve de l'erreur est quelques fois difficile car elle dépend des circonstances, ce qui a été vrai à une époque peut être faux dans une autre. L'invention a souvent à lutter pour se faire jour, l'inventeur est souvent battu. L'inventeur n'est pas toujours le premier qui découvre une chose qu'il garde pour lui : Un autre chercheur peut trouver la même chose quelques temps après et la rendre publique, c'est celui-ci qui a le plus le mérite de l'invention et qui peut en réclamer la primauté et le droit, si vous favorisez l'un vous défavorisez l'autre, il ne faut pas de lois pareilles.

Des lois, on en fait beaucoup trop, aussitôt qu'une chose est faite par l'un, l'autre s'empresse de la défaire. La chambre est trop nombreuse pour pouvoir s'entendre. M. J. Simon est de mon avis et il est à même d'être fixé ; il dit que dans les grandes assemblées on ne délibère pas et on parle de doubler le nombre des députés. Hé bien alors se serait bien encore pire, quel galimatias, Dieu nous en préserve ! On pourra bien dire comm. la sœur Anne ; je ne vois rien venir. Je sais bien qu'en doublant le nombre beaucoup de journalistes et d'avocats de plus pourraient y arriver et ceux-là seraient contents, mais le public qu'y gagnera-t-il ? Au lieu de 9 millions il en faudra 18 pour faire plus mal et moins, donc c'est une absurdité à laquelle il ne faut pas penser. J'ai dit que pour savoir des nouvelles il fallait lire au moins trois journaux d'opinions différentes, mais cela coûte 20 centimes et une demie journée, donc cela est impossible à l'ouvrier et au commerçant qui doivent mieux employer leur temps, il vaut donc mieux n'en point lire et laisser ce passe temps aux oisifs, aux rentiers qui, s'ils étaient seuls à lire, bientôt cette inondation d encre cesserait d'être alimentée, ils tomberaient d'eux-mêmes sans ordonnances, il ne resterait que ceux qui se respectent, leur nombre serait petit, mais il suffirait pour dire ce qui est vrai.

J'ai parlé des journaux beaucoup plus que je ne voulais, ce sont des enfants méchants, dans les mains desquels on a mis la foudre ; je vais tacher de n'en plus parler du tout, quoique je leur sache le caractère bien fait, je craindrais de me brouiller avec eux et je ne veux pas me faire des ennemis ; on voudrait bien ne jamais parler du diable, mais son nom revient toujours sur la langue ou sous la plume.

Un jour, j'écrivais à quelqu'un (au Siècle) pour ne pas dire son nom : La République n'est pas prétrophobe car elle ne serait plus publique, vous, vous êtes prétrophobe donc vous n'êtes pas républicain, mais au moins êtes-vous libéral ? Oh pour cela non : car vous savez le mal que vous avez fait en 1867 en demandant l'abolition de la contrainte par corps, ce qui en 1868 a conduit neuf cent quatre-vingt treize (993) personnes en prison de plus que sous le précédent régime et des faillites innombrables et vous ne vous êtes pas amandé. Un petit fabricant me disait : ce sont les brigands qui nous font travailler si bon marché et nous empêchent de gagner notre vie. Comment cela ? C'est parce qu'ils vont travailler en prison pour presque rien. Vous pouvez consulter mes Loisirs de Voyage de page 95 à 108, vous pourrez en retirer quelques fruits consciencieux, je partage souvent votre manière de voir ; c'est pour cela que je prends la liberté de vous écrire quand je vois que vous vous écartez de la vrai route.

On ne s'appuie bien que sur ce qui résiste, il faut éviter les extrêmes, vous oubliez votre conscience, c'est la faute qui a perdu Napoléon III.

Le mot obligatoire pour l'instruction n'est pas libéral, vouloir faire le bonheur des gens malgré eux est un but qu'on atteint trop rarement, je conclu qu'il faut ôter toute restriction et dire simplement gratuite pour ceux qui le désirent.

· Alors vous verrez vos pétitions se couvrir de quatre millions de signatures. Si vous cessez d'attaquer les prêtres ils n'auront plus besoin de se défendre et pourront être républicains, leur concours est à désirer car ils sont savants. Voltaire, Robespierre, Gambetta ont été élèves des Jésuites, vous avez cent fois vanté ces élèves, donc les Jésuites en font des bons, tandis que Félix Pyat ne produit que des lâches, des assassins, des incendiaires, des brigands.

Alphonse Karr me donnait un jour la clef du journalisme en me disant qu'ils cherchent des articles à effet, l'esprit de parti et non pas les bons sentiments de conscience et de devoir.

Il y a des journalistes qui se donnent l'air de patronner la morale, d'en avoir souci, ils devraient alors en donner l'exemple, est-ce le donner que d'expulser les congréganistes des maisons qui leur appartiennent? Est-ce juste? Est-ce honnête? Evidemment non, c'est un vol qu'on leur fait doublé d'un viol.

La création des congréganistes a été reçue comme un bienfait, et avec enthousiasme par la nation, il peut s'y commettre des abus comme ailleurs, mais parcequ'il y a une brebis galeuse il ne faut pas détruire tout ce troupeau. Mais les hommes finissent toujours par s'ennuyer des choses qui les ont charmés dans le commencement. C'est ainsi que finira la République.

Qui sont ceux qui ne croient à rien?

Ce sont ceux qui mentent toujours.

Qui sont ceux qui ne croient à rien d'honnête?

Ce sont ceux qui mentent toujours à l'honnêteté ne peuvent pas croire à l'honnêteté des autres.

Quand dans une réunion d'hommes, il se produit une manifestation outrée, elle prépare, elle donne lieu à une manifestation contraire : Les pétitions pour l'instruction laïque et les banquets ont provoqué les pèlerinages de Lourdes ; 300.000 en deux fois en août et septembre et encore 130.000 en octobre 1872. Ce demi million qui se déplace à grand frais et grandes fatigues vaut plus, fait plus que tous vos banquets et vos pétitions.

L'église a grandi chaque fois qu'elle a été poursuivie : Barbès parait ignorer que le premier qui a prononcé le mot démocratie était un prêtre. C'était Massillon devant Louis XV alors enfant. Aujourd'hui certains démocrates veulent exclure les prêtres, ils sont donc bien ingrats ? On y reviendra car ils indiquent le chemin de l'honneur, de la vertu et de la vérité.

Je connais un souverain plus puissant que tous les souverains de l'Europe, ce souverain n'a pas besoin qu'on le garde, il n'a pas de liste civile, il n'a pas de soldats, et quand il est seul personne ne pense à l'attaquer, il n'a rien on ne peut rien lui prendre, il ne déclare jamais la guerre pour son compte, il n'en veut rien retirer pour lui, il fait et défait les rois, mais ce n'est pas pour en tirer profit pour lui. Pourtant lorsqu'une guerre éclate, s'il y a un côté qui défende une juste cause, il met sa vaillante épée de ce côté, et quand elle est sortie du fourreau, son éclat fait sortir les hommes de derrière les pierres et les attire ; ces soldats sortent tout armés de dessous terre, ils viennent l'attendre, le saluent et le suivent, c'est Garibaldi, il est républicain, il veut la république honnête parce qu'elle est seule solide et durable, tandis que l'autre s'écroule sous la honte en amenant la guerre civile.

Garibaldi est le plus honnête homme de la terre ; à son nom tout s'incline, tout obéit, ce n'est plus qu'un vieillard couvert de rhumatismes et pouvant à peine marcher et cependant sa présence seule signifie encore victoire, vénération. A son aspect les poltrons reprennent courage, ils reculaient, ils le voient, ils avancent et deviennent intrépides, les plus courageux redoublent d'efforts, et tous ensemble reprennent des positions qu'ils avaient perdues et repoussent l'ennemi devant lequel ils reculaient ; son nom est magique, c'est leur talisman qui vaut mieux que des canons. Il n'avait pourtant pas promis trop beau ni bon à ses soldats, car dans ses proclamations il dit :

Que ceux qui ne se sentent pas la force de braver le danger, la faim, la fatigue le froid, la pluie se retirent car ils ne serviraient qu'à paralyser notre marche. Mais on était électrisé. Ce n'était pas des mobiles, ils restèrent et le suivirent.

M·· Olympe Audemar dit : les parisiens sont d'une ignorance indescriptible, ils en sont même ridicules, ils en rient eux-mêmes, du reste, bons enfants, si on se moque d'eux ils ne s'en fachent pas.

Un américain qu'on rencontre suivant sa capacité dit : voilà un homme qui vaut un million plus ou moins. Une femme à Paris on regarde d'abord ses mains on l'examine des pieds à la tête et l'on dit de sa main, suivant sa mise cela ne vaut pas cher, mais les qualités peuvent faire pencher la balance.

Que dans un drame ou un feuilleton vous ayez connaissance d'un brave homme en danger de mort, d'être assassiné, cela vous préoccupe jusqu'à ce que vous sachiez l'issu de son histoire ; des larmes de joie vous couvrent les yeux s'il est sauvé par dévouement ; mais que trois coquins soient blessés mortellement et c'est tout au plus si vous tachez de savoir s'ils guérissent de leurs blessures ou s'ils en meurent.

· Le devoir accompli doit être le plus grand des plaisirs, il intéresse tout le monde et m'y voilà ! Je ne me répends pas d'avoir vécu puisque je crois avoir été utile au monde et qu'à l'âge de 73 ans je faisais encore deux nouvelles découvertes utiles. J'ai maintes fois cité des faits qui se lient mal avec les précédents, mais les idées ne viennent pas toutes à la fois, et d'ailleurs on ne peut pas les écrire toutes à la fois, au surplus, je n'ai jamais eu la prétention de passer pour un savant, mais j'ai celle de passer pour un homme qui réfléchit, et qui pense juste et qui a une âme, qui le croit, qui le présume du moins et qui lui dit :

Par delà *le* tombeau
Vas-tu renaître encore dans un monde nouveau ?

Cette perspective, cette espérance, cette crainte nous oblige à nous tenir toujours prêts à bien mourir si nous voulons être sages. Ainsi soit-il !

APPENDICE

C'est le 14 mai prochain qu'expire ma soixante et dixième année (1889) je n'ai jamais demandé à Dieu d'aller plus loin et j'invite tout le monde à mon enterrement pour le lendemain 15 après confirmation de la présente invitation.

Je demande pardon à tous ceux que j'ai pu offenser quoi qu'ayant toujours soigneusement évité d'avoir tort, mais j'ai pu me tromper.

Je ne me sent plus dans le cas d'entreprendre quelque chose de long à faire, j'espère avoir fini tous les travaux entrepris depuis 10 ans dont plusieurs consistent en arts nouveaux de ma création.

Je ne peux pas formuler le désir de voir élever tous mes petits neveux ils sont trop jeunes et je ne leur sert à rien ; leur bon souvenir m'accompagnera dans la tombe.

Je leur recommande de suivre mes principes, mes préceptes, ils ont été la règle de ma conduite. Je fais la même recommandation à tous les enfants de mon pays, à tous ceux qui ont entendu parler de moi et leur demande un *De profunais* qui m'accompagnera là-haut ! ! ! J'emporte la consolation d'avoir fait mon devoir. D'avoir pu guérir les vignes de toutes les maladies qui m'ont été signalées, telles que phylloxéra, oïdium, érichnose et mildiou. Choses qui intéressent beaucoup de familles, car ces maladies ont ruiné beaucoup de monde et le gouvernement en a beaucoup souffert par le rendement moindre des impôts dont la différence est de plusieurs millions. Je joins ici la recette. J'en ajoute une qui n'est pas de moi et que j'ai essayée avec succès contre les fourmis qui abiment les arbres à fruit ; l'auteur dit qu'on peut l'utiliser pour détruire tous les insectes. C'est de prendre 1/3 de saindoux le faire fondre ajouter 2/3 d'huile, n'importe laquelle, l'impure suffit, bien délayer pendant le refroidissement, cela forme une pâte, un enduit, que l'on mettra tout autour de l'arbre ou des branches de place en place de manière à former un ou plusieurs anneaux, partout où on voit des fourmis, cela les tue ou les chasse, au bout de quelque temps, s'il en vient d'autres on recommence l'opération, car la première couche étant sèche ne sert plus. Cela n'est ni cher ni difficile, on procède de même pour la vigne quand il s'agit de grands espaces cela revient à 60 centimes l'hectare.

Pour les petits espaces mon procédé est préférable, d'abord parce qu'il ne coûte rien si on habite près de la vigne on l'a tout prêt, sous la main, on peut aussi le produire chimiquement mais alors il coûte quelque chose ; c'est de prendre 2/3 d'urine et 1/3 d'eau ; de ce composé en prendre 2, 3 ou 4 litres que l'on mettra autour du pied suivant l'âge, la grosseur du bois et ses racines on fait autour du pied un creux de la grandeur et la profondeur d'une assiette pour que le liquide ne s'éloigne pas trop, on y verse le liquide de 2 en 2 jours successivement pendant 3 ou 4 fois sans l'oublier. Je me suis tenu le raisonnement que voici : Je ne sais pas s'il est juste, mais il faut le croire tel jusqu'à ce qu'on en ait un meilleur à donner ; je me suis dit : Le phylloxéra est un insecte qui vit peu de temps, qui fait beaucoup d'œufs, qui éclosent tout seuls. Combien de temps vit-il ? A quel âge pond-il ? Combien de temps les œufs mettent-ils pour éclore et en faire d'autres ? Je n'en sais rien, mais je suppose qu'il leur faut bien au moins deux jours et si mon remède tue l'insecte il peut bien ne pas tuer l'œuf, il faut mettre le liquide tous les deux jours et ne pas l'oublier et chaque fois il détruira la nouvelle éclosion qui n'aura pas eu le temps de pondre de nouveau ; mais en admettant qu'il tue aussi les œufs, il faut bien admettre que tous les insectes n'ont pas été atteints et tués du premier coup, il faut bien au moins 3 fois pour tout atteindre. Je n'ai fait le remède que 3 fois et cela a suffi, mais je conseille de le faire 4 fois à chaque pied pour plus de sûreté. (8 ans de succès).

Il ne faut pas donner plus de force au remède en mettant l'urine seule car seule elle brûle à moins que ce soit dans la saison des pluies.

Il ne faut pas non plus augmenter la quantité d'eau, ce serait paralyser et même neutraliser la force de l'urine qui dans ce cas ne produirait plus son effet. En procédant en été, au bout de trois semaines on peut déjà voir l'effet produit mais on peut également procéder en hiver.

LES FOURMIS, LES PUCERONS OU POUX

Le remède que je viens de découvrir est plus simple et facile que celui au saindoux et à l'huile ; il détruit ou chasse, non-seulement les fourmis mais aussi les poux ou pucerons qui s'attaquent aux fèves, aux artichauts et autres plantes du jardin ; il n'y a qu'à leur jetter de la poudre de marbre pour obtenir le même résultat et cela ne coûte rien car on peut la faire soi-même ; il n'y a qu'à prendre un morceau de marbre et le piler. Il est facile de jetter quelques poignées de poussière sur les fèves et les artichauts, tandis qu'il serait impossible d'y mettre de l'enduit partout.

Pour *l'oïdium* il faut tailler la vigne aussitôt qu'on a cueilli les raisins, la tailler telle qu'on a l'habitude·de le faire au printemps. L'année suivante il peut rester quelques taches d'oïdium, on procède de la même manière et ce procédé guérit aussi l'érichnose et le mildiou ; toutes fois pour ces deux dernières maladies, j'ai enlevé toutes les feuilles tachées même avant de cueillir les raisins, il y a poussé d'autres feuilles bientôt tachées, j'ai recommencé l'opération ; j'ai enlevé l'aliment à l'insecte et deux fois ont suffi. On ne doit pas jetter ces feuilles au fumier de crainte de reproduction, il faut les donner à manger aux animaux ou les brûler.

On parle d'un autre procédé contre le phylloxéra, je ne l'ai pas expérimenté. C'est de prendre de l'anium (sorte de minéral de la nature de l'amiante) C'est un carbonate qu'on trouve beaucoup en Auvergne il y en a de 80 qualités et vaut de 30 à 80 fr. les 100 kilos. On en met une poignée autour de chaque pied de vigne: Combien y en a-t-il de poignées dans un kilo? Je n'en sais rien, mais ce n'est pas lourd, cela ne revient pas cher.

LA CONSERVATION DES ŒUFS

C'est ce qu'il y a de plus simple et facile : il n'y a qu'à les mettre la pointe en bas dans du sable de mer ou un sable ayant la même composition saline et sa propreté.

CHOLÉRA, RAGE, FIÈVRE TYPHOÏDE, SURDITÉ, RHUMATISMES, ENGELURES

Après avoir cherché à guérir les maux de l'esprit il ne me parait pas déplacé de parler un peu de ceux du corps. Je n'ai pas qualité pour cela aussi je me bornerai à ne parler que de quelques-uns les uns bénins les autres redoutables qui se réduisent à presque rien. Je veux parler du choléra qu'on prévient par l'usage de l'aïl et de la rage qu'on guérit avec le même remède. Voici un fait qui a été publié il y a bien au moins dix ans. Un soir un jeune homme de 18 ans, l'espoir de sa famille qui demeurait dans une campagne très isolée de toute autre habitation. Ce jeune homme rentra à la tombée de la nuit il dit qu'il avait été mordu par un chien qu'il supposait enragé. En effet, deux heures après le mal était déclaré, ce garçon était pris d'un terrible accès de rage, personne n'osait l'aborder, on ne pouvait pas le laisser, c'était trop dangereux pour ceux qui resteraient avec lui et l'heure avancée ne permettait pas d'aller chercher un médecin. Que fallait-il faire ? La famille se consulta. On débarrassa complétement une chambre où on ne laissa qu'un lit ; on le ferma dedans pour attendre au lendemain. La famille ne dormit guère, elle écouta toute la nuit ; cependant elle n'entendit rien.

Aussitôt que le jour vint on voulut aller chercher le médecin, mais auparavant il fallait savoir si le jeune homme n'était pas mort, avec mille précautions on entra dans sa chambre sur la pointe des pieds, il dormait comme un bien-heureux, il était guéri ? Par quel miracle ? Comment cela avait-il pu se faire ? En débarrassant sa chambre on avait oublié un paquet d'aïl, il l'avait mangé, ce fut son salut, il était guéri.

Ceci me rappelle que dans ma jeunesse j'habitais Lyon. Pour se guérir de la rage on allait à Saint-Martin chez un homme qui faisait manger une omelette ayant un goût de l'aïl, mais gardait le secret sur la recette. Plus tard j'habitais Paris on allait à Auteuil (Oise) chez le curé qui traitait également par une omelette à l'aïl et gardait aussi le secret pour la composition de son omelette, Mais la coïncidence dit que c'était l'aïl seul qui guérissait et que l'omelette n'est que pour faciliter le moyen de le manger.

Il y a de l'aïl dans tous les ménages riches ou pauvres, on a toujours le remède sous la main et cette terrible maladie se réduit à rien.

La fièvre typhoïde est un mal qui fait beaucoup de victimes et celles qui ne succombent pas sont longtemps pour guérir complètement. Voici un remède simple qui m'a été indiqué et qui guérit complètement en 24 heures mais qui donne un grand soulagement au bout de peu d'heures.

Il faut prendre des fleurs de chardon blanc. les faire bouillir le soir, les laisser reposer toute la nuit, le lendemain matin boire ce bouillon froid; on recommence le lendemain et cela suffit pour guérir tout à fait. Ainsi soit-il ?

La surdité. — Je suis sourd depuis 12 ans : je n'entends pas le battement de ma montre du côté droit. J'occupe quelques fois un vieux maçon Philippe Nègre qui s'occupe un peu de médecine. Je lui demande s'il peut me guérir. Il me dit de prendre une queue de poireau, la faire cuire dans les cendres sur la braise, de me coucher, exprimer le poireau chaud en faire couler le jus dans l'oreille, la remplir et s'endormir là-dessus et recommencer plusieurs soirs de suite, après deux jours j'entendais ma montre mais faiblement, j'ai continué 7 jours sans nouveau progrès. Je retourne voir mon Esculape qui me dit que cela n'avait pu faire aucun mal, mais qu'après 3 fois il était inutile de continuer, que le résultat pouvait provenir de mon âge, qu'il fallait mettre un intervalle de quelque temps et refaire le remède, j'ai suivi l'ordonnance, je m'en trouve mieux, mais la guérison n'est pas encore complète.

Rhumatismes, Engelures — Pour le rhumatisme il faut prendre un cinquième de litre d'huile d'olive y mettre 5 ou 6 boules de cyprès concassées, faire cuire au bain mari jusqu'à réduction de moitié, prendre un chiffon de flanelle qu'on imbibe de ce composé, frotter la partie malade fort et longtemps ce remède guérit aussi les engelures.

Dans les pays où il n'y a pas de cyprès on pourra le remplacer par un autre résineux tel que le pin, mais quelques fois l'huile d'olive seule suffit. Cependant un remède qui guérit une fois n'assure pas de guérir une autre fois.

L'ESPRIT DANS SA POCHE

Un tout petit homme très spirituel mais un peu chicaneur disputait avec un grand gaillard et ne cédait pas ; le grand lui dit : Ne parlez pas tant parce que je vous mettrai dans ma poche. Le petit répondit : en ce cas on pourra dire que vous avez plus d'esprit dans la poche que dans la tête.

LE PARISIEN

Celui-ci ne ressemble pas aux autres ; il n'a pas de souliers vernis, il n'en a même pas du tout, il ne boit pas de liqueurs, il ne fume pas, il ne rit pas non plus, il a un maître, il ne veut pas le changer pas plus que de chemise son maître a des moutons, le parisien en sait le nombre, il les garde et les conduit. Un jour de foire le maître en vendit 14 et donna le gardien par-dessus le marché. Le nouveau maître mêla ses 14 moutons parmi 150 autres et emmena le tout en compagnie du parisien qui obéit, mais la nuit venue il tria ses 14 moutons et le reconduit au précédent maître, celui-ci le lendemain fut bien surpris de retrouver son petit troupeau, mais comme il savait à qui il les avait vendus un prix satisfaisant, il rendit le troupeau mais garda le parisien. Vous avez déjà deviné que c'était son chien.

UNE ESPIÉGLERIE D'ALPHONSE KARR

On sait qu'il cultivait les livres et les fleurs. Un jour qu'il en avait eu besoin d'un rare qu'il savait exister chez un prince russe, son voisin à Saint-Raphaël, envoya son domestique pour l'emprunter. Le prince qui aurait bien voulu voir Alphonse Karr répondit : Toute ma bibliothèque est à sa disposition pourvu qu'il vienne la consulter ici. Alphonse Karr se tint coi. Quelque temps après le jardinier du prince fut chez Alphonse Karr pour emprunter un arrosoir, celui-ci répondit : Tous mes arrosoirs sont à la disposition du prince pourvu qu'il vienne arroser ici.

LES SAUCISSONS DE MARTIGUES

A Martigues autrefois, on aurait bien voulu savoir faire les saucissons, On savait qu'à Arles on les faisait très bien. On s'assembla, on nomma une commission pour aller à Arles s'informer de la manière de les faire, mais les arlésiens jaloux de leur prérogative ne voulurent pas le dire et les martigaux auraient été obligés de s'en retourner comme ils étaient venus, mais parmi eux, comme toujours il s'en trouva un plus loustic, plus malin que les autres qui s'aperçut qu'on y mettait du poivre et dit : eh bien, j'ai découvert le secret maintenant, ils y mettent du poivre, mais nous n'en avons pas ; pour en avoir c'est bien simple : il faut acheter quelques saucissons, nous en retirerons le poivre, nous le sèmerons et nous en aurons ; l'idée est superbe ; on put se procurer le poivre, on prépara bien une terre, on y sema ces graines, il y poussa de l'herbe qu'on ne connaissait pas, ce ne pouvait être que le poivre ; mais ce terrain était mal fermé ; un âne y fut et mangea l'herbe. Qu'as-tu fait malheureux ? On mit l'âne en arrestation, on le fit passer en jugement, on le condamna à mort. Mais il ne pouvait pas être guillotiné, ni fusillé ; ça aurait été lui faire trop d'honneur, cependant il fallait une mort remarquable pour donner exemple à ses pareils ; on dit qu'il fallait le gonfler, de là vient le mot de gonfler comme un âne.

Pour le gonfler on lui mit un chalumeau au derrière et tous les juges et conseillers vinrent chacun leur tour souffler tant qu'ils purent ; après 40 qui étaient passés l'âne était déjà bien gonflé, mais il n'était pas mort et les soufleurs n'en pouvaient plus ; tout à coup on s'aperçut qu'il y en avait encore un qui n'avait pas soufflé et ce quelqu'un était le maire.

Le maire dit, c'est vrai et il allait se mettre à l'œuvre, mais le loustic dit : oui mais pour le maire il faut faire une différence, il ne peut pas mettre sa bouche où chacun de nous a mis la sienne, alors on retourna le chalumeau et le maire souffla par l'autre bout...

QUEL PAPIER DOIT-ON OFFRIR AUX GENS ?

CELA DÉPEND DE CE QU'ILS FONT OU DE LEUR CARACTÈRE

Aux paresseux du papier mou

Aux ivrognes de papier buvard

Aux sans souci du papier rigolo

Aux exacts du papier réglé

Aux princes du papier couronné

Aux nobles du papier parchemin

Aux écrivains du papier à lettre

Aux buveurs du papier gris

Aux pauvres gens du papier peint (pain)

Aux riches du papier satiné

Aux coquettes du papier rose

Aux jeunes filles du papier blanc

Aux imbéciles du papier timbre

Aux avares du papier paille

Aux prodigues du papier quadrillé

Aux gens emportés du papier d'emballage

Aux gens froids du papier glacé

Aux gens fiers du papier cartonné

Aux photographes du papier albuminé, sensibilisé.

P.-S.— J'ai relu deux fois mon manuscrit pour corriger les fautes d'orthographe j'ajoute des accents, des points et virgules pour les mettre où il en manque................???????????????????!!!!!!!!!!!!!!!!!,,,,,,,,,,,,,,,

L'ÉPINGLE DE JACQUES LAFFITE

L'économie est une chose innée chez des personnes, il y en a qui se croient économes et qui ne le sont pas : un bout de papier, une allumette de l'eau, ce n'est rien disent-ils, cependant tout cela coûte pour l'avoir et ne doit être employé qu'à propos.

Jacques Laffite à 17 ans fut demander une place chez un banquier qui le refusa n'ayant besoin de personne, il le conduisit jusqu'à la porte et le regarda s'en aller, il le vit se baisser pour ramasser quelque chose, il le rappela et lui demanda ce qu'il avait ramassé ; c'est une épingle monsieur, vous voyez ? Hé bien revenez me voir, je verrai si je peux vous trouver quelque chose. Le jeune homme n'y manqua pas. Le banquier s'est dit : Voilà un jeune homme économe et d'ordre, il le prit à son service, plus tard il l'intéressa et plus tard il devint la plus forte maison de banque de France. Il dut sa fortune à une épingle.

LES ENROUEMENTS

J'ai été enroué pendant 6 ans, j'ai bu de l'eau de goudron pendant 18 mois sans succès. Lorsque j'ai vu dans un journal qu'un médecin américain conseillait de boire chaud à 12 degrès, j'ai suivi le conseil, je m'en suis bien trouvé et je continue depuis 4 ans.   SIGNORET.

CE QUE 100 FRANCS PEUVENT RAPPORTER EN SIX MOIS

Un très riche monsieur prit provisoirement une bonne mariée à son service, elle trouva un billet de banque que ce monsieur avait oublié sur un meuble, elle le lui dit : celui-ci se dit, voilà une femme digne de confiance ; il demanda au mari de la lui laisser, celui-ci y a consenti, le monsieur mourut au bout de six mois et laissa 40.000 fr. à la bonne ; les héritiers eurent la délicatesse de ne pas attaquer le testament.

LA PIQURE DES ABEILLES ET DES SCORPIONS

La Gazette du Village nous indique d'après un missionnaire, que l'oignon rouge coupé frais est le remède employé contre la piqûre des scorpions qui équivaut à cent piqûres d'abeilles, il réussit toujours, il doit réussir pour les abeilles et de préférence à l'ammoniaque, si l'aiguillon est resté dans la plaie il faut d'abord l'enlever.

POUR CHASSER LES MOUCHES ET LES MOUSTIQUES DES CUISINES

Ayez un fourneau à pétrole, servez-vous en le plus possible ; il y a économie de combustible toutes les fois qu'on a besoin du feu pendant moins d'une heure. Il ne faut pas enfermer le bidon à pétrole dans le garde-manger, il faut le mettre à l'air près de l'évier.

Pour les chambres à coucher il faut mettre dans un vase, une soustasse un peu de pétrole pendant le jour que les fenêtres sont ouvertes et ne pas oublier de le retirer quand on ferme la fenêtre de crainte de nuire à la santé des personnes.

LES BRULURES

Un soir je me suis brûlé une main dans la flamme de l'alcool, une heure après ma main était très enflée et les douleurs atroces ; j'étais près de la meule et son auge, je mis la main dans le fond de l'auge et la boue me soulagea de suite. Je patientai là 3/4 d'heure au bout desquels je regardai ma main qui était presque désenflée ; ravi de cela je me fis un gros cataplasme de cette boue de meule je l'appliquai, je fus me coucher, je dormis comme d'habitude et le lendemain matin il n'y avait plus de trace de brûlure.

FIN.

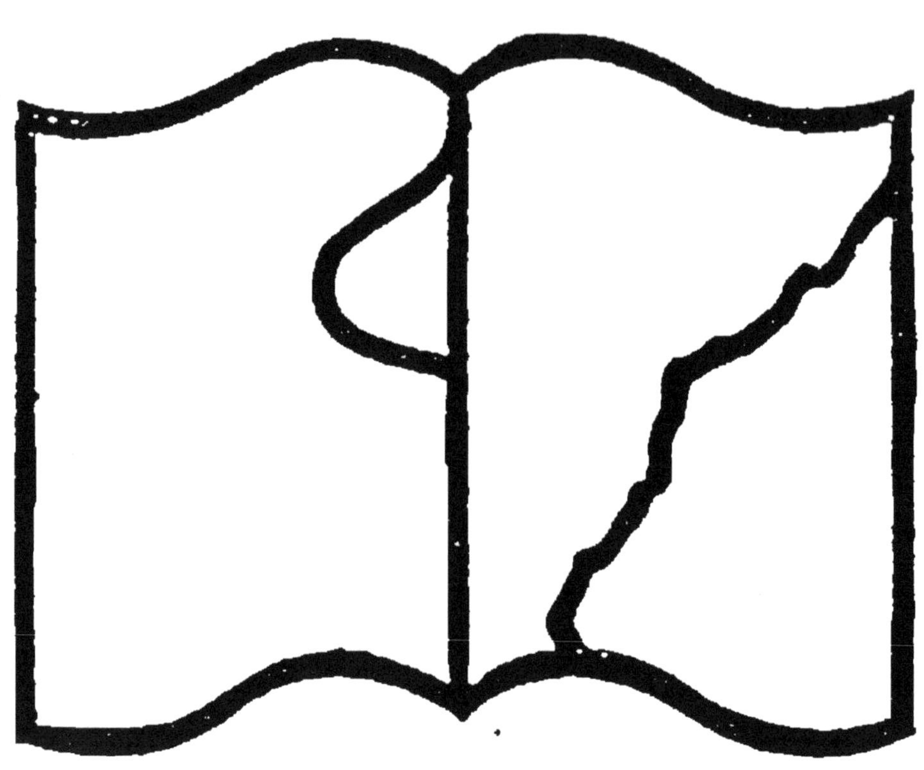